教育部中等职业教育专业技能课立项教材

物流基础

（第二版）

主　编／唐玉兰　苏胜强　周方杰

副主编／王　佳　隋珅瑞

WULIU JICHU

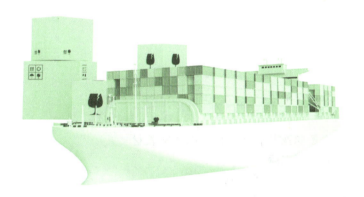

中国人民大学出版社

·北京·

图书在版编目（CIP）数据

物流基础 / 唐玉兰，苏胜强，周方杰主编. -- 2 版
. -- 北京：中国人民大学出版社，2023.10
教育部中等职业教育专业技能课立项教材
ISBN 978-7-300-31890-5

Ⅰ.①物⋯ Ⅱ.①唐⋯ ②苏⋯ ③周⋯ Ⅲ.①物流—
中等专业学校—教材 Ⅳ.①F252

中国国家版本馆 CIP 数据核字（2023）第 125987 号

教育部中等职业教育专业技能课立项教材

物流基础（第二版）

主　编　唐玉兰　苏胜强　周方杰
副主编　王　佳　隋珅瑞
Wuliu Jichu

出版发行	中国人民大学出版社			
社　　址	北京中关村大街 31 号		**邮政编码**	100080
电　　话	010 - 62511242（总编室）		010 - 62511770（质管部）	
	010 - 82501766（邮购部）		010 - 62514148（门市部）	
	010 - 62515195（发行公司）		010 - 62515275（盗版举报）	
网　　址	http://www.crup.com.cn			
经　　销	新华书店			
印　　刷	山东百润本色印刷有限公司		**版　　次**	2011 年 9 月第 1 版
开　　本	787 mm×1092 mm　1/16			2023 年 10 月第 2 版
印　　张	13.75		**印　　次**	2023 年 10 月第 1 次印刷
字　　数	275 000		**定　　价**	39.00 元

第二版前言
PREFACE

党的二十大提出："坚持科技是第一生产力、人才是第一资源、创新是第一动力，深入实施科教兴国战略、人才强国战略、创新驱动发展战略，开辟发展新领域新赛道，不断塑造发展新动能新优势。"物流是现代经济发展的重要环节，物流业已成为融合运输业、仓储业、货代业、信息业等的复合型服务产业，是国民经济的重要组成部分，也是衡量一个国家现代化水平与综合国力的重要标志之一。进入21世纪以来，我国物流业总体规模开始快速增长，服务水平显著提高。随着物流业的快速发展，国家对物流业的认识不断加深，重视程度也越来越高。

"物流"概念产生于20世纪50年代，并经历了由实践到理论不断完善和提高的过程，形成了一门独立的学科。物流学是自然科学、经济科学、管理科学等学科相结合的综合性学科。物流学研究的对象是物品的实体流转过程，探讨物流活动（运输、仓储、包装、装卸搬运、流通加工、配送、物流信息等）的内在联系，研究物流系统运行的规律，指导人们用正确的理论和方法组织和管理物流活动，更好地创造物流的时间效益和空间效益，最终提高经济效益。

我国自20世纪80年代引入"物流"概念以来，经济界和企业界人士越来越认识到物流对社会经济发展和企业经营的重要性，开始借鉴国外先进的物流理论并结合我国的实际来研究和探索物流活动的一般规律。经过多年理论和实践的探索，我国逐步建立起有中国特色的现代物流理论体系。

本教材紧密结合我国物流业发展的现状和物流人才培养的需要，吸收当今国内外物流管理的最新理念，系统地阐述了物流学的基本概念、物流活动的基本内容、物流管理的基本理论和方法，理论联系实际，旨在为培养技能型物流人才服务。本教材适合中等职业教育物流服务与管理等专业的教学。

在本次修订过程中，我们广泛参考国内外物流学相关理论和实践经验更新了教材内容，配备了电子课件、教学大纲、教案等丰富的教学资源。

本书由唐玉兰、苏胜强、周方杰任主编，王佳、隋珅瑞任副主编。武剑、厉嘉玲、余杨、笪薇、李凤山、王亚军、马国龙等在本教材编写过程中做了大量的资料收集和整理工作，在此对他们一并表示感谢。在本教材的编写过程中，我们参考了大量的文献资料，在此谨向有关专家、学者表示谢意。

　　由于编者学识有限，加之物流学科尚处于快速发展之中，本教材仍存在诸多不足之处，敬请广大读者批评指正。

编　者

目 录
CONTENTS

第一章

CHAPTER 1

物流、物流业与物流学

引导案例

近年来，大数据、物联网、云计算、机器人、区块链等新技术驱动物流，在模块化、自动化、信息化方向持续、快速变化。我国智慧物流市场规模呈现阶梯式增长，2020年突破5 000亿元。同时，依托人工智能、大数据等新一代信息技术，我国的物流技术及装备的后发超越可能性极大。

2021年的"618"购物节，全国快递行业揽收快件超过65.9亿件，最高日处理量超过4亿件，再次掀起了一波消费高潮。许多消费者惊喜地发现：以往订单量激增导致的快递"爆仓"现象基本没有了，通常是"昨晚刚下单，今早就到货"。

快递处理工作量堪称"海量"，货物是如何快速送达的呢？

在快递分拣环节，以前只能靠一个个拣货员逐一拿起包裹扫二维码，然后根据包裹上贴的面单信息将包裹放到代表相应配送位置的区域，这样做不但效率低，还很容易出错。如今，以智能分拣装备为核心的多类型技术装备广泛应用，大大提高了快递分拣的效率，也解决了困扰行业多年的"爆仓"问题。

在传统仓储中，需要人工对货物进行扫描、分拣以及入库，然后再手动录入系统。在智慧仓库中，传感器及识别技术的应用让一切变得既简单又高效。

比如，京东"亚洲一号"武汉东西湖物流园的最新一代智能控制系统是这个庞大的物流中心的智能大脑，它可以在0.2秒内计算出300多个机器人运行的680亿条可行路径，并做出最佳选择。分拣智能搬运机器人系统"小红人"在智能大脑的调度下，无论多忙碌，都不会撞车；要是遇上"堵车"，它会自动重新规划路线；如果没电，它还会自动返回充电站充电。

这种场景，越来越多地出现在国内各类物流行业。在传感器及识别、大数据、人工智能、地理信息系统等多项先进技术的支撑下，智慧物流给物流行业和人们的生产生活带来了前所未有的改变。

随着新技术、新模式、新业态的不断涌现，物流业与互联网深度融合，智慧物流将逐步成为推进物流业发展的主要动力和路径，也将为经济结构优化升级和提质增效注入强大动力。

思考：什么是物流？物流的基本概念是什么？

第一节　物流概述

一、物流的概念

自从人类社会有了商品交换，就有了物流活动（如运输、仓储、装卸搬运等），而将物流作为一门学科，却只有几十年的历史。从这个意义上说，物流还是一门新学科。物流作为一门学科的诞生是社会生产力发展的结果。

（一）物流活动的起源

1. 物流是社会经济的基本活动

物流活动自古皆有，也就是说，自从有了商品交换，物流活动就已经存在。在商品经济发展的初期，由于生产力极其低下，产品数量十分有限，也谈不上有质量，因此，物物交换成为生产和消费的主要纽带。人类社会由政治、经济、文化等构成，其中经济活动又主要是由生产、分配、交换和消费所构成，而物流活动正是隐含在人类所有的活动之中，成为社会经济的基本活动。

2. 物流是社会分工发展的结果

随着社会的全面发展和社会分工的不断深化，人类对物质不断增长的需求成为推动社会发展的根本动力。社会分工的发展产生了两个后果：一方面提高了劳动生产率，增进了每个部门、每个行业的规模经济和规模效益；另一方面也加深了不同部门、不同行业之间的相互依赖，促进了商品经济的产生，并对社会经济结构和人类交往、商品交换体系的深化产生了深刻的影响，物流活动随之渐渐深入和发展。

（二）物流概念的产生

1. 物流概念的提出

"物流"（logistics）这一概念最初产生于西方。行业团体中最早给物流下定义的是美国市场营销协会（American Marketing Association，AMA），其表述如下：物流是销售活动中所伴随的物质资料从生产地到消费地的种种企业活动，包括服务过程。

2. 物流概念产生的原因

物流作为物质资料流通活动的有机组成部分，自商品经济开始以来便存在了，但物流概念的产生则较晚。国际上，物流学术界将物流概念产生的原因归于以下两方面：

（1）军事原因。

"物流"一词最早来源于军事领域，其英文"logistics"最初的意思是军队的转移、住宿和供给，即军事后勤。主要是在第二次世界大战前和战争期间，军队为了将武器弹药以及前线所需要的一切物资，包括粮食、帐篷等，及时、准确、安全、迅速地供应给前线而研究出来的一套后勤保障系统方法。实践证明这套系统方法十分科学有效，但其前提条件是不惜代价和成本。1905 年，美国少校琼西·贝克（Chauncey B. Baker）指出："那个与军备的移动和供应相关的战争艺术的分支就叫物流。"1918 年，英国的哈姆勋爵成立了即时送货股份有限公司。这被一些物流学者誉为有关物流活动的早期文献记载。即时送货股份有限公司的宗旨是在全国范围内把商品及时送到批发商、零售商以及客户的手中。

第二次世界大战期间，围绕战争供应而将物资生产、采购、运输、配给等活动作为一个整体进行统一布置、系统规划，以求战略物资补给费用更低、速度更快、服务更高的后勤管理（logistics management）思想得到进一步发展和完善，形成和丰富了"运筹学"的理论与方法。第二次世界大战后，这种后勤理论被引入社会经济活动领域，并促进了 20 世纪六七十年代经济的发展，也促使现代物流学理论的形成与发展。物流的概念在全世界被迅速推广和使用。

我国从很早就开始强调军事后勤的重要性。《孙子兵法》曰："军无辎重则亡，无粮食则亡，无委积则亡"，极为明确地说明了后勤保障与物资储备在战争中的重要性。

（2）经济原因。

物流活动本身由许多相关活动组成，如运输、仓储、包装等，在物流概念产生以前，企业是将这些活动单独进行管理的。1915 年，阿奇·肖（Arch W. Shaw）在《市场流通中的若干问题》一书中提出：物流与生产、营销、销售等环节有着非常紧密的联系。1942 年，著名营销专家克拉克（Fred E. Clark）在《市场营销原理》一书中将商品的流通功能划分为交换功能、实体分配（即物流）功能、辅助功能。

从第二次世界大战前到 20 世纪 80 年代中期，美国、加拿大、日本等国家的物流团体一直使用 PD 表示物流，即 physical distribution。1985 年，美国物流管理协会将物流正式更名为 logistics。

▲ 拓展阅读

美国供应链管理专业协会简介

美国供应链管理专业协会（Council of Supply Chain Management Professionals，CSCMP）是全球物流与供应链管理领域颇具影响力的专业协会，成立于 1963 年，当时的名称为"全美实物配送协会"。凭借会员的积极参与，该协会一直致力于推动物流业的发展，为物流从业人员提供教育机会和信息。协会向行业人士提供了种类繁多的项目、服务、相关活动，促进从业人员参与，了解物流业，从而对物流事业做出贡献。

该协会特别关注以下三个重要方面：

（1）通过行业内的交流和对话，创造机会，提高和发展物流管理水平。

（2）通过计划和指导研究来推动物流理论和实践的发展。

（3）作为一个资源宝库，使人们清楚地了解物流对商业活动的重要意义，以及它在全球经济中的关键性地位。

1985 年，全美实物配送协会更名为美国物流管理协会。又经历了 20 年的变迁后，物流领域发生的变化已经不是三言两语可以概括的，其中一个突出的特点是：物流的疆界已经模糊，物流的运作是在整合更大范围乃至全球资源的基础上实现所有合作者的协同运作。这正是供应链及供应链管理的核心。

2005 年，美国物流管理协会更名为美国供应链管理专业协会，表明从物流到供应链的合乎逻辑的演进，物流进入了全球供应链时代。媒体报道称：此次更名具有里程碑意义。它标志着供应链管理成为 21 世纪世界物流发展的主流趋势。

（三）我国对物流概念的表述

我国使用"物流"一词始于 1979 年。1979 年 6 月，我国物资工作者代表团赴日本参加第三届国际物流会议，回国后在《国外物流考察报告》中第一次引用和使用"物流"这一术语。也有人认为这是第一次把"物流"名词引入中国。1989 年 4 月，第八届国际物流会议在北京召开，"物流"一词的使用日益普遍。自 2000 年我国加入 WTO 至今，经过与世界经济多年的磨合，从不适应到适应，由约束到自由，中国经济正在越来越明显地烙上世界经济一体化的印记。

我国国家标准《物流术语》（GB/T 18354—2021）中对物流概念的定义是："根据实际需要，将运输、储存、装卸、搬运、包装、流通加工、配送、信息处理等基本功能实施有机结合，使物品从供应地向接收地进行实体流动的过程。"

此外，我国一些物流学专家还有其他的表述。这里不再详述。

（四）其他国家对物流概念的表述

人们在不同的时期，处于不同的发展阶段，对物流的认识也有所不同。随着经济和社会的发展，对物流概念的表述也更加完善。以下是几个具有代表性的国家对物流概念的表述。

1. 美国对物流概念的表述

"物流"（physical distribution）一词最早出现于美国。1915 年阿奇·肖在《市场流通中的若干问题》一书中就提到了"物流"一词，并指出"物流是与创造需求不同的一个问题"。20 世纪 30 年代初，在一部关于市场营销的基础教科书中，开始涉及物流运输、物资储存等业务的"实物供应"（physical supply）这一名词。美国市场营销协会最早对"物流"进行了定义：物流（physical distribution）是销售活动中所伴随的物质资料从生产地到消费地的种种企业活动，包括服务过程。

在 20 世纪初，西方一些国家出现生产大量过剩、需求严重不足的经济危机，企业因此提出了销售和物流的问题，此时的物流指的是销售过程中的物流。现在欧美国家把物流称作 logistics 的多于称作 physical distribution 的。logistics 包含生产领域的原材料采购、生产过程中的物料搬运与厂内物流和流通过程中的物流或销售物流，可见其外延更为广泛。

下面是 20 世纪 80 年代以来，美国物流管理协会（现更名为美国供应链管理专业协会）对物流定义的变化：

1985 年：物流是对货物、服务及相关信息，从起源地到消费地的有效率、有效益的流动和储存进行计划、执行和控制，以满足客户要求的过程。该过程包括进向、去向、内部和外部的移动以及以环境保护为目的的物料回收。

1986 年：物流是为了满足客户需求而规划、实施以及控制原材料、在制品库存、产成品以及相关信息，从起始点到使用点高效、低成本流动及存储的过程。

1992 年：物流是物料通过不同的设施，从供应商到达客户过程中的运输、存储、控制，以及在每一个环节对所有可回收物料的收集和整合。

2002 年：物流是供应链运作中，以满足客户要求为目的，对货物、服务和相关信息在产出地和销售地之间实现高效率和低成本的正向、逆向流动和存储所进行的计划、执行和控制的过程。

2. 日本综合研究所对物流概念的表述

1981 年，日本综合研究所编撰的《物流手册》中对"物流"的表述是："物质资料从供给者向需要者的物理性移动，是创造时间性、场所性价值的经济活动。从物流的范畴来看，包括：包装、装卸、保管、库存管理、流通加工、运输、配送等诸种活动。如果不经过这些过程，物就不能移动。"

3. 欧洲物流协会对物流概念的表述

20世纪90年代，欧洲物流协会对物流的定义：物流是在一个系统内对人员或商品的运输、安排及与此相关的支持活动的计划、执行与控制，以达到特定的目的。

4. 英国皇家物流协会对物流概念的表述

物流就是对从资源供应点开始到消费点结束的货物实际流动的管理。

综上所述，我们认为，对物流的认识至少应该包括以下几个方面的内容：

（1）物流中的"物"既包括有形的实体产品，也包括无形的服务。

（2）物流中的"流"是从起始点向最终点（或者完全逆向）的动静结合的流动过程。

（3）以满足客户需求为目标，追求在恰当的时间、以恰当的数量、用恰当的价格把恰当的产品或服务送到恰当地方的恰当客户手中。物流信息在完成此过程中的作用特别重要。

（4）存在对物流活动全过程中各环节的计划、实施、协调与控制。

二、物流与流通

（一）流通活动的主要内容

1. 流通的概念与理解

人类社会存在着两种基本活动：生产与消费。连接生产与消费的纽带就是流通。不论是物流中的"流"还是流通中的"流"，都给人们展示的是一种运动的过程。从这一点来讲，二者是有一致性的。

广义的流通是商品买卖行为以及相互联系、相互交错的各个商品形态变化所形成的循环的总过程，它使社会生产过程永不停息、周而复始地运动。狭义的流通是商品从生产领域向消费领域的运动过程，由售卖过程和购买过程构成，它是社会再生产的前提和条件。

流通是社会分工和生产社会化引起的。随着社会生产力的不断发展，商品交换变成了以货币为媒介的交换，即商品流通。商品流通将交换过程分解为两个独立的阶段：售卖过程和购买过程，从而将交换过程分解为卖和买两个独立的行为。商品流通两个阶段的任何一个环节中断或受阻，都会使经济活动之间的联系无法实现，从而潜藏着经济危机。

2. 流通的内容与作用

（1）流通的内容。

流通包含商流、物流、资金流和信息流，如图1-1所示。资金流是指在营销渠道成员间随着商品实物及其所有权的转移而发生的资金往来流动。资金流是在所有权更迭的交易过程中发生的，可以认为它从属于商流；信息流从属于商流和物流，属于物流的部分称为物流信息。流通实际上是由商流和物流组成的，它们分别解决两方面的问题：一是产成品从生产者所有转变为用户所有，解决所有权的更迭问题；二是对象物从生产地转移到使用地以实现其使用价值，也就是实现物的流转过程。

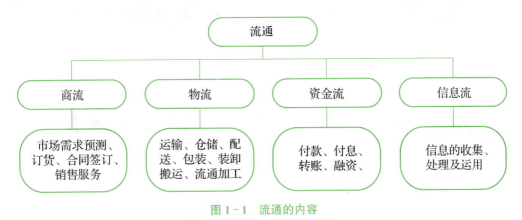

图 1-1　流通的内容

（2）流通在商品经济运行中的作用。

流通在商品经济运行中有如下作用：

1）保证生产过程的正常进行。

2）流通领域的活动，有助于生产部门腾出更多的时间和精力从事生产和组织生产，节省劳动力和劳动时间，使生产过程不断扩大，也有助于节省流通中的劳动耗费和劳动时间，提高社会经济效益。

3）流通不创造价值，却是创造和实现价值必要的条件。

4）流通是生产和消费之间的纽带，在国民经济中处于重要的地位。

（二）商流与物流的关系

1. 商流概述

商流是物资在由供应者向需求者转移时物资社会实体的流动，主要表现为物资与其等价物的交换运动和物资所有权的转移运动。具体的商流活动包括买卖交易活动及商情信息活动。商流活动可以创造物资的所有权效用。

（1）商流的特点。

1）突出了流通，即把商流看成流通的一部分。

2）突出了与物流活动的伴随关系。

3）突出了商流的功能——所有权效用。

（2）商流的活动内容。

首先在交易前收集商品信息，进行市场调查；其次按照市场调查的结果，对商品生产计划、数量、质量、销售渠道等因素进行调整；再次买卖双方通过谈判达成交易；最后履行交易。

2. 物流和商流的联系与区别

物流和商流之间既有联系又有区别，二者的关系如图1-2所示。

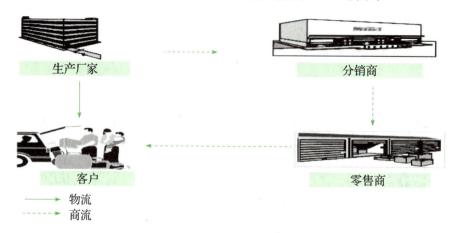

生产厂家　　　　　　　　　　　　分销商

客户　　　　　　　　　　　　零售商

——→ 物流
----→ 商流

图1-2　物流和商流关系示意图

（1）物流和商流的联系。

1）它们都属于流通领域，是商品流通的两种不同形式，在功能上互相补充。通常是先发生商流后发生物流，在商流完成以后再进行物流。

2）它们都是从供应者到需求者的流动，具有相同的出发点和归宿。

（2）物流和商流的区别。

1）流动的实体不同。物流是物资的物质实体的流动，商流是物资的社会实体的流动。

2）功能不同。物流创造物资的空间效用、时间效用、形式效用，而商流创造物资的所有权效用。

3）发生的先后和路径互不相同。在特殊情况下，没有物流的商流和没有商流的物流都是可能存在的。

总之，先有商流，然后才有物流。商流是物流的上游，没有上游就没有下游，所以要靠商流带动物流。但是如果没有物流，商流也无从实现，商流越兴旺，则物流越发达；反之，物流服务滞后也会影响商流的发展。两者之间是相辅相成、相互促进的。

3. 商流和物流的分离

所谓商流和物流的分离，就是在物资流通过程中将商流和物流活动分开来进行。同一批物资的流通活动包括两方面：一方面是它的商流活动，如洽谈、支付等；另一方面是它的物流活动，如运输、储存等。商流的特点是灵活、机动、活跃、相对成本低。物流则不同，它的每一步运动都要耗费成本，运动路程越多，耗费成本越高，物流的特点是费人工、费成本。为了活跃交易、降低物流成本，商流与物流分离是经济运行规律的必然体现。商流与物流分离实际是流通总体中的专业分工、职能分工，是通过这种分工实现大生产式的社会再生产的产物。这是物流科学中重要的新观念。物流科学正是在商流与物流分离的基础上才得以对物流进行独立的考察，进而形成专门的科学。

4. 物流、信息技术和市场竞争

如上所述，传统物流受商流制约，随商流的变化而变化，结果往往为了占领市场、扩大销售而牺牲物流利益，所以，在竞争激烈的商品经济社会要加强对物流问题的研究，加强对信息技术等现代科学手段的充分利用。

商流和资金流是传统性的经济活动，规则性强，已经比较成熟和定型，进一步科学化管理受时代和经济发展水平限制。信息流主要依赖互联网，由计算机支持，是电子化传输和软件开发问题。这方面的竞争会不断加剧和复杂化，各企业的技术水平将来也会彼此接近。前几年兴起的电子商务热之所以急剧降温，是"物流瓶颈"造成的，并不是信息技术自身的问题。商流、资金流和信息流将来都可能由计算机和网络通信部分替代，只有物流难以做到这一点。在此我们有必要强调，商流、物流、资金流、信息流虽然各有其独立存在的意义，并各有自身的运行规律，但是，它们是一个相互联系、互为伴随、共同支撑的流通活动的整体。我们在认识和研究流通经济，或者在进行物流管理的过程中，一定要把握这一点，以便我们认识问题更加全面、科学，把物流工作做得更有成效。

三、物流的分类与构成要素

（一）物流的分类

对物流的分类，目前并没有统一的看法，综合已有的论述，可从以下五个方面进行划分。

1. 按物流系统性质划分

按物流系统性质的不同，物流可划分为社会物流、企业物流和行业物流。

（1）社会物流。

社会物流是指超越一家一户的、以一个社会为范畴，面向社会为目的的物流。这种社会性很强的物流往往由专门的物流承担人承担。社会物流的范畴是社会经济大领域，研究国民经济中的物流活动，研究如何形成服务于社会、面向社会又在社会环境中运行的物流，研究社会中物流体系的结构和运行。社会物流带有宏观性和广泛性。

（2）企业物流。

企业物流从企业角度研究与之有关的物流活动，是具体的、微观的物流活动的典型领域。企业物流又可以区分为以下具体的物流活动：

1）企业生产物流。这是指企业在生产工艺中的物流活动。生产过程的物流大体为：原料、零部件、燃料等辅助材料从企业仓库或企业的"门口"开始，进入生产线的开始端，再进一步随生产加工过程一个一个环节地流动，在流动的过程中，上述材料本身被加工，同时产生一些废料、余料，直到生产加工终结，再流动至产成品仓库，终结企业生产物流过程。

2）企业供应物流。企业为保证本身生产的节奏，不断组织原材料、零部件、燃料、辅助材料供应的物流活动，这种物流活动对企业生产的正常、高效进行起着重大作用。为此，企业供应物流必须解决有效的供应网络问题、供应方式问题、零库存问题等。

3）企业销售物流。这是指物品在供方和需方之间的实体流动。

4）企业回收物流。这是指对企业在生产、供应、销售的活动中产生的各种边角余料和废料等，进行回收、分类、再加工、使用的流动过程。

5）企业废弃物物流。这是指对企业排放的无用物进行运输、装卸、处理等的物流活动。

（3）行业物流。

行业物流是指根据不同的行业进行的物流活动。如机械行业物流、医药行业物流等。

2. 根据发展的历史进程划分

根据发展的历史进程，物流可划分为传统物流、综合物流和现代物流。

传统物流的主要精力集中在仓储和库存的管理和派送上，有时又会把主要精力放在仓储和运输方面，以弥补在时间和空间上的差异。

综合物流不仅包括运输服务，还包括许多协调工作，是对整个供应链的管理，如对陆运、仓储部门等一些分销商的管理，以及订单处理、采购等。

现代物流是为了满足消费者需要而进行的从起点到终点的原材料、中间过程库存、最终产品和相关信息有效流动及储存计划、实现和控制管理的过程。它强调从起点到终点的过程，提高了物流的标准和要求，是各国物流的发展方向。国际上大型物流公司认为现代物流有两个重要功能：管理不同货物的流通质量；开发信息和通信系统，通过网络建立商务联系，直接从客户处获得订单。

3. 按物流活动的空间范围划分

按物流活动的空间范围的不同，物流可划分为国际（全球）物流、区域物流和国内物流。

国际（全球）物流是指不同国家（地区）之间的物流。

区域物流是指某一行政区域或经济区域的内部物流。

国内物流是指一个国家内发生的物流活动。

区域物流与国际物流，两者的不同之处在于物流活动的地域不同。前者是在某个地域内的，后者是在国际范围的。从跨地域到跨国不是物流简单地放大地域或空间的问题，而是国内社会经济发展与对外经济发展的程度的体现。

4. 按物流活动的运作主体划分

按物流活动运作主体的不同，物流可划分为第一方物流、第二方物流、第三方物流和第四方物流。

第一方物流是指需求方（生产企业或流通企业）为满足自己企业在物流方面的需求，由自己完成或运作的物流业务。

第二方物流是指供应方（生产厂家或原材料供应商）专业物流企业提供运输、仓储等单一或某种物流服务的物流业务。

第三方物流（third party logistics，TPL）是指由物流的供应方与需求方以外的物流企业提供的物流服务。即由第三方专业物流企业以签订合同的方式为其委托人提供所有或一部分物流服务。第三方物流也称合同制物流。

第四方物流（fourth party logistics）是一个供应链的集成商，是供需双方及第三方的领导力量。它不是物流的利益方，而是通过拥有的信息技术、整合能力以及其他资源提供一套完整的供应链解决方案，以此获取一定的利润。它帮助企业实现降低成本和有效整合资源，并且依靠优秀的第三方物流供应商、技术供应商、管理咨询以及其他增值服务商，为客户提供独特的和广泛的供应链解决方案。

5. 按物流在经济中的运行角度划分

按物流在经济中的运行角度，物流可划分为宏观物流与微观物流。

宏观物流也称社会物流（external logistics），是指社会再生产总体的物流活动，物流的业务活动以社会为范围，面向社会。

微观物流也称企业物流（internal logistics），是从企业的微观角度划分的物流业务范围，即消费者、生产企业所从事的物流活动。

（二）物流的构成要素

现代物流是一个过程，是满足客户需要的过程，也是若干功能协调运作的过程。物流系统的构成如图1-3所示。

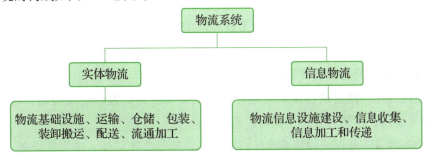

图1-3 物流系统的构成

四、物流系统

（一）物流系统概述

1. 物流系统的概念

物流系统是指在供应链管理活动中的各种物流功能，随着采购、生产、销售活动而发生，并使物的流通效率提高的系统。这种系统由作业系统和信息系统组成。

物流系统是由物流各要素组成，物流各要素之间存在有机联系的综合体。物流系统主要受内部环境和外部环境的要素影响，整体构成十分复杂，其外部存在过多的不确定因素，内部存在相互依赖的物流功能因素。物流系统的成功要素是使物流系统整体优化以及合理化，并服从或改善社会大系统的环境。

2. 物流系统的要素

（1）物流系统的一般要素。

1）人的要素。人是所有系统的核心要素，也是系统的第一要素。

2）资金要素。资金是所有企业系统的动力。

3）物的要素。这包括物流系统的劳动对象，即各种实物。

4）信息要素。这包括物流系统需要处理的信息，即物流信息。

（2）物流系统的功能要素。

物流系统的功能要素是指物流系统所具有的基本能力。这些基本能力有效地组合、连接在一起，变成物流系统的总功能，就能合理、有效地实现物流系统的总目的。

物流系统的功能要素主要包括运输、储存保管、包装、装卸搬运、流通加工、配送、物流信息等要素。

（3）物流系统的支撑要素。

1）法律制度，是决定物流系统的结构、组织、领导和管理的方式。国家对其控制、指挥、管理的方式以及这个系统的地位和范畴，是物流系统的重要保障。

2）行政命令，是决定物流系统正常运转的重要支持要素。

3）标准化，是保证物流环节协调运行，保证物流系统与其他系统在技术上实现联结的重要支撑条件。

4）商业习惯，是整个物流系统为了使客户满意所提供服务的基本要求。了解商业习惯，可使物流系统始终围绕客户进行运营，达到企业的经营目标。

（4）物流系统的物质基础要素。

1）基础设施，是组织物流系统运行的基础物质条件，包括物流场站、物流中心、仓库、物流线路、建筑、公路、铁路、港口等。

2）物流装备，是保证物流系统运行的条件，包括仓库货架、进出库设备、加工设备、运输设备、装卸机械等。

3）物流工具，是物流系统运行的物质条件，包括包装工具、维修保养工具、办公设备等。

4）信息技术及网络，是掌握和传递物流信息的手段。根据所需信息水平的不同，有通信设备及线路、传真设备、计算机及网络设备等。

5）组织及管理，是物流系统的"软件"，起着连接、调运、运筹、协调、指挥其他各要素以保障物流系统目的的实现等作用。

3. 物流系统的特征

（1）物流系统是一个大跨度系统。

大跨度系统主要体现在系统的时空跨度大，随着国际分工的不断发展，企业间的交流越来越频繁，提供大时空、大跨度物流活动将成为物流企业的主要任务。

（2）物流系统稳定性较差而动态性较强。

物流系统是一个连接着多个生产企业、流通企业和客户的系统，随着需求、供应、流通渠道和价格等因素的不断变化，其系统内的要素及系统的运行方式等也会随之发生变化，物流系统是一个稳定性较差而动态性较强的系统。这就要求物流系统应具有相应的灵活性和适应性。

（3）物流系统属于中间层次系统范畴。

物流系统是流通系统中的一个子系统。它必须受到更大系统的制约，如社会经济系统、社会流通系统等。物流系统本身又可分为若干个子系统，如运输、储存、包装、装卸、流通加工、信息技术等。

（4）物流系统的复杂性。

物流系统本身十分复杂，它的对象是物质产品，品种繁多，数量庞大，包括全部社会物质资源。此外，物流系统各要素之间的关系不像生产系统那样简单和明了，更增加了系统的复杂性。

（5）物流系统的系统结构要素间有非常强的"背反"现象。

物流系统要素间有非常强的"背反"现象。如从储存的角度看，要库存尽量少甚至"零库存"，宁愿紧急订货，也不愿提前大批量订货，以节约库存成本。这就是"效益背反"现象。处理这一类问题时必须十分谨慎，否则就会出现系统整体恶化的结果。

（二）建立物流系统的目的

建立物流系统的目的主要是实现物流系统合理化，获得宏观和微观两方面的效益，进行物流系统管理。

物流系统的宏观经济效益是指一个物流系统的建立对全社会经济效益的影响。其直接表现形式是这一物流系统如果被作为一个子系统来看待，就是对整个社会流通及全部国民经济效益的影响。

物流系统的微观经济效益是指物流系统本身在运行后所获得的企业效益。其直接表现形式是通过有效地组织"物"的流动，在提高客户服务质量的同时降低物流运营成本。

（三）物流系统的基本模式

物流系统的基本模式（如图1-4所示）和一般系统一样，具有输入、转换及输出三大功能，通过输入和输出使系统与社会环境进行交换，相互依存，而转换则是这个系统带有特点的系统功能。

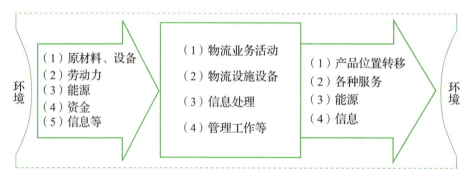

图1-4　物流系统的基本模式

一般来讲，物流系统的输入是指物流成本，而物流系统的输出由企业效益、竞争优势和客户服务三部分组成。

（四）物流系统化的目标

（1）服务性（service）。在为客户服务方面要求做到无缺货、无货物损伤和丢失等现象，且费用便宜。

（2）快捷性（speed）。要求把货物按照客户指定的地点和时间迅速送到。

（3）有效地利用面积和空间（space saving）。我国土地费用在不断上涨，客观上要求物流企业充分考虑对城市市区面积的有效利用，逐步发展立体设施和有关物流机械，求得空间的有效利用。

（4）规模适当化（scale optimization）。要求物流设施的集中与分散适当，机械化与自动化程度合理，情报系统的集中化所要求的计算机等设备有效利用等。

（5）库存控制（stock control）。库存过多则需要更多的保管场所，并产生库存资金积压，造成浪费。因此，必须按照生产与流通的需求变化对库存进行控制。

上述物流系统化目标的内容简称为"5S"。要发挥以上物流系统化的效果，就要把从生产到消费的全过程的货物量作为一贯流动的物流量来看待，依靠缩短物流路线，使物流作业合理化、现代化，从而降低总成本。

（五）物流系统分析与评价

物流系统分析的目的在于通过分析比较各种替代方案的有关技术经济指标，得出决策者形成正确判断所必需的资料和信息，以便获得最优系统方案。

1. 物流系统分析的概念

物流系统分析（logistic system analysis，LSA）是指在特定的时间和空间里，物流企业将其所从事的物流服务及其过程作为一个整体来处理，以系统的观点、系统工程的理论和方法进行分析研究，以实现物流服务在空间和时间上的经济效应。

2. 物流系统分析的特点

（1）追求整体目标最优。在一个系统中，处于各个层次的分系统都具有特定的功能目标，只有彼此分工合作，才能达到系统整体目标最优。

（2）以特定问题为对象。物流系统中有许多问题含有不确定因素，而系统设计就是针对这种不确定的情况，研究解决问题的各种方案及其可能产生的结果。

（3）运用定量方法。在许多复杂的情况下，需要有精确可靠的数据资料作为科学决策的依据，有些情况下，利用数学模型有困难，就要借助结构模型解决法或计算机模拟。

3. 物流系统的建立过程

物流系统的建立过程分为三个阶段：系统规划—系统设计—系统实施，具体如图1-5所示。

图1-5 物流系统的建立过程

4. 物流系统评价

（1）制定物流系统评价指标体系的原理。

物流系统的行为过程，是以一定的劳动消耗和劳动占用（投入）完成某种预测的服务（产出）的过程。物流系统的投入包括人力资源、能源和技术，各项投入在价值形态上统一表现为物流成本。物流系统的产出，就是为生产系统和销售系统提供的服务。物流系统评价是物流系统分析中复杂而又重要的一个环节，它是利用模型和各种数据，从物流系统的整体观点出发，对物流系统现状进行评价。

（2）常用的物流系统评价指标。

物流系统的评价指标的使用对象可以是整个物流系统，也可以是供应物流、生产物流、销售物流、回收物流、废弃物物流等子系统，还可以是运输、储存、库存管理、生产计划与控制等物流职能，乃至各职能中具体的物流活动。不同的评价目的会形成不同的评价指标体系。

　　随着我国物流业的发展，如何衡量社会物流系统发展的效益、效率及阶段、水平等已成为一个重要问题，也是关系到物流业进一步发展的基本要求。

第二节　物流业

一、物流业的发展

（一）国外物流业的发展

1. 发展过程

　　从 20 世纪 50 年代至今，现代物流经历了多次变革，并有很大的发展。虽然各国社会经济条件和物流发展的进程各有差异，但不可否认的是，美国物流管理的研究和实践较为先进和完善，因此这里以美国为例，将现代物流的发展过程分为三个阶段，具体如表 1-1 所示。

表 1-1　现代物流的发展过程（以美国为例）

时间	特点
20 世纪 50 年代至 70 年代	实物配送阶段。提出以客户需求为中心，物流是"一块经济的黑大陆"，是"企业的利润源"等思想。1963 年美国物流管理协会的成立，标志着物流独立地位的确立
20 世纪 70 年代至 80 年代	综合物流阶段。人们认识到要从生产、流通、消费的全过程把握物流管理。1985 年，物流的术语"physical distribution"被"logistics"所取代
20 世纪 80 年代至今	供应链管理阶段

　　20 世纪 50 年代至 80 年代，发达国家的企业为了追求利润而将竞争焦点放在了产品质量上，各企业千方百计地降低生产成本、提高产品质量，以提高市场竞争力，此时企业管理者将物流概念引入生产领域，开始注重生产领域的物流业发展。从 20 世纪 80 年代开始，竞争焦点逐渐又转向非生产领域，从产品质量竞争转移到服务质量竞争上。如何降低物流系统的成本，提高效益与服务质量成为竞争的新焦点，物流管理就此产生，并且物流战略被视为获得市场优势的主要战略。20 世纪 90 年代以后，随着高新技术的发展和计算机信息网络的普及，传统物流业开始向现代物流业转变。综合物流发展包括运输合理化、仓储自动化、包装标准化、装卸机械化、加工配送一体化、信息管理网络化等。在市场全球化和世界经济一体化发展趋势下，综合物流业越来越为人们所重视，并且其发展水平成为衡量一个国家综合国力的重要标志之一。

2. 发展特点

在当今社会，如果说物流水平代表一个国家的经济发展程度，那么，物流管理就体现了各个国家的经济模式的差异和管理体制上的特点。我们可以这样概括，日本注重物流成本的测算，英国致力于构筑综合性物流体制，美国却重视物流机械的现代化及在物流领域的运用。据统计，全球物流产业规模约为3.43万亿美元，美国物流产业的规模为9 000亿美元，几乎为高技术产业的两倍多，占美国国内生产总值的10%以上。美国物流产业合同金额为342亿美元，并以年均20%以上的速度增长。撬动美国物流的杠杆之一是物流机械，为提高运输效率，降低运输成本，美国不断加大车辆载重量，同时还注重专用车辆的研发，美国在物流领域已实现了高度的机械化、自动化和计算机化。不论是哪一个国家，物流在国民经济中的作用都越来越重要，体现出以下特点：

（1）政府普遍重视物流的发展。美、日两国政府对物流业的发展都极为重视，纷纷制定相关政策规范促进本国物流业的发展。美国从战略上调控物流业的发展，在政策上向运用高新技术的物流企业倾斜，并鼓励物流企业向国际化发展。日本政府从本国国情出发，在大中城市、港口、主要公路枢纽都对物流设施用地进行了合理规划，并且以很低的价格将土地卖给物流企业集团，银行也向物流企业提供低息甚至无息贷款，把发展物流作为提高本国经济竞争力的重要措施来规划。日本内阁会议2001年通过《新综合物流实施大纲》，以提高日本物流产业的国际竞争力，还提出要解决环保问题和建立循环型社会等与物流有关的新课题。在建设物流园区的过程中，政府对参与物流园区建设的企业提供政策优惠，统一规划物流园区内的交通、道路、绿化、教育、娱乐设施等项目，形成齐全的服务功能和良好的生态环境。澳大利亚政府2002年推出《货物运输行业行动纲要》，目的是搭建一个长期的、参与性强的计划和财务框架，对全国陆地交通网络进行整体开发。

（2）物流业社会化、组织化程度高。在美、日两国，生产企业和流通企业根据自己的情况来选择物流服务。规模比较小的企业通常依赖于大型物流批发企业的供货，以达到减少非生产性投资、降低成本的目的；有实力的大型企业往往会建立自己的物流配送中心。两国的物流企业还注重网络的发展，拥有比较完善的物流配送网络，在发展和承揽业务、满足客户需要、降低物流成本等方面具有较大优势。所以，物流企业能产生规模效益，物流的社会化、组织化程度高，能将生产、流通、消费很好地连接起来。

（3）完善配送中心，提高整体物流效率。在欧洲物流业发展过程中，配送中心具有相当重要的地位。配送中心一般都广泛采用各种高科技手段，如信息管理系统、电子数据监控系统、现代化立体仓库、条形码扫描等，同时还包括整套的供应链方案设计、港口电子网络化管理、仓库进出货自动化管理、卫星定位系统等。

（4）搭建信息平台。随着信息技术的不断发展，互联网和电子商务应用广泛普及，大大降低了国际贸易和国际物流的运营成本，使国际物流得以长足发展。目前，对于现代物流业发展来说，物流信息平台的建设与物流基础设施的建设具有同等重要的地位。

（5）推进物流系统的标准化。现代物流业对运输仓储资源进行高度的整合，标准化程度要求很高。没有各国统一的标准，国际物流水平很难提高。目前，美国、欧洲基本实现了物流工具和设施的统一标准，如托盘采用 1 000 mm×1 200 mm 标准，集装箱的几种统一规格及条码技术等，大大降低了系统运转难度。在物流信息交换技术方面，欧洲各国不仅实现了企业内部的标准化，而且实现了企业之间及欧洲统一市场的标准化，这就使各国之间的系统交流更简单、更具效率。

（6）重视物流人才培养。发达国家的经验证明，发展现代物流业，关键是具备一支优秀的物流管理队伍。如美国已形成了较为合理的物流人才教育培训体系，建立了多层次的物流专业教育，许多高等院校中设置了物流管理专业。此外，美国还建立了物流业的职业资格认证制度，如仓储工程师、配送工程师等，所有物流从业人员必须接受职业教育，经过考试获得资格证后，才能从事有关的物流工作。

3. 发展趋势

（1）物流服务的内涵将继续拓展。物流服务由最初只解决运输问题，后来逐步纳入了装卸、搬运、仓储、保管乃至报关、通关、保险、商检、卫检、中转、保税等业务。近年来，信息技术的发展和比较成本优势的驱动，产品异地加工、装配、包装、标志、分拨、配送、销售、转让等增值服务也逐渐被涵盖进来。

（2）物流服务过程继续延伸。物流服务过程经历了"港口—港口""门—门""货架—货架"等阶段后，为了满足生产企业"即时供货"和"零库存"的需要，物流业将企业生产的计划、供应也包括在自己的服务范围之内，使服务过程向前延伸；同时，物流业将消费后的废弃物处理和回收利用也纳入自己的服务范围之内，从而使物流服务过程向消费后延伸。

（3）专业化物流服务不断扩大。发达国家非常重视发展"第三方物流业"，第三方物流企业不但能够提供物流作业服务，更重要的是它能够为客户提供全面解决方案。对《财富》500 强企业的一份调查表明，69％的企业已经使用了第三方物流，75％的企业打算今后更多地使用第三方物流。

（4）供应链管理盛行。欧美许多企业通过直接控制供应链，企业和社会经济效益显著。国际大型跨国企业集团正朝着全球采购、本地制造、全球分销的新型跨国公司方向发展。与此相对应，与跨国公司结成战略同盟关系的国际物流企业也正寻求开展"一票到底"的服务，以满足跨国公司全球化、优质化的物流需求。

（5）物流规模不断扩大。一是在港口、机场、车站等物流枢纽节点上建设规模巨大、设施齐全、功能完善的物流园区；二是物流企业通过兼并重组来扩大规模。

（6）不断采用先进的科学技术，形成以系统技术为核心，以信息技术、运输技术、配送技术、自动化仓储技术、库存控制技术、包装技术等专业技术为支撑的现代物流技术格局。今后的发展方向将包括无线互联网技术、卫星定位技术、智能运输系统及集成化技术等。

4. 国外著名的物流企业简介

（1）美国沃尔玛百货有限公司的配送中心是典型的厂家物流配送中心。该配送中心是沃尔玛独资建立的，专为本公司的连锁店按时提供商品，确保各店稳定经营。该中心的建筑面积为 12 万平方米，总投资 7 000 万美元，有职工 1 200 多人，配送设备包括 200 辆车头、400 节车厢、13 条配送传送带，配送场内设有 170 个接货口。配送中心 24 小时运转，每天为分布在纽约州、宾夕法尼亚州等 6 个州的沃尔玛公司的 100 家连锁店配送商品。

（2）UPS 快速邮递公司是美国第二大包裹快递公司，其规模仅次于联邦快递。它成立于 1907 年，总部在西雅图，有员工 30 万人，主要业务是包裹快递。UPS 快速邮递公司在世界上 200 多个国家和地区开展业务，主要是工厂（客户）的包裹通过 UPS 直接送往用户，开展一条龙服务业务。UPS 拥有自己的机场和货运飞机，美国国内有 60% 的地区当天可将货物送到用户手中，有 40% 的地区两天内可将货物送到用户手中。在国际货运方面，当天送到欧洲，两天内送到亚洲。

（3）日本日通公司是世界上最大的综合物流服务商之一，其服务范围包括空运服务和海运服务。其在空运服务领域的服务项目除传统的国际拼装箱货物运输外，还包括自由选择报关方法、易坏货物的区分、交货后提供 PC 系统安装服务在内的全方位服务。1996 年日通公司被国际航空运输协会评选为全球最大的货运代理公司，它的服务网连接着全世界 500 多个城市。在日本国内，日通在遍及全国的 27 个港口建有战略性运输中心，任何一个港口都可以进行国际运输。

（二）我国物流业的发展

1. 发展过程

随着我国经济体制改革和市场的开放，我国开始发展物流业。我国从国外引入物流概念有两条途径：一是 20 世纪 80 年代初随"市场营销"理论的引入而从欧美传入；二是"physical distribution"从欧美传入日本，日本人翻译为"物流"，20 世纪 80 年代初，我国从日本直接引入"物流"的概念。20 世纪 90 年代后期，随着我国经济体制改革的发展，企业产权关系日益明晰，生产、流通等企业开始认识到物流的重要性。国内出现了不同形式的物流企业，大多数物流企业是由原运输企业、仓储企业、商业企业或工业企业等改造重组而来，此时已有少数物流企业开始根据物流运作规律进行组织与管理，对物流的研究也从流通领域向生产领域渗透。网络技术、电子商务的发展对物流业提出了新的要求，促进了我国物流业与世界物流业的合作与交流，使我国物流业发展开始走向国际化、全球化。我国物流业的发展过程如表1-2所示。

表1-2 我国物流业的发展过程

发展阶段	主要特点
1949—1965 年	初步发展阶段：新中国刚刚成立，经济基础较差，物流处于起步阶段
1966—1977 年	停滞阶段：由于受"文化大革命"影响，物流理论和实践基本处于停滞状态
1978—1990 年	较快发展阶段：随着改革开放的日益深入，引进了先进的物流理论，物流基础设施建设水平有了很大的提高
1991 年至今	高速发展阶段：加快了物流系统建设，使其朝标准化、国际化的方向发展

2. 发展特点

目前，我国的物流业取得了长足进步，物流设施已达到一定的规模，在国内经济发达地区已经初步形成物流市场，能够提供多种形式的物流服务。我国物流业发展具有以下特点：

（1）物流行业规模不断扩大。随着我国经济的快速发展，物流行业的规模也在不断扩大。据统计，2019 年我国物流总额达到 298 万亿元，同比增长 5.9%。物流行业已成为我国经济发展的重要支柱之一。

（2）物流技术不断升级。随着信息技术的不断发展，物流行业也在不断引入新的技术手段，如物联网、云计算、大数据等，提高了物流效率和服务质量。同时，物流企业也在不断加强自身的信息化建设，提高了管理水平和运营效率。

（3）物流服务不断升级。随着消费者对物流服务的要求越来越高，物流企业也在不断提升服务质量，如提供定制化服务、增加配送时效等。同时，物流企业也在不断拓展服务范围，如跨境物流、冷链物流等，满足了不同行业和消费者的需求。

（4）物流绿色化发展。随着环保意识的不断提高，物流企业也在不断推进绿色化发展，如采用清洁能源、优化运输路线等，减少了对环境的污染。同时，政府也在不断出台相关政策，鼓励物流企业加强环保意识，推进绿色物流发展。

当前我国物流发展的趋势是规模不断扩大、技术不断升级、服务不断升级、绿色化发展。未来，随着我国经济的不断发展和消费者对物流服务的要求不断提高，物流行业将会迎来更加广阔的发展空间。同时，物流企业也需要不断加强自身的技术创新和服务升级，提高竞争力，实现可持续发展。

3. 我国物流业发展现状

物流业是融合运输业、仓储业、货代业和信息业等的复合型服务产业，是国民经济的重要组成部分，涉及领域广，吸纳就业人数多，促进生产、拉动消费作用大，在促进产业结构调整、转变经济发展方式和增强国民经济竞争力等方面发挥着重要作用。2019 年我国社会物流总额为 298 万亿元，较 2018 年增加了 14.9 万亿元，2020 年我国社会物流总额达 300.1 万亿元，预计未来将继续保持增长。

2020 年，宏观经济经受前所未有的严峻挑战，物流作为经济发展的先行者，积极贯彻高质量发展理念，深化供给侧结构性改革，全年物流运行逆势回升、增势平稳，物流规模再上新台阶，物流业总收入保持增长，物流运行实现提质增效，单位成本缓中趋稳，为抗击疫情、保障民生、促进经济发展提供了有力支撑。2014—2020 年我国社会物流总额如图 1-6 所示。

图 1-6 2014—2020 年我国社会物流总额
注：根据中国物流与采购联合会历年公布的数据绘制。

物流业吸纳就业能力不断增强，从业人员快速增长。根据测算，2019 年末，我国物流岗位（既包括物流相关行业法人单位和从事物流活动的个体工商户从业人员，也包括工业、批发和零售业等行业法人单位的物流岗位从业人员）从业人员约 5 191 万人，比 2016 年增长 3.6%，年均增长 0.9%。

从就业结构特点来看，物流业呈现如下特点：一是物流专业人才保持较快增长，物流人员专业化程度提升。我国物流相关行业从业人员超过 1 200 万人，比 2016 年增长了 16%，年均增长 3.9%。二是运输物流仍是吸纳就业的主体，其中道路运输较快增长，铁路和水路有所放缓；三是电商快递、多式联运等新型行业成为新增就业的主要动力，"十三五"时期快递物流行业新增吸纳就业超过 100 万人，年均增长 10%，多式联运及运输代理行业新增吸纳就业超过 15 万人，五年间年均增长 8%，增速均快于行业平均水平。

拓展阅读

我国九大物流区域分布与十大物流通道介绍

九大物流区域分布为：以北京、天津为中心的华北物流区域，以沈阳、大连为中心的东北物流区域，以青岛为中心的山东半岛物流区域，以上海、南京、宁波为中心的长江三角洲物流区域，以厦门为中心的东南沿海物流区域，以广州、深圳为中心的珠江三角洲物流区域，以武汉、郑州为中心的中部物流区域，以西安、兰州、乌鲁木齐为中心的西北物流区域，以重庆、成都、南宁为中心的西南物流区域。

十大物流通道为：东北地区与关内地区物流通道、东部地区南北物流通道、中部地区南北物流通道、东部沿海与西北地区物流通道、东部沿海与西南地区物流通道、西北与西南地区物流通道、西南地区出海物流通道、长江与运河物流通道、煤炭物流通道、进出口物流通道。

二、现代物流与传统物流的区别

现代物流与传统物流有着很大的区别，现代物流是对流动方式的一场革命，它作为一种先进的管理技术和组织方式，对资源进行优化组合。现代物流业是一个全新的理念，是21世纪的朝阳产业。

传统物流一般指产品出厂后的包装、运输、装卸、仓储。现代物流提出了物流系统化或称总体物流、综合物流管理的概念，并付诸实施。具体来说，就是使物流向两头延伸并加入新的内涵，使社会物流与企业物流有机地结合在一起，从采购物流开始，经过生产物流，再进入销售物流，与此同时，要经过包装、运输、仓储、装卸、加工配送到达用户（消费者）手中，最后还有回收物流。可以这样说，现代物流包含了产品从"生"到"死"的整个物理性的流通全过程。现代物流与传统物流的区别如表1-3所示。

表1-3　现代物流与传统物流的区别

传统物流（physical distribution）	现代物流（logistics）
单指流通领域的流动	涵盖了生产、流通、消费领域
运输、保管、包装各环节相对独立	各环节相互结合，强调系统化
简单的位移	强调增值功能
以人工操作为主	突出信息管理和自动化操作
无统一标准	标准化管理
不注重服务水平	强调服务水平

续表

传统物流（physical distribution）	现代物流（logistics）
一般由企业解决物流问题	物流外包，第三方物流发展良好
风险涉及范围小	风险涉及范围广
分散、低效、高耗的组织形式	强调系统化

资料来源：祁晓霞，郭建名. 现代物流管理概论［M］. 北京：航空工业出版社，2008.

三、现代物流的特点

现代物流主要有以下特点。

（一）专业化

社会分工导致专业化，导致物流专业化的形成。物流专业化本身至少包括两个方面的内容：一方面，在企业中，物流管理作为企业的一个专业部门独立存在并承担专门的职能，随着企业的发展和企业内部物流需求的增加，企业内部的物流部门可能从企业中分离出来成为社会化、专业化的物流企业；另一方面，在社会经济领域中，出现了专业化的物流企业，这些企业提供各种不同的物流服务，并进一步演变为服务专业化的物流企业。

（二）系统化

从商品流通过程来看，现代物流涉及生产领域、流通领域、消费及后消费领域，涵盖了几乎全部社会产品在社会与企业中的运动过程，是一个非常庞大而且复杂的动态系统。

就所借助的基础设施而言，现代物流系统涉及多个管理部门，如交通、铁道、航空、仓储、外贸、内贸等多个领域，还涉及这些领域的更多的行业。

从商品的存在状态来看，商品流通过程就是商品在地理位置上的移动过程，商品借助运输工具发生位移的起点和终点就是现代物流体系的节点。比如：我国目前已基本形成了以沿海大城市群为中心的四大区域性物流圈，即环渤海物流圈、长江三角洲物流圈、环台湾海峡物流圈和珠江三角洲物流圈。与此同时，在内陆腹地，也有许多城市在规划和建设物流园区以及区域性的物流圈。从全国的角度看，庞大且多层次的物流网络已初步形成，各个地区的物流园区是这个网络的节点，这些节点之间、节点与区域性物流圈之间、物流圈与物流圈之间都是互相联系的。

现代物流是个多层次多环节的系统。从宏观的层次说，包括国家级物流规划、省市级物流规划、经济运行部门的物流规划和企业物流规划，不同层次的物流规划扮演不同的角色，实现不同的功能。从具体的物流作业流程角度看，物流系统指装卸、加工、仓储、保管、备货、分拣、运输等具体物流环节的组织方式，没有完好的作业流程就不可能实现物流的高效率和低成本。

（三）信息化

从发达国家物流业现状来看，在物流过程中全面应用信息技术已经非常普遍。物流信息化主要包括两个方面，即设施自动化和经营网络化。设施自动化是指货物的接收、分拣、装卸、运送、监控等环节以自动化的过程来完成。经营网络化是指将网络技术运用到物流企业运行的各个方面，包括企业内部管理上的网络化和对外联系上的网络化。大型物流企业都有完善的企业内部网和外部网，货物运行的各种信息都会及时反馈到内部网的数据库上，网络上的管理信息系统可以对数据进行自动分析和安排调度，自动排定货物的分拣、装卸以及运送车辆、线路的选择等。没有物流系统的信息化，物流系统在实现一体化和协调运作上就会有很大的困难。

（四）标准化

物流标准化是以物流作为一个大系统，制定系统内部设施、机械设备、专用工具等各个分系统的技术标准；制定系统内各个分领域如包装、装卸、运输等方面的工作标准；以系统为出发点，研究各分系统与分领域中技术标准与工作标准的配合性，统一整个物流系统的标准；研究物流系统与其他相关系统的配合性，进一步谋求物流大系统的标准统一。对物流企业来说，标准化是提高内部管理、降低成本、提高服务质量的有效措施；对消费者而言，享受标准化的物流服务是消费者权益的体现。

（五）国际化

自然资源的分布和国际分工导致国际贸易、国际投资、国际经济合作，上述国际化过程使物流业向全球化方向发展，物流企业需要花费大量时间和精力从事国际物流服务，如配送中心对进口商品从代理报关业务、暂时储存、搬运和配送、必要的流通加工到送交消费者手中实现一条龙服务，甚至还接受订货、代收取资金等。现代物流国际化要求物流的发展必须突破一个国家（地区）地域的限制，以国际统一标准的技术、设施和服务流程，来完成货物在不同国家（地区）之间的流动。

（六）环保化

物流环保化是建立在维护地球环境和可持续发展的基础上的，它改变了原来经济发展与物流、消费生活与物流的单向作用关系，在抑制传统直线型的物流对环境造成危害的同时，采取与环境和谐相处的态度和全新理念，去设计和建立一个环形的循环的物流系统，使达到传统物流末段的废旧物质能回流到正常的物流过程中来，同时又要形成一种能促进经济和消费健康发展的现代物流系统。现代物流环保化强调全局和长远的利益，强调对环境的全方位关注。

第三节 物流学

一、物流学概述

(一) 物流学的研究对象

每个学科都有自己的研究领域。物流学的研究对象是由物流领域的特点所决定的。物流学是研究物流过程规律性及物流管理方法的学科，它以物的动态流转过程为主要研究对象，包括生产和流通领域物质的一切运动形态以及相关的资金流和信息流等，揭示物流活动的内在联系，并进行科学规划、管理与控制。物流学已成为独立的研究领域和学科范围。

(二) 物流学的研究特点

物流活动作为客观存在的实体活动具有久远的历史，但物流作为一门学科来研究，却是从 20 世纪 50 年代开始发展起来的。物流学是一个实践性很强的综合性交叉学科，是一门新兴的学科。它具有以下几方面的特点：

（1）物流学是一门应用性学科，是一门实践性很强的学科。从物流的产生和发展来看，物流与社会经济活动密不可分，是社会经济的基本活动。它的强大生命力在于其研究的出发点和归宿点都是社会实践的需要，并以此提出科学方法和结论，提高物流技术和改进物流的组织管理，取得良好的经济效益。

（2）物流学是一门交叉性和综合性的学科。物流学是社会科学和自然科学、管理科学、工程技术交叉的学科。它的理论与方法是在多学科的基本理论上形成的，是多学科的集成，并渗透着现代科学技术、现代经济理论和现代管理方法的结合和应用。

（3）物流学是一门系统性学科。系统性是物流学的最基本特征。

(三) 物流学的研究方法

物流学的研究方法有定性研究方法和定量研究方法。

（1）定性研究方法主要是通过问卷调查、面谈、案例研究等方式，针对具体情况的社会性和心理性层面的研究方法，属于管理类方法。但这种方法也越来越多地结合对调研结果的数量化处理，通过统计分析获得数量化分析结果。

（2）定量研究方法主要是运用运筹学中的优化理论、博弈论及统计分析规划最优运输路线、库存、物流网络等，建立组织利润最大化模型，模拟组织间的竞争关系，寻求最优的契约设计。物流企业还可运用数理统计方法分析市场状况，构造各种数量模型，分析物流市场供求调查结果、企业物流评价指标等。

二、物流学的主要原理

（一）黑大陆说

1. 黑大陆说的提出及背景

1962 年，彼得·德鲁克在《财富》杂志上发表了题为《经济的黑色大陆》一文，他将物流比作"一块未开垦的处女地"，认为"流通是经济领域里的黑暗大陆"。由于流通领域中物流活动的模糊性尤其突出，是流通领域中人们更认识不清的领域，黑大陆的说法现在主要是针对物流而言。

2. 黑大陆说的主要观点

黑大陆主要是尚未认识、尚未了解的意思。如果理论研究和实践探索照亮了这块黑大陆，那么摆在人们面前的可能是一片不毛之地，也可能是一个宝藏。黑大陆说也是对物流本身的正确评价，这个领域未知的东西还有很多，理论和实践皆不成熟。从某种意义上来说，黑大陆说是一种战略分析的结论，带有很强的哲学抽象性，这一学说对人们认识物流这一经济现象起到了启迪和动员的作用。

（二）冰山说

1. 冰山说的提出

冰山说是日本早稻田大学西泽修教授 1970 年提出来的。西泽修教授用对物流成本的具体分析论证了德鲁克的黑大陆说。事实证明，物流领域的方方面面对我们而言还是不清楚的，"黑大陆"和"冰山"的水下部分正是物流尚待开发的领域，是物流的潜力所在。物流"冰山"如图 1-7 所示。

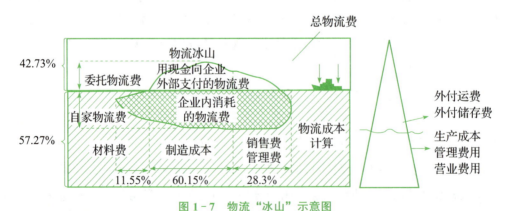

图 1-7 物流"冰山"示意图

2. 冰山说的主要观点

西泽修教授在研究物流成本时发现，当时的财务会计制度和会计核算方法都不可能掌握物流费用的实际情况，人们对物流费用的了解是一片空白，甚至有很大的虚假性，他把这种情况比作物流"冰山"。冰山的特点是大部分沉在水面之下，而露出水面的仅是冰山的一角。物流便是冰山，其中沉在水面以下的是我们看不到的黑色区域，而我们看到的不过是物流的一部分。

（三）第三利润源说

1. 第三利润源说的提出

1970 年，日本早稻田大学西泽修教授提出了第三利润源学说。西泽修教授在《物流——降低成本的关键》一书中，就三大利润源的问题做过归纳。第三利润源说是人们对物流潜力及效益的描述。经过半个世纪的探索，人们已肯定"黑大陆"虽还不大清楚，但绝不是不毛之地，而是一片富饶之源。尤其是经受了 1973 年石油危机的考验之后，物流已经牢牢确立了自己的地位，问题是如何进行物流潜力的挖掘和开发。

从历史发展来看，人类历史上曾经有过两个大量提供利润的领域：第一个是资源领域，第二个是人力领域。在西方发达国家，经济发展过程中最初企业是把降低人工成本和原材料的成本当做扩大利润的最重要的来源，这个时候，企业把降低人工和材料成本作为第一个利润源。当人工和材料成本降低到一定幅度以后，扩大利润空间的源头可能就转移到人力领域，最初是廉价劳动，之后则是依靠科技进步提高劳动生产率，降低人力消耗或采用机械化、自动化来降低劳动耗用从而降低成本，增加利润，这个领域被称作第二个利润源。

在前两个利润源潜力越来越小，利润开拓越来越困难的情况下，物流领域的潜力被人们重视，按时间序列排为第三个利润源。

三个利润源关注生产力的不同要素：第一个利润源的挖掘对象是生产力中的劳动对象；第二个利润源的挖掘对象是生产力中的劳动者；第三个利润源则主要挖掘生产力要素中劳动工具的潜力，与此同时，又挖掘劳动对象和劳动者的潜力，因而更具有全面性。

2. 对第三个利润源理论的最初认识

（1）从物流运行的角度来说，物流完全可以从流通中分化出来，自成一个独立运行的体系，还可以成为利润中心型的独立系统。

（2）从物流服务角度来说，通过有效的物流服务，可以给接受物流服务的生产企业创造更好的赢利机会，成为生产企业的第三个利润源。

（3）从有效的物流活动看，物流可以优化社会经济系统和整个国民经济的运行，降低国民经济的总成本，提高国民经济的总效益，将此看成整个经济的第三个利润源。第三个利润源理论反映了日本人对物流的理论认识和实践活动与美国人、欧洲人的差异。一般来说，美国人对物流的主体认识可以概括为服务中心型，欧洲人的认识可以概括为成本中心型。显然，服务中心和成本中心的认识与利润中心的差异很大。第三个利润源强调的是直接效益，是利润中心说的核心。在学术界，更多人的认为，第三个利润源的真正价值是从直接利润的追求延伸到其所具有的战略意义上。

（四）成本中心说

成本中心说的含义是物流在整个企业战略中，只对企业营销活动的成本发生影响，是企业成本的重要产生点。解决物流的问题，主要的并不是为了搞合理化、现代化，支持保障其他活动，而是通过物流管理和物流的一系列活动降低成本。所以，成本中心既是指主要成本的产生点，又是指降低成本的关注点。物流是"降低成本的宝库"等说法正是对这种认识的形象表述。

显然，成本中心说没有将物流放在主要位置，尤其没有放在企业发展战略的主角地位。改进物流如果只是在于降低成本，这势必会影响物流本身的战略发展。

（五）服务中心说

服务中心说代表了美国和欧洲学者对物流的认识。服务中心说认为，物流活动的最大作用，并不在于为企业节约了消耗，降低了成本或增加了利润，而是提高了企业对客户的服务水平，进而提高了企业的竞争能力。因此，相关学者在使用描述物流的词汇上选择了"后勤"一词，特别强调其服务保障的职能。通过物流的服务保障，企业以其整体能力来压缩成本、增加利润。

（六）效益背反说

1. 效益背反说的提出

效益背反又称二律背反，这一术语表明两个相互排斥而又被认为是同样正确的命题之间的矛盾。二律背反是18世纪德国古典哲学家康德提出的哲学基本概念。物流效益背反正是反映了物流的若干功能要素之间存在着损益的矛盾，即某一个功能要素的优化和利益发生的同时，必然会存在另一个或另几个功能要素的利益损失，反之也如此。

2. 物流效益背反的主要表现

在物流的各项活动（运输、保管、搬运、包装、流通加工）之间存在效益背反。如减少库存，必然使库存补充变得频繁，增加了运输成本。又如将铁路运输改为航空运输，增加了运费，却提高了运输速度，不但可以减少库存，还降低了库存费用。再如包装问题，在产品销售市场和销售价格都不变的前提下，假定其他成本因素也不变，那么包装方面每少花一分钱，这一分钱就必然转到收益上来，包装越节省，利润则越高。但是，商品进入流通之后，如果节省的包装降低了产品的防护效果，造成了大量损失，就会造成储存、装卸、运输功能要素的工作劣化和效益大减，显然，包装活动的效益是以其他的损失为代价的。这些都是一种此长彼消、此盈彼亏的现象，这种现象在许多领域中都存在，但在物流领域尤其普遍。

寻求解决和克服各功能要素存在的效益背反现象就是要寻求物流系统优化，寻求物流的总体最优。如美国学者用"物流森林"的结构概念来表述物流的整体观点，物流的总体效果是森林的效果，即使是和森林一样多的树木，如果各个孤立存在，那也不是物流的总体效果，这可以归纳成一句话："物流是一片森林而非一棵棵树木。"

实际上，学术界和产业界越来越多的人已逐渐认识到，物流更具有战略性，是企业发展的战略而不是一项具体操作性任务。应该说，这种看法把物流放到了很高的位置。

三、现代物流学的理论体系

任何一门学科的发展成熟都有一个过程，这一过程实际上是理论与实践相结合的过程，也就是人们逐渐认识的过程。现代物流学的理论体系所包括的内容，从目前的认识来看是不统一的，主要包括以下几个方面。

（一）物流基本理论的研究

物流基本理论的研究主要包括对物流的起源与发展，物流的基本概念、层次和分类，现代物流的特征和合作经营理念等的研究。

（二）物流管理理论的研究

物流管理理论的研究是目前物流理论体系中的核心内容。它主要包括：物流管理的一般理论和方法（如物流管理的概念、方法和分类，物流管理的产生和发展）；物流的成本管理、服务管理、组织管理、经营管理、作业管理、市场竞争和战略管理等；物流运作理论（如企业物流与管理、城市物流系统运作与管理、国际物流系统运作与管理等）。

（三）物流系统管理理论的研究

物流系统管理理论的研究主要包括：物流系统理论（物流系统的结构、规划、运行和评价等）、物流系统要素与功能理论（物流系统的构成要素和功能要素，如运输、仓储、配送、包装、装卸和搬运等）。

（四）物流发展趋势理论的研究

随着物流业的发展，物流理论的研究也会更加深入。从目前的理论研究来看，主要包括：第三方物流、第四方物流、供应链物流、电子商务物流、绿色物流、虚拟物流、物流联盟、逆向物流、精益物流、智慧物流等。

● 本章小结 ●

人类社会自从有了商品交换，就有了物流活动。物流活动是商品经济和社会分工发展的结果，是物品从供应地向接收地的实体流动过程。物流的概念虽然表述不同，但其内涵基本一致。物流、商流、资金流和信息流都是商品流通的必要组成部分，它们既有着相对独立的运动形式，又可以结合成一个完整的流通过程。有效、合理、畅通的物流系统，保证了物流、商流、资金流和信息流这"四流"的紧密结合。

物流系统是指在供应链管理活动中的各种物流功能，随着采购、生产、销售活动而发生，并使物的流通效率提高的系统。

根据物流的需求，在社会再生产过程中的地位与作用等不同角度，物流活动可以划分为不同的类型。在物流的研究和实践过程中，针对不同类型的物流活动，需要采取不同的运作方式、管理方法等。

物流业的发展逐步趋向于现代化、国际化和网络化。现代物流对社会经济或企业发展的作用日益明显。探寻物流规律，使物流科学化、合理化、现代化，提高物流管理的效率，成为现代物流管理的重点。

物流学是社会科学和自然科学、管理科学和工程技术交叉的学科。它的理论与方法是在多学科的基本理论上形成的，是多学科的集成，并渗透着现代科学技术、现代经济理论和现代管理方法的结合和应用。

● 关键概念 ●

物流　商流　宏观物流　微观物流　物流学　物流系统　效益背反

● 讨论及思考题 ●

1. 什么是物流？如何理解物流的内涵？
2. 商流和物流的关系如何？
3. 简述物流科学中的几种学说的主要内容。
4. 简述物流的分类和构成。

● 练习题 ●

一、单项选择题

1. 物流是"物品从供应地向接收地的实体流动过程。根据需要，将运输、储存、装卸搬运、包装、流动加工、配送、信息处理等基本功能实施有机结合"。这是（　　）对物流概念的表述。

   A. 英国　　　　　B. 美国　　　　　C. 日本　　　　　D. 中国

2. 企业供应物流必须解决有效的供应网络问题、供应方式问题和（　　）等。

   A. 流通问题　　　B. 生产问题　　　C. 销售问题　　　D. 零库存问题

3. （　　）强调的是直接效益，是利润中心说的核心。

   A. 第一个利润源　　　　　　　　B. 第二个利润源

   C. 第三个利润源　　　　　　　　D. 成本中心说

4. 商品进入流通之后，如果节省的包装降低了产品的防护效果，造成了大量损失，就会造成储存、装卸、运输功能要素的工作劣化和效益大减，这种现象一般称作（　　）。

    A. 降低成本　　　　　B. 效益背反　　　　　C. 效益不佳　　　　　D. 提高效益

5. 人类历史上曾经有过两个大量提供利润的领域，第一个是资源领域，第二个是（　　）。

    A. 生产领域　　　　　B. 流通领域　　　　　C. 人力领域　　　　　D. 物流领域

二、多项选择题

1. 物流学术界将物流概念产生的原因归于（　　）。

    A. 经济原因　　　　　　　　B. 政治原因　　　　　　　　C. 社会原因

    D. 军事原因　　　　　　　　E. 自然原因

2. 根据物流系统性质，物流可划分为社会物流、企业物流和行业物流。企业物流又可以分为（　　）。

    A. 企业生产物流　　　　　　B. 企业供应物流　　　　　　C. 企业销售物流

    D. 企业回收物流　　　　　　E. 企业废弃物物流

3. 物流学是一个新兴的学科，它的特点有（　　）。

    A. 物流学是一门应用性学科　　　　　　B. 物流学是一门综合性学科

    C. 物流学是一门实践性很强的学科　　　D. 物流学是一门交叉性学科

    E. 物流学是一门系统性学科

4. 物流和商流之间的区别主要表现在（　　）。

    A. 流动的实体不同　　　　　　　　　　B. 功能不同

    C. 发生的先后和路径互不相同　　　　　D. 分析问题的角度不同

    E. 研究问题的理论基础不同

5. 物流学的主要原理有（　　）。

    A. "黑大陆"说　　　　　B. "冰山"说　　　　　C. "第三个利润源"说

    D. "服务中心"说　　　　E. "效益背反"说

三、判断题

1. "物流"一词最早出现于日本。（　　）

2. 流通的内容包含商流，但不包括物流、资金流和信息流。（　　）

3. 物流系统的建立过程分为系统规划、系统设计和系统实施三个阶段。（　　）

4. 综合物流是为了满足消费者需要而进行的从起点到终点的原材料、中间过程库存、最终产品和相关信息有效流动及储存计划、实现和控制管理的过程。（　　）

5. 物流作为一门学科来研究是从有商品经济以来就开始的。（　　）

四、案例分析题

海尔的物流模式

海尔的物流改革是一种以订单信息流为中心的业务流程再造，通过对观念的再造与机制的再造，构筑起海尔的核心竞争能力。

1. "一流三网"

海尔物流管理的"一流三网"充分体现了现代物流的特征："一流"是指以订单信息流；"三网"分别是指全球供应链资源网络、全球配送资源网络和计算机信息网络。"三网"同步流动，为订单信息流的增值提供支持。

在海尔，仓库不再是储存物资的水库，而是一条流动的河。河中流动的是按订单采购来的生产必需的物资，也就是按订单来进行采购、制造等活动，这样就从根本上消除了呆滞物资，消灭了库存。

海尔集团每个月需要采购的物料品种达 26 万余种。在这种复杂的情况下，海尔物流自整合以来，呆滞物资降低了 73.8%，仓库面积减少了 50%，库存资金减少了 67%。海尔国际物流中心货区面积 7 200 平方米，但它的吞吐量却相当于普通平面仓库的 30 万平方米。同样的工作，海尔物流中心只有 10 个叉车司机，而一般仓库完成这样的工作量需要上百人。

全球供应链资源网的整合，使海尔获得了快速满足客户需求的能力。

海尔通过整合内部资源、优化外部资源，使供应商由原来的 2 336 家优化至 840 家，国际化供应商的比例达到 74%，从而建立起了强大的全球供应链网络。GE、爱默生、巴斯夫、DOW 等世界 500 强企业都已成为海尔的供应商，有力地保障了海尔产品的质量和交货期。不仅如此，海尔通过实施并行工程，更有一批国际化大公司以其高科技和新技术参与到海尔产品的前端设计中，不但保证了海尔产品技术的领先性，增加了产品的技术含量，还使开发的速度大大加快。另外，海尔对外实施日付款制度，对供货商付款及时率达到 100%，杜绝了"三角债"的出现。

2. JIT 的速度实现同步流程

在物流技术和计算机信息管理的支持下，海尔物流通过 3 个 JIT，即 JIT 采购、JIT 配送和 JIT 分拨物流来实现同步流程。

通过海尔的 BBP 采购平台，所有的供应商均可在网上接受订单，使下达订单的周期从原来的 7 天以上缩短为 1 小时内，而且准确率达 100%。除了下达订单外，供应商还能通过网上查询库存、配额、价格等信息，及时补货。

为实现"以时间消灭空间"的物流管理目的，海尔从最基本的物流容器单元化、集装化、标准化、通用化到物料搬运机械化开始实施，逐步深入到对车间工位的"五定"送料管理系统、日清管理系统，加快了库存资金的周转速度，库存资金周转天数由原来的 30 天以上减少到 12 天，实现了 JIT 过站式物流管理。

生产部门按照 B2B、B2C 订单的需求完成以后，可以通过海尔全球配送网络送达客户手中。目前，海尔的配送网络已从城市扩展到农村，从沿海扩展到内地，从国内扩展到国际。全国可调配车辆达 1.6 万辆，可以做到物流中心城市 6～8 小时配送到位，区域配送 24 小时到位，全国主干线分拨配送平均 4.5 天，形成全国最大的分拨物流体系。

在企业外部，海尔 CRM（客户关系管理）和 BBP 电子商务平台的应用架起了与全球客户资源网、全球供应链资源网沟通的桥梁，实现了与客户的零距离。在企业内部，计算机自动控制的各种先进物流设备不但降低了人工成本、提高了劳动效率，还直接提升了物流过程的精细化水平，达到质量零缺陷的目的。计算机管理系统搭建了海尔集团内部的信息高速公路，能将电子商务平台上获得的信息迅速转化为企业内部的信息，以信息代替库存，达到零营运资本的目的。

3. 积极开展第三方分拨物流

海尔运用已有的物流配送网络与资源，并借助信息系统，积极拓展社会化分拨物流业务，目前已经成为日本美宝集团、AFP 集团、乐百氏的物流代理，与 ABB 公司、雀巢公司的业务也在顺利开展。同时，海尔物流充分借力，与中国邮政开展强强联合，使配送网络更加健全，为新经济时代快速满足客户的需求提供了保障，实现了零距离服务。海尔物流通过积极开展第三方配送，使物流成为海尔集团新的核心竞争力。

4. 流程再造是关键观念的再造

海尔实施的现代物流管理是一种在现代物流基础上的业务流程再造。而海尔实施的物流革命是以订单信息流为核心，使全体员工专注于客户的需求，创造市场、创造需求。

海尔的物流革命是建立在"市场链"基础上的业务流程再造。以海尔文化和 OEC 管理模式为基础，以订单信息流为中心，带动物流和资金流的运行，实施三个"零"目标（质量零缺陷、服务零距离、营运零资本）的业务流程再造。

构筑核心竞争力，最重要的是可以使海尔一只手抓住客户的需求，另一只手抓住可以满足客户需求的全球供应链，把这两种能力结合在一起，从而在市场上可以获得客户忠诚度。

分析讨论：

（1）海尔的物流模式带给我们什么启示？

（2）海尔物流的业务流程再造的核心是什么？

（3）在网络经济时代，现代企业运作的驱动力是订单，海尔是如何实现按订单去销售、采购、制造等一系列工作的？

第二章
CHAPTER 2

物流的基本活动

学习目标

- 重点掌握：运输、仓储、配送的内容和范围。
- 掌握：包装、装卸搬运、流通加工的作用及合理化的表现。
- 了解：物流基本活动的发展动向；物流活动中的绿色生活方式和可持续发展理念。

引导案例

中国储运成立于20世纪60年代初，由原国家经委物资管理总局储运管理局改制建立，是具有近60年历史的专业物流企业，实体网络覆盖全国主要城市和全球主要经济区域，业务涵盖期现货交割物流、大宗商品供应链、互联网＋物流、工程物流、消费品物流、金融物流等领域，是资产规模达269亿元，净资产达135亿元的大型仓储物流商。

中国储运仓储网络覆盖亚洲、欧洲、美洲等世界主要经济区域；在国内20多个省（自治区、直辖市）投资运营了物流园区，形成了立足中国、服务全球的仓储物流服务能力，能够为中外企业的全球化经营提供物流支持。

中国储运旗下物流园区、物流中心总占地面积约1 000万平方米，其中露天堆场约300万平方米，库房约300万平方米，铁路专用线57条，具备公铁、公水联运功能。公司根据市场需求，持续完善、升级基础设施，能够提供各类物资商品仓储、运输、线上与线下交易、信息发布、餐饮住宿等服务。

　　未来，中国储运将以"打造现代综合物流旗舰"为愿景，依托通达全国、辐射海外的物流网络，不断拓展供应链服务空间，构建面向国内外的公共物流平台，为客户提供完美的服务。

　　思考：物流都有哪些基本的活动？

第一节　运输

　　运输是物流的主要职能之一，是物流系统中最重要的子系统之一。它涉及组织内部的货物移动，从供应商到制造商的原材料运送，以及将成品发送给最终消费者的所有环节。现代运输示意图如图2-1所示。运输解决了物质生产与消费在地域上的不同步性的矛盾，具有扩大市场、扩大范围、稳定价格、促进社会生产分工等经济功能，对拉动现代生产和消费、提高国民生活水平起到了积极作用。

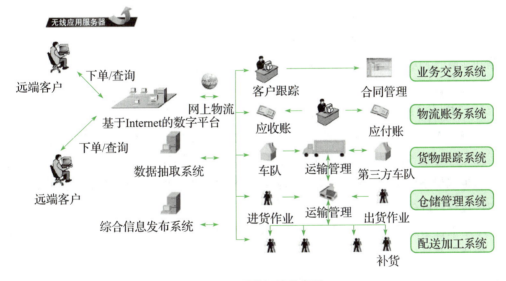

图2-1　现代运输示意图

资料来源：百度图库.

　　随着全球化的不断发展，运输还包括国际范围的货物移动。与传统运输相比，现代运输更要求保证按时和按质送达，并且使运送成本最低。我们分析一般公司的总成本构成，发现配送（包括运输、仓储和成品存货）成本约占公司总成本的28%。在过去，公司的战略是优先考虑产品的制造（占45%）和营销（占27%），很少注意运输和配送。现在，由于燃料上涨，运输成本大大提高，有些公司在这方面的成本占到总成本的30%以上，散装或低价值产品所占比例可能更高。在配送成本中，运输成本常常占据大部分。运输业务在企业经营战略中的地位日益突出，随着现代经营理念在供应链管理、质量管理和准时制等方面的发展，越来越强调资源的整合以及可靠的运输作业的重要性，同时，也对运输管理提出了更高的目标和要求。

一、运输概述

（一）运输的地位

任何跨越空间的物质实体的流动，都可称为运输。在物流体系的所有动态功能中，运输功能是核心。正是运输功能的发挥，缩小了物质交流的空间，扩大了社会经济活动的范围并实现在此范围内价值的平均化、合理化。运输功能所实现的是物质实体由供应地点向需求地点的移动。通俗一点来说，运输功能的发挥，解决了需要的东西不在身边这一问题，从原始社会的简单搬运到现代社会的太空补给，它始终起着重要的作用。

运输为了适应不同社会形态的需求一直在不断发展，从单个运输方式扩展到多种运输方式的综合运输系统，进而又发展到与商品的生产和流通相结合的大系统，成为综合物流的重要环节。现代物流的产生与发展，促进了运输业日臻完善并发挥更重要的作用。现代物流在我国尚处于起步阶段，从整体上表现为缺乏协调发展，尚未形成成熟统一的规划布局与高效的综合运输网络，很多方面都有着极大的发展潜力。同样，运输功能既是物质实体有用性得以实现的媒介，也是新的价值——某种形式的异地差值的创造过程。

1. 运输是国民经济的基础，是社会物质生产的必要条件

运输是人类社会生产和生活中一个不可缺少的方面，是国民经济的命脉。如果没有运输生产，在各国内部和整个世界范围，资源的利用和供销活动就无法开展，社会生产力也就得不到应有的发展。马克思称运输为"第四个物质生产部门"，是将运输看成生产过程的继续，运输的这种生产活动和一般生产活动不同，它不创造新的物质产品，不增加社会产品数量，不赋予产品以新的使用价值，而只是变动其所在的空间位置，但这一变动使生产能继续下去，联结着生产与再生产、生产与消费的环节，联结着国民经济各部门、各企业，联结着城乡，联结着不同国家和地区，使社会再生产不断推进。

2. 运输是物流业务的核心活动，是现代物流活动的重要组成部分

运输是物流的主要职能之一，也是物流业务的中心活动。运输在物流中的任务主要是解决产品在空间和时间上的位移问题。目前人们把运输视为物流的代名词，它不仅代表了传统物流的业务活动，而且是现代物流过程中最主要的组成部分，也是现代物流活动中的核心环节。运输是物流系统功能的核心，是物流网络构成的基础，是物流系统合理化的关键，对扩大商品市场和稳定商品价格起到了重要作用。

3. 运输可以创造"场所效用"，是"第三个利润源"的主要源泉

"场所效用"的含义是：同种"物"，由于空间场所不同，其使用价值的实现程度

则不同，其效益的实现也不同。改变场所能最大限度发挥使用价值，最大限度提高产出投入比。通过运输，将"物"运到场所效用最高的地方，就能发挥"物"的潜力，实现资源的优化配置。从这个意义来说，相当于通过运输提高了物的使用价值。

在物流业务活动过程中，直接耗费人力劳动和物化劳动，它所支付的直接费用主要有：运输费、保管费、包装费、装卸搬运费、运输损耗等。其中运输费在全部物流费中占比最高，接近50%，可见，运输费是影响物流费用的最主要因素。有些产品运费高于产品的生产费，所以节约的潜力是很大的。如何选择运输方式，以及选择何种运输方式将更趋专业化。合理选择将带来更低成本，最终促使整个社会的生产成本获得更大的节约。

（二）运输的概念与职能

1. 运输的概念

运输的概念要比物流运输的概念广泛得多。运输包括实现人的位移（客运）和实现物的位移（货运），物流的对象不包括人的位移（客运）。但物流与运输又有着重要的联系。运输是物流的重要构成要素，是物质流通的基本载体。运输基础建设的发展为物流的发展提供了条件。

物流运输是指物的载体及输送，它是在不同地域范围内，如两个城市、两个工厂，或一个较大的企业内相距较远的两个车间，对物进行空间位移，以改变物的空间位置为目的的活动。其中包括集货、分配、搬运、中转、装卸、分散等一系列操作。运输是物流过程中最主要的增值活动。

2. 运输的主要职能

（1）产品移动。无论物品处在什么形式，是材料、零部件、装配件、在制品，还是制成品，不管是在制造过程中将被转移到下一阶段，还是实际上更接近最终的客户，运输都是必不可少的。运输的主要功能就是在价值链上的来回移动。运输利用的是时间资源、财务资源和环境资源，只有当运输确实提高了产品价值时，该产品的移动才是有价值的。

（2）短时产品储存。产品在转移过程中需要临时储存，短时储存后又将重新转移。

（三）运输的原则

随着物流需求的变化，现代物流以高度化、多频率、小批量为主要特征，对货物运输的要求越来越高。就物流而言，组织运输工作应该坚持的基本原则是"及时、准确、经济、安全"。

1. 及时

及时即按照产、供、运、销等实际手段，能够按时将物品送达指定地点，尽量缩短物品的在途时间。要实现物流运输的及时性，就要缩短流通时间，改善交通，实现运输现代化。另外，还应注意不同运输方式的衔接工作，及时发运货物，做好委托中转工作，及时把货物转运出去。

2. 准确

准确即在运输过程中，能够防止各种差错的发生，精准无误地将物品交给指定的收货人。由于货物种类繁多，规格不一，加上运输过程中要经过多个环节，稍有疏忽，就可能发生差错。因此，发运货物不仅要求数量准确，品种规格也不能搞错。这就要求物流企业加强岗位责任制，精心操作，并有周密的检查制度。

3. 经济

经济即通过合理选择运输方式和运输路线，有效利用各种运输工具和设备，运用规模经济的原理实施配货方案，节约人力、物力、财力和运力，提高运输经济效益，合理地降低运输费用。

4. 安全

安全即在运输过程中，能够防止霉变、残损及危险事故的发生，保证物品完好无损。一是要注意运输、装卸过程中的震动和冲击等外力的作用，防止货物破损；二是要防止物理、化学或生物变化等原因引起的货物损耗和变质。

（四）运输的经济特点

1. 规模经济

规模经济是指在某一特定时期内，企业产品绝对量增加时，其单位成本下降，即扩大经营规模可以降低平均成本，从而提高利润水平。规模经济的这一特点在运输领域更为突出，具体表现为随着装运规模的增长，使每单位货物的运输成本下降。运输规模经济之所以存在，是因为与商品转移有关的固定费用不随装运的数量而变化。固定费用主要包括接受运输订单的行政管理费用、定位运输工具装卸的时间、开票以及设备费用等。通过规模运输还可享受运价折扣，使单位货物的运输成本下降。总之，规模经济使货物的批量运输显得合理。

2. 距离经济

距离经济是指每单位距离的运输成本随距离的增加而减少。运输工具装卸所发生的相对固定的费用必须分摊每单位距离的变动费用。距离越长，可以将固定费用分摊给更多的单位距离，使每单位距离支付的总费用更低。

二、运输方式的分类

运输方式可按表 2-1 所示的方法分类。

表 2 - 1　运输方式的分类

分类标准	具体类别
按运输的作用分类	• 集货运输：将分散的货物汇集的运输形式，是干线运输的一种补充形式。 • 配送运输：将节点中已按客户要求配好的货物分送给各个客户的运输。
按运输的范围分类	• 干线运输：利用公路、铁路的干线或大型船舶的固定航线进行的长距离、大批量的运输，是远距离空间位置转移的重要运输形式。 • 支线运输：支线运输是干线运输与收、发货地点之间的补充性运输形式，路程较短，运输量相对较小。 • 二次运输：一种补充性的运输形式，是干线、支线运输到站后，站与客户仓库或指定地点之间的运输。 • 厂内运输：在大型工业企业范围内，直接为生产过程服务的运输。小企业内的这种运输称为"搬运"。
按运输的协作程度分类	• 一般运输：孤立地采用不同运输工具或同类运输工具而没有形成有机协作关系的一种运输形式。 • 联合运输：使用同一运送凭证，由不同运输方式或不同运输企业进行有机衔接接运货物，利用每种运输手段的优势以提高运输效率的一种运输形式。
按运输中途是否换载分类	• 直达运输：在组织货物运输时，利用一种运输工具从起运站、港一直到到达站、港，中途不经过换载，中途不入库储存的运输形式。 • 中转运输：在组织货物运输时，在货物运往目的地的过程中，在途中的车站、港口、仓库进行转运换装的运输形式。
按运输设备及运输工具分类	• 铁路运输：使用铁路列车运送货物的一种运输方式。 • 公路运输：使用汽车在公路上运送货物的一种运输方式。 • 水路运输：使用船舶运送货物的一种运输方式。 • 航空运输：使用飞机或其他航空器运送货物的一种运输方式。 • 管道运输：利用管道输送气体、液体和粉状货物的一种运输方式。

下面重点介绍按运输设备及运输工具不同所进行的分类。

（一）铁路运输

世界铁路的产生和发展与科学技术进步和大规模的商品生产是分不开的。1804 年，英国人理查德·特雷维西克（Richard Trevithick）试制了第一台行驶于轨道上的蒸汽机车；1825 年，英国在达林顿到斯托克顿之间修建了世界上第一条铁路，长 21 千米。直到 1880 年，清政府才同意英商在唐山至胥各庄（今丰南）之间修建一条 9 千米的铁路，以运送唐山开滦煤矿的煤，但只允许用骡马牵引。这虽然已成为历史，但铁路运输的发展构成了现代物流的网络基础。图 2 - 2 是世界上的第一台机车及中国制造的第一台机车。

铁路运输是使用铁路列车运送客货的一种运输方式。铁路运输的经济里程一般在 200 千米以上。铁路运输主要承担长距离、大批量的货运，在没有水运条件的地区，几乎所有大批量货物都是依靠铁路。铁路运输是在干线运输中起主力运输作用的运输形式。

（a）世界上的第一台机车　　　　　　　　（b）中国制造的第一台机车——"龙号"机车

图 2－2　世界上的第一台机车及中国制造的第一台机车
资料来源：http://jpkc.sjzri.edu.cn/tdgc/htm/multi/0/3/index1.htm.

截至 2021 年 12 月 31 日，我国铁路营运总里程突破 15 万千米，连接着各主要水、陆口岸，并通过众多专用线（专用铁路）深入工矿企业，形成了点多、线长、面广的铁路运输网络，吸引了国民经济几乎所有行业中各个层次、不同类型的企业以及个人，拥有最广泛的客户群。我国铁路为国民经济持续快速发展提供了强大的运力支持，为发展现代物流奠定了坚实的物质基础，具有加快发展现代物流的明显优势。我国铁路目前拥有覆盖全国的营运线路，以及遍布城乡的营业车站，组成了较为完善的铁路运输网络，构成了铁路发展现代物流的网络基础。

1. 铁路运输的优点

（1）路网优势。我国铁路目前拥有覆盖全国的营运线路，以及遍布城乡的营业车站，组成了较为完善的铁路运输网络，构成了铁路发展现代物流的网络基础。

（2）基础设施优势。铁路拥有大量的货场、仓库、集装箱堆场等设施，以及各种装卸搬运机械设备，还有直接与企业相连的专用线及专用铁路，可为铁路开展仓储、保管和"门到门"物流服务提供便利条件，是铁路发展现代物流的物质基础。

（3）信息网络优势。近年来陆续投入使用的铁路运输信息系统，为发展铁路现代物流信息管理网络提供了便利条件，是铁路发展现代物流的信息网络基础。

（4）业务功能优势。铁路货运的主营业务是运输，另外还有部分包装、仓储、装卸搬运等业务，这与现代物流业的主要功能——运输、保管、包装、装卸搬运、配送、流通加工、信息处理等，在业务范围上接近，在功能上相似，成为铁路发展现代物流的业务功能基础。

（5）组织管理优势。铁路具有先进的运输组织方法、完备的管理机构和规章制度，具有货运代理和延伸服务的机构和管理经验，这些构成了铁路发展现代物流的组织管理基础。

（6）市场营销优势。铁路的技术特征和运输优势使铁路拥有一大批固定客户，尤其是近年来铁路通过不断提升运输技术含量和客户营销服务质量，使铁路拥有良好的客户营销关系，有相当部分客户需要铁路提供较完整的物流配送服务，这些构成了铁路发展现代物流的优势所在。

铁路运输的优势还表现为运输速度快，运输能力强，能承运大量的货物，是大宗、通用的运输方式；铁路运输的运输成本低，一般说来，铁路的单位运输成本比公路运输和航空运输要低得多，如果考虑装卸费用，有时甚至低于内河运输。

2. 铁路运输的局限

铁路只能在固定线路上实现运输，需要其他运输手段的配合和衔接，这是铁路运输的主要局限。我国铁路运输业和现代物流的要求相比还存在以下明显的不足：

（1）各地铁路货物运输能力不均，送达速度慢。铁路货物运输能力在各地存在严重的不平衡现象，尤其是南北方运输能力有很大的差异。据统计，铁路货物列车平均技术速度只有 33 千米/小时，这种运行速度在现代物流的运输市场中是缺乏竞争力的。

（2）信息技术落后。目前各铁路局（公司）之间的信息不能共享，铁路货物运输信息不能完全实现实时追踪。

（3）管理手段有待加强。铁路现有的仓储设备大部分现代化水平不高，管理手段有待加强，绝大多数还停留在手工操作的层面上，仓储设施利用效率低，能力有限。

（4）物流意识淡薄，专业人才匮乏。铁路物流企业大多是从物资、货代企业转化而来的，真正通晓现代物流运作与管理的人才稀缺，缺乏对全路物流发展的整体规划，条块分割影响了整体优势的发挥，火车托运难以提供现代运输市场所需要的全程服务。

（二）公路运输

公路运输是指主要使用汽车在公路上进行客货运输的一种运输方式。各类公路运输工具如图 2-3 所示。2023 年 1—3 月，我们公路货物运输量累计 857 214 万吨，货物周转量 1 591 77 390 万吨千米，分别比 2022 年同期增长 5.2%和 7.3%。目前，中国运输业"瓶颈效应"尚未消除，而陆上运输方式中铁路运力增长有限，公路运输将是全社会物流量大幅增长的主要受益者。公路运输主要承担近距离、小批量的货运，水运、铁路运输难以到达地区的长途、大批量货运及铁路、水运难以发挥优势的短途运输。公路运输有很强的灵活性，近年来，在有铁路、水运的地区，较远距离的大批量运输也开始使用公路运输。

1. 公路运输的优点

（1）灵活性强，使用方便。公路运输可以满足客户的多种要求，易于因地制宜，对收货站设施要求不高。能深入到厂矿、铁路车站、码头、农村、山区等各点，加之公路网纵横交错、布局稠密，是联系点与点之间的主要运输方式，扩大了物流领域。随着我国道路运输业的快速发展，也为我国物流业的发展提供物质流通的基本载体。

| （a）0.9吨箱式货车 | （b）冷藏车 | （c）1.5吨板式货车 | （d）大件车辆 |

图 2－3　公路运输工具

2010年，我国东、中、西部地区基本形成"东网、中联、西通"的高速网络。国民经济的快速发展，带来了旺盛的运输需求。

（2）可以采取"门到门"的运输形式，即从发货者门口直到收货者门口，不需要转运或反复装卸搬运。

2. 公路运输的缺点

公路运输单位小，不适合大量运输。长距离公路运输的运费较高，其经济里程在200千米以内。从这个意义上讲，公路运输对物流业的发展带来了一定的局限。

（三）水路运输

水路运输是使用船舶（散装船和集装箱船如图2－4所示）运送客货的一种运输方式。水路运输主要承担大数量、长距离的运输，是在干线运输中起主力作用的运输形式。在内河及沿海，水路运输经常担任补充及衔接大批量干线运输的任务。

| （a）散装船 | （b）集装箱船 |

图 2－4　水路运输工具（散装船和集装箱船）

1. 水路运输的形式

（1）沿海运输：使用船舶通过大陆附近沿海航道运送客货的一种运输方式，一般使用中小型船舶。

（2）近海运输：使用船舶通过大陆邻近国家海上航道运送客货的一种运输方式，视航程远近可使用中型船舶，也可使用小型船舶。

（3）远洋运输：使用船舶跨大洋的长途运输方式，主要依靠运量大的大型船舶。

（4）内河运输：使用船舶在陆地内的江、河、湖、川等水道进行运输的一种方式，主要使用中小型船舶。

2. 水路运输的优点

不管哪种形式的水路运输，其共同的优点是运输成本低，能进行低成本、大批量、远距离的运输，适合宽大、质量重的货物的运输，在一定程度上有利于物流业的发展。

3. 水路运输的缺点

水路运输的缺点是运输速度较慢、港口的装卸费用较高，不适合短距离运输，航行受天气影响较大。

（四）航空运输

航空运输是使用飞机（如图 2-5 所示）或其他航空器进行运输的一种形式。航空运输的单位成本很高，主要适合运载的货物有两类：一类是价值高、运费承担能力很强的货物，如贵重设备的零部件、高档产品等；另一类是紧急需要的物资，如抢险救灾物资。

图 2-5 航空运输工具（飞机）

1. 航空运输的优点

航空运输的主要优点是速度快，不受地形的限制。在火车、汽车都难以到达的地区可依靠航空运输，这对物流业的发展有重要意义。

（1）速度快。"快"是航空运输的最大特点和优势。现代喷气式客机，巡航速度为 800～900 千米/小时，比汽车、火车快 5～10 倍，比轮船快 20～30 倍。距离越长，航空运输所能够节约的时间越多，快速的特点也越显著，能尽快满足客户的需求。

（2）机动性好。飞机在空中飞行，受航线条件限制的程度比汽车、火车、轮船小得多。尤其对灾区的救援、供应和边远地区的急救等紧急任务，航空运输已成为必不可少的手段。

2. 航空运输的缺点

航空运输的缺点是运费偏高，受重量、规格的限制。飞机机舱容积和载重量都比较小，运载成本和运价比地面运输高，飞行受气象条件限制，影响其正常、准点性。航空运输速度快的优点在短途运输中难以充分发挥。航空运输比较适宜于 500 千米以上的长途运输，以及时间性强的鲜活易腐和价值高的货物的中长途运输。这对物流业发展在一定程度上会产生影响。

（五）管道运输

管道运输是利用管道输送气体、液体和粉状货物的一种运输方式。管道运输方式是靠物体在管道内顺着压力方向循环移动实现的，它和其他运输方式的主要区别在于，管道设备是静止不动的。管道运输如图 2-6 所示。

（a）

（b）

图 2-6　管道运输

1. 管道运输的优点

管道运输是一种理想的运输技术，把运输途径和运输工具集中在管道中，具有许多突出的优越性。

（1）管道运输是一种连续运输技术，不受气候影响，全天候 24 小时都可连续不断地运输，效率很高，送达货物的可靠性高。

（2）管道运输运输工程量小，占地少，只需要铺设管线、修建泵站，土石方工程量比修建铁路小得多，在平原地区大多埋在地下，不占农田。

（3）管道运输环境效益好，管道一般埋在地下，不受地理、气象等外界条件限制，可以穿山过河，不怕炎热和冰冻。管道可以走捷径，运输距离短。封闭式地下运输不排放废气粉尘，不产生噪声，减少了环境污染，没有有害物质排放。实现封闭运输，使损耗减少。

（4）管道运输投资少，管理方便，运输成本低。据计算，建设一条年运输能力为 1 500 万吨煤的铁路，需投资 8.6 亿美元，而建设一条年运输能力为 4 500 万吨煤的输送管道只需要 1.6 亿美元。管道运输配备的管理人员也只有铁路运输的 1/7；管道运输的成本一般只有铁路运输的 1/5，公路运输的 1/20，航空运输的 1/66。

（5）管道运输运输量大。国外一条直径 720 毫米的输煤管道，一年即可输送煤炭 2 000 万吨，几乎相当于一条单线铁路的单方向的输送能力。

（6）管道运输能耗小，在各种运输方式中是最低的。

目前，管道运输已成为我国继铁路、公路、水路、航空运输之后的第五大运输行业。中国石油、天然气等管道运输近年来发展迅猛，大口径、长距离的输油管道已经遍布东北、华北、华东、西南等广大地区，基本上形成了横贯东西、纵穿南北的管道运输网络，保障了经济建设和人民生活中的正常用油用气。

我国油气管道建设进入了一个新的发展时期。随着西气东输、西部原油成品油管道等重点工程建设投产，一个西油东送、北油南运、西气东输、北气南下、海气登陆的油气供应格局正在形成。2015年，我国原油管道、成品油管道、天然气管道里程分别为2.7万千米、2.1万千米、6.4万千米。到2025年，全国油气管网规模将达到24万千米，网络覆盖进一步扩大，结构更加优化，储运能力大幅提升。随着"互联网＋"与油气储运建设行业的深度融合，建设智能管道和智慧管网，实现全数字化移交、全智能化运营、全生命周期管理，正在成为行业发展的新目标，中国油气储运设施建设从数量到质量都将实现大的飞跃。

2. 管道运输的缺点

管道运输的主要缺点是建设投资大，对运输货物有特定要求和限制，功能单一，灵活性差。

管道运输专用性强，所运输物品仅限于气体、液体、流体，所以永远单向运输，机动灵活性差，不如其他运输方式（如汽车运输）灵活；除承运的货物比较单一外，它也不容随便扩展管线。管道运输常常要与铁路运输或汽车运输、水路运输配合才能完成全程输送。此外，管道运输的运输量明显不足时，运输成本会显著增加。

三、物流运输方式的选择

（一）物流运输方式的特点与比较

各种物流运输方式的特点与比较如表2-2所示。

表2-2 各种物流运输方式的特点与比较

运输方式	运输能力	运输时间	运价水平	特点
水路运输	最大，运输能力不受限制	最长	最低	运量大、运距长、运费低、耗时长
航空运输	较小，受重量、容积、舱门、地板承受能力等限制	最短	最高	适用于运量小的中、长距离运输，用户的运费负担能力强
铁路运输	较大，受车厢容积和载重的限制	比海运快	远距离运费低、近距离运费高	运量大、可靠性高、机动性差
公路运输	较小，受到车斗容积和载重的限制，但运输灵活	比海运快	较低	门到门、运量小、接送地点灵活
国际多式联运	运输灵活	比海运快、比空运慢	比海运高、比空运低	门到门、运量灵活、运费和运输时间适中

注：以上运输方式可根据运输时间、运输货量、运价、运输质量综合考虑，合理搭配。

（二）选择物流运输方式

1. 优化匹配运输方式

优化匹配运输方式有重大的意义，有利于物流运输合理化，做好物流系统决策。设计出合理的物流系统，精确地维持运输成本和服务质量之间的平衡，做好运输管理工作是保证高质量物流服务的主要环节。

运输方式选择不是局限于单一的运输手段，而是通过多种运输手段的合理组合实现物流的合理化。可以在不同运输方式间自由变换运输工具，也即"联合运输"，它是运输性质不断改变的一个反映，标志着物流管理者将两种或更多种运输方式的优势集中在一起融入一种运输方式的能力，从而为客户提供比单一方式运输更快、风险更小的服务。联合运输加速了运输过程，有利于降低成本，减少货运误差的发生，提高运输质量。发展联合运输是充分发挥我国运输方式的优势，使之相互协调、配合，建立起运输体系的重要途径。

2. 缩短运输时间，降低运输成本

物流运输系统的目标是实现物品迅速、完全和低成本的运输，而运输时间和运输成本则是不同运输方式相互竞争的重要条件，运输时间与成本的变化必然带来所选择的运输方式的改变。在当今经营环境较复杂、困难的情况下，企业对缩短运输时间、降低运输成本的要求越来越强烈，只有不断降低各方面的成本，加快商品周转，才能提高企业经营效率，实现竞争优势。缩短运输时间与降低运输成本是此消彼长的关系，这也是物流的各项活动之间的"效益背反"的体现。选择运输方式时一定要有效协调二者的关系，充分利用各种运输方式，选择合理的运输路线和运输工具，以最短的路径、最少的环节、最快的速度和最少的劳动消耗，组织好物质产品的运输活动。

（三）国际货物运输的方式

在产业全球化的浪潮中，跨国公司普遍采取全球战略，在全世界范围内选择原材料、零部件的来源，产品、服务的销售市场。其物流的选择和配置也超出国界，着眼于全球大市场。大型跨国公司普遍的做法是选择一个适应全球分配的分配中心以及关键供应物的集散仓库；在获得原材料以及分配新产品时使用当地现存的物流网络，并且把这种先进的物流技术推广到新的地区市场。如耐克公司通过全球招标采购原材料，在我国或东南亚地区生产，再将产品分别运送到欧洲、亚洲的几个中心仓库，最后就近销售，从而形成国际货物运输。

国际货物运输的方式主要包括：海洋运输、铁路运输、航空运输、邮政运输、集装箱运输、国际多式联运与陆桥运输等。

四、运输合理化

(一) 运输合理化的含义和作用

运输是物流中最重要的功能要素之一，物流合理化在很大程度上依赖于运输合理化。运输合理化一般着眼于运输时间缩短，加速运输工具的周转，充分发挥运力效能，提高运输线路通过能力，不同程度地改善不合理。

1. 运输合理化的含义

所谓运输合理化，就是在一定的产销条件下，货物的运量、运距、流向和中转环节合理，能以最适宜的运输工具、最低的运输费用、最少的运输环节、最佳的运输线路、最快的运输速度，将物资产品从原产地转移到规定地点。

2. 运输合理化的作用

(1) 运输合理化能节约运输费用，降低物流成本。据统计，物流成本中运输费用的支出约占 30%。降低运输费用是提高物流系统效益、实现物流系统目标的主要途径之一。

(2) 运输合理化能节省能源，提高能源利用率。

(3) 运输合理化能缩短运输时间，加快物流速度。运输时间的长短决定着物流速度的快慢。物流速度加快，可以减少物品的库存量和资金的占用率。

(4) 运输合理化有利于加速社会再生产的进程，促进国民经济持续、稳定、协调发展。

(二) 合理运输的组成要素

影响物流运输合理化的因素很多，起决定作用的有五个方面，称为合理运输的"五要素"。

1. 运输距离

在运输过程中，运输时间、运费等技术经济指标都与运输距离有一定的关系，运输距离是影响运输合理化的一个最基本的因素。

2. 运输时间

在全部物流时间中，运输时间占绝大部分，尤其是远程运输，运输时间的缩短对整个流通时间的缩短起着决定性的作用。运输时间缩短还有利于运输工具、资金的周转，充分发挥运力效能，提高运输能力，对运输合理化起到了重要作用。

3. 运输工具

各种运输工具都有其优势领域，对运输工具进行优化选择，最大限度地发挥运输工具的特点和作用，是运输合理化的重要一环。

4. 运输环节

运输过程中环节越少，运输就越通畅。每增加一个运输环节，就会增加运输的附属活动，如装卸、包装等，各项技术经济指标也会因此发生变化，实现运输合理化一定要减少运输环节。

5. 运输费用

运费高低在很大程度上决定整个物流系统的竞争能力。实际上，运费在全部物流费用中占很高的比例，无论是对货主而言还是对物流企业而言，都是运输合理化的一个重要标志。运费也是各种合理化措施是否行之有效的最终判断依据之一。

（三）不合理运输的主要表现

不合理运输，是指在组织货物运输过程中，违反货物流通规律，不按经济区域和货物自然流向组织货物调运，忽视运输工具的充分利用和合理分工，装载量低，流转环节多，从而浪费运力和加大运输费用的现象。

货物运输不合理，势必导致货物迂回、倒流、过远、重复等不合理运输，造成货物在途时间长、环节多、流转慢、损耗大、费用高，浪费运力和社会劳动力，影响生产和市场供应。

不合理运输及其表现如表 2-3 所示。

表 2-3　不合理运输及其表现

不合理运输	不合理运输的表现
空驶	空车无货载行驶，是不合理运输的最严重形式
对流运输	相向运输或交错运输
迂回运输	舍近求远的一种运输
重复运输	将货物未达目的地就卸下，再重复装运送达目的地等
倒流运输	货物从销地或中转地向产地或起运地回流的一种运输现象
过远运输	调运物资舍近求远
运力选择不当	未选择优势运输工具
托运方式选择不当	未选择最好的托运方式
超限运输	超过规定的长度、宽度、高度和重量，容易引起货损、车辆损坏和公路路面及公路设施的损坏，还会造成严重的安全事故

（四）运输合理化的主要途径

在有利于生产，有利于市场供应，有利于节约流通费用和节约运力、劳动力的前提下，运输合理化就是按照货物流通的规律，使货物走最短的里程，经最少的环节，用最短的时间，以最小的损耗，花最少的费用，把货物从生产地运到消费地，达到最大的经济效益。

1. 提高运输工具实载率，搞好配载运输

提高运输工具的实载率是指在现有的运输条件下，尽可能使运输工具达到合理运

输的规模。其意义在于：充分利用运输工具的额定能力，减少车船空驶和不满载行驶的时间，减少浪费，从而求得运输的合理化。如在铁路运输中，采用整车运输、合装整车、整车分卸及整车零卸等具体措施，都是提高实载率的有效措施。

配载运输是提高运输工具实载率的一种有效形式，是充分利用运输工具载重量和容积，合理安排装载的货物及载运方法以求得合理化的一种运输方式。配载运输往往是轻重商品的混合配载，在以重质货物运输为主的情况下，同时搭载一些轻泡货物，如海运矿石、黄沙等重质货物，在舱面捎运木材、毛竹等，在基本不增加运力投入、不减少重质货物运输的情况下，搭运轻泡货，效果显著。

2. 减少动力投入，增加运输能力

这种合理化的要点是，少投入、多产出，走高效益之路。运输的投入主要是能耗和基础设施的建设，在设施建设已定型和完成的情况下，尽量减少能源投入是少投入的核心。做到了这一点，就能大大节约运费，降低单位货物的运输成本，达到合理化的目的。国内外在这方面的有效措施有水运拖排和拖带法、内河河运顶推法、汽车挂车法等。这些方法的原理都是在充分利用动力能力的基础上增加运输能力。

3. 发展社会化的运输体系

实行运输社会化，就是要打破一家一户自成运输体系的状况，统一安排运输工具，避免对流、倒流、空驶、运力不当等各种不合理运输的发生，追求组织效益和规模效益。发展社会化的运输体系是运输合理化非常重要的措施。

4. 开展中短距离铁路公路分流、"以公代铁"的运输

这种运输合理化的表现主要有两点：一是比较紧张的铁路运输，用公路分流后，可以得到一定程度的缓解，从而加大某一区段的运输通过能力；二是充分利用公路"门到门"和在中途运输中速度快且灵活机动的优势，实现铁路运输服务难以达到的水平。

5. 尽量发展直达运输和"四就"直拨运输

直达运输是追求运输合理化的重要形式，其对合理化的追求要点是通过减少中转、换载，从而提高运输速度，省却装卸费用，降低中转货损。

"四就"直拨是减少中转运输环节，力求以最少的中转次数完成运输任务的一种形式。"四就"直拨，是由管理机构预先筹划，然后就厂、就站（码头）、就库、就车（船）将货物分送给用户，而无须再入库。

6. 发展特殊运输技术和运输工具

依靠科技进步是运输合理化的重要途径。例如，专用散装物料车及专用罐车解决了粉状、液状物运输损耗大、安全性差等问题；袋鼠式车皮、大型半挂车解决了大型设备整体运输问题；"滚装船"解决了车载货的运输问题；集装箱船比一般船能容纳更多的箱体，集装箱高速直达车船加快了运输速度等。这些都是依靠先进的科学技术实

现了合理化。

7. 通过流通加工使运输合理化

由于产品本身形态及特性问题，有不少产品不进行适当加工很难实现运输的合理化，如果进行适当加工，就能够有效解决合理运输问题。如将造纸材料在产地预先加工成干纸浆，然后压缩体积后运输，就能解决造纸材料运输不满载的问题；轻泡产品预先捆紧包装成规定尺寸，装车时就容易提高装载量；水产品及肉类预先冷冻，就可提高车辆装载率并降低运输损耗。

第二节　仓储

仓储是社会产品出现剩余之后产品流通的产物，当产品没有被即时消耗掉，需要专门的场所存放时，就产生了静态的仓储。将物品存入仓库并对存放在仓库里的物品进行保管、控制、提供使用，便形成了动态仓储。从传统意义上讲，仓储是充当原材料和产成品的长期库存的一种重要角色，随着物流供应链理论的不断发展，仓储在缩短物流周转期、降低存货、降低成本和改善客户服务方面的作用也越来越大，仓储的内涵得到不断延伸，具有重要的战略地位。

一、仓储的概念和作用

（一）仓储的概念

1. 传统的仓储概念

我国国家标准《物流术语》（GB/T 18354—2021）中对仓储的定义是：仓储是指利用仓库及相关设施设备进行物品的入库、储存、出库的活动。

"仓"即仓库，为存放、保管、储存物品的建筑物和场地的总称，可以是房屋建筑、洞穴、大型容器或特定的场地等，具有存放和保护物品的功能。

"储"即储存、储备，表示收存以备使用，具有收存、保管、交付使用的意思。

仓储是对有形物品提供存放场所和对存放物品进行保管、控制的过程，是人们的一种有意识的行为。仓储的性质可以归结为：仓储是物质产品生产过程的持续，物质的仓储也创造着产品的价值。仓储既包含静态的物品储存，也包含动态的物品存取、保管、控制的过程。仓储活动发生在仓库等特定的场所。仓储的对象既可以是生产资料，也可以是生活资料，但必须是实物动产。由于社会分工的变化，仓库不仅是一个单纯保管产品的场所，还增添了对产品的分类、挑选、整理、加工、包装等生产活动，从而增加了产品的价值。

2. 现代仓储概念[①]

现代仓储（warehousing）不是传统意义上的"仓库"和"仓库管理"，而是在经济全球化与供应链一体化背景下的仓储，是现代物流系统中的仓储，它表示一项活动或一个过程，是以满足供应链上下游的需求为目的，在特定的有形或无形的场所，运用现代技术对物品的进出、库存、分拣、包装、配送及其信息进行有效的计划、执行和控制的物流活动。从这个概念可以看出，仓储有以下五个基本内涵：

（1）仓储是一项物流活动，物流活动是仓储的本质属性。

仓储是一项物流活动，或者说物流活动是仓储的本质属性。仓储不是生产，不是交易，而是为生产与交易服务的物流活动中的一项。仓储应该融于整个物流系统之中，应该与其他物流活动相联系、相配合。这一点与过去的"仓库管理"是有很大区别的。

（2）仓储的基本功能呈现出整体性。

仓储的基本功能包括物品的进出、库存、分拣、包装、配送及其信息处理等六个方面。其中，物品的出入库与在库管理是仓储的最基本的活动，也是传统仓储的基本功能。物品的分拣与包装，过去也有，只不过现在更普遍、更深入、更精细。配送作为仓储活动，或者仓储的基本功能之一，不是一般意义上的运输，而是仓储的自然延伸，是仓库发展为配送中心的内在要求。没有配送，仓储仍然是孤立的仓库。至于信息处理，已经是现代经济活动的普遍现象，当然也是仓储活动的内容之一，离开了信息处理，就不能称其为现代仓储。

（3）仓储的目的是满足供应链上下游的需求。

这与过去仅仅满足"客户"的需求在深度与广度方面有重大区别。客户上游的生产者、下游的零售业者，也可能在企业内部，仓储不能仅仅满足直接客户的需求，也应满足间接客户（即客户的客户）的需求；仓储应该融入供应链上下游之中，根据供应链的整体需求确立仓储的角色定位与服务功能。

（4）仓储的条件是特定的有形或无形的场所与现代技术。

这里的"特定"，是指各个企业的供应链是特定的，仓储的场所也是特定的；有形的场所是指仓库、货场或储罐等。在现代经济背景下，仓储也可以在虚拟的空间进行，即无形的场所，需要许多现代技术的支撑，离开了现代仓储设施设备及信息化技术，就没有现代仓储。

（5）仓储的管理方法与水平体现在有效的计划、执行和控制等方面。

计划、执行和控制是现代管理的基本内涵，科学、合理、精细的仓储离不开有效的计划、执行和控制。

---

① http://baike.baidu.com/view/1855712.htm.

• 知识介绍 •

中国仓储与配送协会

中国仓储与配送协会（以下简称"协会"）前身是 1995 年成立的中国商业仓储协会，1997 年更名为中国仓储协会；2016 年 5 月，经民政部核准，更名为中国仓储与配送协会，是全国仓储配送行业的非营利性社团组织。协会现有共同配送、冷链、危险品、保税、金融仓储、中药材仓储、技术应用与工程服务、自助仓储、包装与单元化物流、智慧物流、家居物流、零部件物流等分支机构。协会的宗旨是推动中国仓储配送行业现代化、促进现代物流业的发展。协会以"立足仓储、完善服务，抓住重点、办出品牌"为工作方针，重点围绕各类仓储设施建设、各类配送中心发展、仓储配送服务与技术创新等创建了以下六大平台：信息与统计平台、政策法规研究平台、标准化平台、资源共享与业务合作平台、培训与咨询平台、会议交流平台。

资料来源：http://www.cawd.org.cn/index.php/article/index/category/109.html.

（二）仓储的作用

仓储是物流系统的一个子系统，在物流系统中起着缓冲、调节和平衡的作用。仓储和运输长期以来被看作物流活动的两大支柱。仓储在物流中占有核心的地位，起到重要的作用，这可以从以下两方面进行概括。

1. 仓储的战略角色更加重要

从物流的角度看，仓储能为原材料、工业货物和产成品产生时间效用。从国家储备战略资源的角度看，应该更加注重仓储在现代经济中的作用。自然资源的稀缺性和不可再生性，使战略物资储备在资源日趋短缺的今天显得尤为重要。从国际上看，由国家直接掌握和控制一定数量关系到国计民生和国家安全的战略物资，是许多国家特别是大国的一贯做法。目前，美国、日本、法国、德国、瑞典、瑞士、挪威、芬兰、英国、韩国等 10 个国家建立了较为完善的矿产品战略储备制度。而矿产资源战略储备是为保障国家安全（包括国防安全和经济安全）及在国际上保持独立自主地位，由国家实施对具有较强供应脆弱性的战略矿产和急需矿产进行的储备。

2. 仓储在物流系统中起增加附加值的作用

（1）运输整合（减少成本）。在供应物流方面，企业从多个供应商分别小批量购买原材料并运至仓库，然后将其拼箱并整车运输至工厂。整车运输费率低于零担运输费率，大大降低了运输成本，提高了运输效率。在销售物流方面，企业将各个工厂的产品批量运到市场仓库，然后根据客户的要求，小批量运到市场或客户。这种仓库的作用不仅是拼箱装运，而且还可按客户要求进行产品整合。另外，仓储还具有调节运力差异的作用。例如：对于原材料，将零担及拼箱货物整合为整车及整箱运输；对于产成品，接收整装货物，再将其分装为零担及拼箱货物运到各市场。

（2）产品组合。产品组合即物流企业按客户的需要进行产品混装，高效地完成订单。物流企业可以根据客户要求，将产品在仓库中进行配套、组合、打包，还可将不同来源的原材料或零配件配套组合在一起，然后运往各地客户。单纯的储存和保管型仓库已远远不能适应生产和市场的需求，增加配送和流通加工的功能，向流通仓库发展，已成为现代仓库的一个发展方向。

（3）服务。支持企业的销售服务仓库合理地靠近客户，使产品适时到达客户的手中，将提高客户满意度并扩大企业销售。

（4）偶发事件。防范偶发事件，制定应急措施。

（5）平稳化。使生产过程中的作业流程及后继阶段能平稳进行，同时进行科学预测。

（6）调节供应和需求。由于生产和消费之间或多或少存在时间或空间上的差异，仓储可以提高产品的时间效用，调整均衡生产和集中消费或均衡消费和集中生产在时间上的矛盾。

总之，仓储是现代物流不可缺少的重要环节，是保证社会再生产过程顺利进行的必要条件；仓储是加快商品流通、节约流通费用的重要手段；仓储能够为货物进入市场做好准备，在货物进入市场前完成整理、包装、质检、分拣等程序，缩短后续环节的工作时间，加快货物的流通速度，对货物进入下一个环节前的质量起保证作用。

二、仓储的分类

仓储的本质都是为了物品的储藏和保管，根据仓储经营主体、仓储对象、经营方式和仓储功能的不同，仓储可以分为很多类别，具体如表 2-4 所示。

表 2-4　仓储的分类

分类依据	具体分类
按仓储经营主体划分	• 企业自营仓储。包括生产企业的自营仓储和流通企业的自营仓储。 • 商业营业仓储。即仓储经营人以其拥有的仓储设备，向社会提供商业性仓储服务的仓储行为。 • 公共仓储。如为车站、码头提供仓储配套服务的仓储，其运作的主要目的是保证车站、码头的货物周转，具有内部服务的性质，处于从属地位。 • 战略储备仓储。即国家根据国家安全、社会稳定的需要，对战略物资实行储备而产生的仓储。

续表

分类依据	具体分类
按仓储对象划分	• 普通物品仓储。即不需要特殊保管条件的物品仓储。如普通的生产物资、生活用品、工具等杂货类物品，不需要针对货物设置特殊的保管条件，无特殊装备的通用仓库或货场存放。 • 特殊物品仓储。即在保管中有特殊要求和需要满足特殊条件的物品仓储，如危险品仓储、冷库仓储、粮食仓储等。
按经营方式划分	• 保管式仓储。又称纯仓储，即以保持保管物原样不变为目标的仓储。 • 加工式仓储。即保管人在仓储期间根据存货人的要求对保管物进行一定加工的仓储方式。 • 消费式仓储。即保管人接受保管物的所有权，在仓储期间有权对仓储物行使所有权。仓储期满，保管人只要将相同种类和数量的替代物交还给委托人即可。
按仓储功能划分	• 物流中心仓储。即以物流管理为目的的仓储活动，是为了实现有效的物流管理，对物流的流程、数量、方向进行控制的结合部，实现物流的时间价值。 • 配送中心仓储。即商品在配送交付消费者之前所进行的短期仓储活动，是商品在销售或者供生产使用前的储存。 • 运输转换仓储。即衔接不同运输方式的仓储活动。

三、仓储合理化

（一）仓储合理化的概念

仓储合理化是指用最经济的办法实现仓储功能。仓储功能是对需要的满足，实现被储物的"时间价值"。如果不能保证仓储功能的实现，其他问题便无从谈起。合理仓储的实质，是在保证仓储功能实现的前提下尽量少投入，是一个投入产出的关系问题。

（二）仓储合理化的主要标志

1. 质量标志

保证被仓储物的质量，是完成仓储功能的根本要求。只有这样，商品的使用价值才能通过物流得以最终实现。在仓储中增加了多少时间价值或是得到了多少利润，都是以保证质量为前提的。仓储合理化的主要标志中，最重要的应当是反映使用价值的质量。

2. 数量标志

在保证功能实现前提下，仓储有一个合理的数量范围。目前管理科学的方法已能在各种约束条件下对合理数量范围作出决策，但是较为实用的还是在消耗稳定、资源及运输可控的约束条件下所形成的仓储数量控制方法。

3. 时间标志

在保证功能实现的前提下，寻求一个合理的仓储时间，这是和数量有关的问题。仓储量越大而消耗速率越慢，则仓储的时间必然长，相反则仓储的时间必然短。在具体衡量时，往往用周转速度指标来反映时间标志，如周转天数、周转次数等。在总时间一定的前提下，个别被仓储物的仓储时间也能反映合理程度。如果少量被仓储物长期仓储，成了呆滞物或仓储期过长，虽反映不到宏观周转指标中去，也标志着仓储存在不合理。

4. 费用标志

仓租费、维护费、保管费、损失费、资金占用利息支出等，都能够反映仓储的合理与否。

5. 结构标志

结构标志即被仓储物不同品种、不同规格、不同花色的仓储数量的比例关系。人们可以据此对仓储合理性作出判断，尤其是相关性很强的各种物资之间的比例关系，更能反映仓储合理与否。由于这些物资之间相关性很强，只要有一种物资出现耗尽，即使其他种物资仍有一定数量，也无法投入使用。不合理的结构影响并不局限在某一种物资上，而是有扩展性。

6. 分布标志

分布标志即不同地区仓储的数量比例关系。人们可以以此判断当地需求比和对需求的保障程度，以及对整个物流的影响。

（三）仓储不合理的表现

仓储不合理主要表现在两方面：一方面是由于仓储技术不合理，造成了物品的损失；另一方面是仓储管理、组织不合理，不能充分发挥仓储作为一个利润源的作用。

（四）仓储合理化的实施

1. 运用 ABC 分析法，实施重点管理

ABC 分析法又称巴雷特分析法、重点管理法。ABC 分析法自 1951 年由 GE 公司开发出来以后，在各企业迅速普及，运用于各类实务上，成效卓著。根据 ABC 分类管理方法，将储存的物资按重要程度分为特别重要的物资（A 类物资），一般重要的物资（B 类物资）和不重要的物资（C 类物资）三个等级，然后针对不同的级别分别进行管理和控制。各类因素的划分标准，习惯上常把主要特征值的累计百分数达到 70%～80% 的称为 A 类，累计百分数在 10%～20% 区间的称为 B 类，其他称为 C 类。ABC 分析是实施仓储合理化的基础分析，在此基础上可以进一步解决各类结构关系和仓储量、重点管理、技术措施等合理化问题，分别决定各种物资的合理库存储备数量及保有经济合理储备的办法，乃至实施零库存。

2. 采用有效的"先进先出"方式

"先进先出"是保证每个被仓储物的仓储期不至于过长的一种有效方式，也成了仓储管理的准则。

3. 加速总的周转，提高单位产出

仓储现代化的重要课题是将静态仓储变为动态仓储，周转速度快会带来一系列的

好处，如资金周转快、资本效益高、货损小、仓库吞吐能力增加、成本下降等。

4. 在形成了一定的社会总规模前提下，追求经济规模，适度集中仓储

适度集中仓储是合理化的重要内容，是利用仓储规模优势，以适度集中仓储代替分散的小规模仓储来实现合理化。

5. 提高仓储密度，提高仓容利用率

提高仓储密度的主要目的是减少仓储设施的投资，提高单位仓储面积的利用率，以降低成本、减少土地占用。如采取高垛的方法增加仓储的高度；缩小库内通道宽度以及减少库内通道数量以增加仓储有效面积等。

6. 利用现代科学技术，提高仓储的技术水平

如采取计算机自动定位技术、计算机监测清点技术、先进的仓储保养技术以及大量使用集装箱、托盘等运储一体化装备等，是仓储合理化的有效方式，对改变传统储存作业具有重要意义。

四、我国仓储业发展的方向

近几年来，我国仓储业有了较大发展，但总体水平还是不尽如人意，具体表现为效率低、库容利用率不高、作业技术条件差、缺乏自身发展能力。因此，充分利用已有的仓储资源，加快仓储社会化，加速满足社会生产发展和促进物流效率提高的仓储标准化，提高仓储自身效率，实现仓储管理的现代化是非常重要的。

（一）提高仓储机械化、自动化水平

仓储企业应通过机械化实现最低的人力作业，提高作业效率。随着货物运输包装向着大型化、托盘化的方向发展，仓储也必然要向机械化过渡。仓储自动化是指由计算机管理控制仓库的仓储过程。在自动化仓库中，货物仓储管理、环境管理、作业控制等仓储工作通过仓储管理、扫描技术、条形码、射频通信、数据处理等技术，指挥仓库堆垛机、传送带、自动导引车、自动分拣机等设备自动完成仓储作业，自动控制空调、监控设备、制冷设备进行环境管理，向运输设备下达运输指令安排运输等，同时完成单证、报表的制作和传递。对危险品、冷库、暖库、粮食等特殊仓储，都有必要采取自动化控制的仓储。

拓展阅读

青岛日日顺物流有限公司成立于山东青岛，是国家5A级物流企业和3A信用企业，企业发展先后历经了企业物流、物流企业、生态企业三个阶段，依托先进的管理理念和物流技术，整合全球一流网络资源，搭建起开放的科技化、数字化、场景化物联网场景物流生态平台。

位于即墨物流园的智能无人仓定位于连接产业端到用户端的全流程、全场景区域配送中心，是日日顺物流基于新基建背景在科技化、数字化、场景化方面深度探索的成果，通过 5G、人工智能技术以及智能装备的集中应用，打通前端用户和后端工厂的全流程、全场景，为用户提供定制化的场景物流服务解决方案。智能无人仓所处理的 SKU 数量超过 1 万个，覆盖海尔、海信、小米、格力等绝大部分家电品牌，实现全品类大家电的存储、拣选、发货无人化。

基于领先的设备和"智慧大脑"，无人仓作业效率和准确率均得到大幅提升，出货量达到 2.4 万件/天。与传统仓库相比较，智能无人仓作业人员大量节省，目前库存利用率提高 4 倍；同时，通过智能码垛、智能存储、智能分拣等全自动化作业，避免了人工作业引起的差错，保证物流作业精准高效地进行。此外，智能设备可以更好地保护商品，实现产品质量零损失。

（二）注重仓储业社会化、功能化的发展

我国仓储业的技术水平和功能重复的现状，只有通过分工和专业化的发展才能改变。社会对仓储的需要同对其他社会资源的需要一样，向着专业化、特殊化、功能化、个性化的方向发展。同时，仓储业内部在市场竞争中也只有通过专业化的发展，提高服务个性化，才能在竞争中取胜。

（三）加快仓储信息化、信息网络化建设

仓储是物流的节点，是企业存货管理的核心环节。企业生产、经营的决策需要仓储及时地把存货信息反馈给管理部门，在充分掌握物品的存量、储备、存放地点、消费速度的情况下，才能够进行准确的生产和经营决策。因此，仓储业要提高效率、降低损耗，从而降低成本，就必须实现信息化。

（四）加强科学管理，重视对人才的培训

仓储管理包括仓储的管理体制、管理结构、管理组织、管理方法和管理目标几个方面，都需要进行科学化管理，同时要重视现代化仓储工作人员的培训工作。这是实现我国仓储业乃至物流业社会化、现代化的重要保证。

第三节　包装

各个国家对包装都下了简洁明了的定义。美国所下的定义为：包装是为产品的运出和销售所作的准备行为；英国所下的定义为：包装是为货物的运输和销售所作的艺

术、科学和技术上的准备工作；加拿大所下的定义为：包装是将产品由供应者送达顾客或消费者手中而能保持产品完好状态的工具。我国很早就对包装下过定义：包装是为在流通过程中保护产品、方便储运、促进销售的辅助物等的总称。

我国国家标准《物流术语》（GB/T 18354—2021）中对包装的定义是："为在流通过程中保护产品、方便储运、促进销售，按一定技术方法而采用的容器、材料及辅助物等的总体名称。也指为了达到上述目的而采用容器、材料和辅助物的过程中施加一定技术方法等的操作活动。"不同国家或组织对包装的含义有不同的表述和理解，但基本意思是一致的，都以包装功能和作用为其核心内容，一般有两重含义：一是关于盛装商品的容器、材料及辅助物品，即包装物；二是关于实施盛装和封缄、包扎等的技术活动。可见，包装是在物流过程中为了保护产品、方便储运、促进销售，按一定技术方法采用材料或容器对物品进行包封，并加以适当的装潢和标识工作的总称。

一、包装的作用

（一）保护物品

科学地设计包装，有效保护物品，防止物品破损变形，在物流过程中免受日晒、风吹、雨淋、灰尘沾染等自然因素的侵袭，防止挥发、渗漏、溶化、沾污、碰撞、挤压、散失以及盗窃等损失，是物流包装最主要的作用。

（二）利于流通与消费

物品经过适当的包装能给流通环节储、运、调、销带来方便，如装卸、盘点、码垛、发货、收货、转运、销售计数等；能为搬运装卸作业提供方便，加快装卸速度，大大提高运输效率。包装物上的各种标志，便于仓储管理的识别、存取、盘点，合理的单元包装方便了消费者的一次购买及使用。

（三）促进营销

产品包装的装潢设计是促销手段之一，能起到美化商品、吸引顾客、利于促销的作用。精美的包装能唤起人们的消费欲望，同时包装可用来对商品做介绍、宣传，便于人们了解，从而购买这种商品，实现商品的价值和使用价值。

二、包装的种类

包装根据不同的标准有不同的分类，具体如表 2-5 所示。

表 2-5　包装的分类

分类依据	具体分类
按包装的形态分类	• 个装，是指物品按个进行的包装。 • 内装，是指包装货物的内部包装。 • 外装，指货物的外部包装。

续表

分类依据	具体分类
按包装的大小不同分类	• 单件运输包装。箱，如纸箱、木箱、金属箱等；桶，如木桶、铁桶等；袋、包、篓、玻璃瓶等。 • 集合运输包装，是将若干个单件运输包装组成一个大包装，如集装袋和集装包、托盘、集装箱等。
按包装的作用分类	• 商业包装，主要是指以促进销售为主要目的的包装，包装单位适合顾客购买和商品使用的要求。 • 工业包装，是指在运输和保管过程中以保护物品为主要目的的包装，也称运输包装。
按包装的技术方法分类	防碎包装、防洒漏包装、防湿包装、防锈包装、缓冲包装、收缩包装、真空包装等。
按包装的材料分类	纸箱包装、木箱包装、金属箱包装、纸袋包装、玻璃瓶包装、塑料袋包装等。
按被包装物品的种类分类	食品包装、药品包装、蔬菜包装、机械包装、危险品包装等。
按被包装物品的状态分类	液体包装、粉末体包装、颗粒体包装、固体包装等。
按包装使用的次数分类	一次性包装、重复使用包装。

三、常用包装材料

常用的包装材料有纸制品、塑料、木材及木制品、金属、玻璃、陶瓷及复合材料等多种，具体如图 2-7 所示。

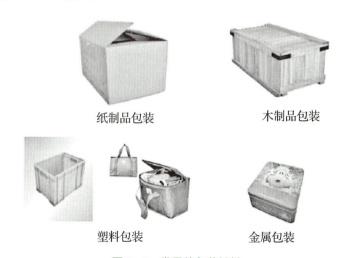

纸制品包装　　　　木制品包装

塑料包装　　　　金属包装

图 2-7　常用的包装材料

（一）纸及纸制品

在包装材料中，纸的应用最广、耗量最大。纸具有价格低、质地细腻均匀、耐摩擦等优点。常用的包装纸类制品有：牛皮纸、植物羊皮纸、玻璃纸、硫酸纸、草板纸、白板纸和箱板纸等。纸质材料也有弱点：防潮性能不好，受潮后强度下降；密闭性、透明性差。

（二）木材及木制品

木材是应用广泛的传统包装材料，主要使用板材制作各种包装箱，以木材为原料制成的胶合板、纤维板、刨花板等板材也用于制作包装箱、桶等。木制包装材料主要用于外装。

（三）塑料及塑料制品

1. 塑料及塑料制品的几种材料

（1）聚乙烯。聚乙烯可分为高压聚乙烯、中压聚乙烯和低压聚乙烯三种。其密度情况为：高压聚乙烯为低密度，中压聚乙烯和低压聚乙烯密度较高。在包装中，尤以高压聚乙烯薄膜使用广泛，聚乙烯薄膜能透过氧气及二氧化碳等气体，适合蔬菜、水果包装保鲜，以及工业品个装、内装。

（2）聚丙烯。聚丙烯的特点是无毒，没有增塑剂的污染及溶出，可制成薄膜、瓶、盖及用薄膜扁丝编成包装袋，用于食品、药品包装及制作各种外装包装袋。集装袋等大型袋也采用聚丙烯材料为基层材料。

（3）聚苯乙烯。聚苯乙烯主要用作盒、罐、盘等包装容器和热缩性薄膜包装材料。发泡后的聚苯泡沫塑料一般用作包装衬垫及内装防震材料。

（4）聚氯乙烯。聚氯乙烯可制成瓶、盒、箱及薄膜，用于小包装袋或制作周转塑料箱，也可发泡制成硬质泡沫塑料。由于聚氯乙烯在高温下可能分解出氯化氢气体，有腐蚀性，不宜用于防锈包装和食品包装。

2. 塑料绿色包装行业的发展趋势

（1）研究开发可回收利用的绿色包装材料。

（2）研究塑料稳定化技术。塑料稳定技术发展的关键是进行新的抗氧剂、紫外线稳定剂和自由基捕获剂的制备及应用的研究开发。

（3）研究塑料可降解技术。可降解塑料一般分为生物降解塑料、光降解塑料和生物/光双降解塑料等。

（4）研发焚烧回收热能，或采用炼钢炉再利用塑料废弃物的研究开发。焚烧回收热能是塑料废弃物再资源化的一个主要手段，也是治理塑料废弃物的最现实的选择。

（5）可食性薄膜。可食性薄膜是以天然可食性物质（如多糖、蛋白质等）为原料，通过不同分子间相互作用而形成的具有多孔网络结构的薄膜。

（6）水溶性塑料包装薄膜。水溶性塑料包装薄膜作为一种新颖的绿色包装材料，在欧美、日本等地被广泛用于各种产品的包装，如农药、化肥、颜料、染料、清洁剂、水处理剂、矿物添加剂、洗涤剂、混凝土添加剂、摄影用化学试剂及园艺护理的化学试剂等。

（7）重点进行循环经济型塑料发展的对策、法律、法规和制度的制定和实施办法的研究。

（8）食品包装容器专用塑料。

（9）新型高阻隔性塑料包装材料。新型高阻隔性塑料在国外已广泛应用，国内也已引进这项技术。

（四）金属材料

（1）镀锡薄板。主要用于制造高档罐容器，如各种饮料罐、食品罐等。表面装潢之后成为工业和商业包装合一的包装。

（2）涂料铁。主要用于制作食品罐。

（3）铝合金。可制成各种包装物，如牙膏皮、饮料罐、食品罐、航空集装箱等，也可与塑料等材料复合制成复合薄膜，用作商业小包装材料。

（五）玻璃、陶瓷

玻璃、陶瓷的主要特点是有很强的耐腐蚀性能，强度较高，装潢、装饰性能好，因此广泛用于商业包装，主要用作食品、饮料、酒类、药品以及化学工业品等的包装。

（六）复合材料

复合材料在包装领域有广泛的应用，现在使用较多的是薄膜复合材料，主要有纸基复合材料、塑料基复合材料、金属基复合材料等。

四、包装的合理化

所谓包装的合理化，是指在包装过程中使用适当的材料和适当的技术，制成与物品相适应的容器，节约包装费用，降低包装成本，既满足保护商品、方便储运、有利销售的要求，又提高包装的经济效益和综合管理活动。包装合理化与标准化二者相互依存、相互促进。

（一）合理设置包装方式

1. 方便装卸

不同的装卸方式决定了不同的包装方式。需要手工装卸的商品，包装及内容物的重量必须限制在手工装卸的允许能力之内，一般设定为工人体重的40%左右；包装的外形尺寸也应适合手工操作。发展国际性物流还要考虑不同地区物流载体的装卸交接，各种商品都按统一的规格尺寸进行包装，这些规格尺寸的单元基础称"包装模数"。

2. 便于保管

采用高层堆放的物品，应要求包装有比较高的强度，以免压坏等。

3. 利于运输

进行长距离及多次中转运输的物品，要用严密厚实的包装；而短距离汽车运输的物品，可采用轻便、防震的包装等。

（二）合理选用包装材料与技术

包装技术的改进是实现包装合理化的关键。使用不同的包装技法，以达到不同商品的包装、装卸、储存、运输的要求。包装材料与技术涉及包装成本与包装效应，这是一个效益背反的问题。包装要避免包装不足和包装过度。

可采用组合单元装载技术，即采用托盘、集装箱进行组合运输。托盘、集装箱是包装、输送、储存三位一体的物流设备，是实现物流现代化的基础。

还可采用无包装的物流形态。对需要大量输送的商品（如水泥、煤炭、粮食等），包装所消耗的人力、物力、资金、材料是非常多的，若采用专门的散装设备，则可获得较高的技术经济效果。散装并不是不要包装，它是一种变革了的包装，即由单件小包装向集合大包装转变。

（三）方便物流的回收利用，实现物流资源再循环

1. 包装设计科学合理

（1）推行包装标准化。

（2）采用通用包装外形。如按一定标准模数尺寸制造通用包装箱，无论在什么地方卸货后，都可以转用于其他包装。

（3）多用途、多功能的外形设计。如盛装饮料的包装物，排空后可转做杯子等。注意梯级利用，在设计包装物时，一次使用后进行简单处理可转做他用，如大纸板箱可改制成小纸板箱等。

2. 发展循环经济，建设绿色包装产业

（1）减量化。逐步改变产品包装"厚、粗、笨"的状况，尤其要坚决反对过度包装现象。

（2）再利用。在选材上要慎重，应选择一些质地坚固又价值适宜的材料，还要在回收再利用体制上想办法。包装废弃物本身再生利用价值高，应尽可能再利用。

（3）包装废弃物的资源化。包装废弃物是"放错了位置的资源"，要将包装废弃物回收再造产业明确纳入包装产业体系，这既是一个重要的经济增长点，也将更鲜明地体现包装行业对建设资源节约型、环境友好型社会的责任和贡献。今后，应增强包装行业的自主创新能力，加快我国技术标准体系的建立，积极采用国际标准，多出科技创新成果。

第四节 装卸搬运

搬运与运输的区别之处在于，搬运是在同一地域的小范围内发生的，而运输则是在较大范围内发生的，两者之间并无一个绝对的界限。

一、装卸搬运的作用

我国国家标准《物流术语》（GB/T 18354—2021）中对装卸的定义是："在运输工具间或运输工具与存放场地（仓库）间，以人力或机械方式对物品进行载上载入或卸下卸出的作业过程。"对搬运的定义是："在同一场所内，以人力或机械方式对物品进行空间移动的作业过程。"装卸与搬运是两个不同的概念。但在实际操作中，装卸与搬运又是密不可分的，两者是伴随在一起发生的。因此，在物流科学中并不过分强调两者的差别，而是作为一种活动来对待。

（一）装卸搬运是影响物流效率、决定物流成本的重要因素

装卸搬运是物流系统的构成要素之一，虽然它不直接创造价值，但却是影响物流效率、决定物流成本的重要因素。物流中的装车、卸车、装船、卸船，以及入库、堆垛、出库过程等都离不开装卸搬运动作，它是随运输和保管等活动而产生的必要活动。

在物流过程中，装卸搬运活动是不断出现和反复进行的，它出现的频率高于其他各项物流活动，每次装卸搬运活动都要花费很长时间，往往成为决定物流速度的关键。装卸搬运活动所消耗的人力也很多，装卸搬运费用在物流成本中所占的比重也较高。

为了降低物流费用，装卸搬运是个重要环节。我国对生产物流的统计资料显示，机械工厂每生产1吨成品，需进行252吨次的装卸搬运，其成本为加工成本的15.5%。火车货运以500千米为分歧点，运距超过500千米，运输在途时间多于起止的装卸时间；运距低于500千米，装卸时间则超过实际运输时间。美国与日本之间的远洋船运，一个往返需要25天，其中运输时间13天，装卸时间12天。美国工业产品生产过程中的装卸搬运费用占生产成本的20%～30%，我国铁路运输的始发和到达的装卸搬运作业费占运费的20%左右，船运占40%左右。

（二）装卸搬运是物流各环节之间相互转换的桥梁

装卸搬运是物流各环节（如运输、保管）之间相互转换的桥梁。它不仅把物资运动的各个阶段连接成为连续的"流"，而且把各种运输方式连接起来，形成各种运输网络。在不同的物流活动互相过渡时，常常以装卸搬运来衔接，装卸搬运往往成为物流各功能之间能否紧密衔接的关键。实际上，装卸搬运对其他物流活动的这一决定性作用还表现在它会影响其他物流活动的质量和速度。许多物流活动在有效的装卸搬运支

持下，才能实现高水平运作。

（三）装卸搬运是物流过程中造成损失的主要环节

装卸搬运操作过程中经常会造成货物的破损、散失、损耗、混合等损失。如袋装水泥纸袋破损和水泥散失主要发生在装卸过程中，玻璃、器皿等产品在装卸时最容易造成破损。

二、装卸搬运的分类

装卸搬运可以按物流设施、机械作业、运动形式、运动对象及作业特点等进行分类，如表2-6所示。

表2-6　装卸搬运的分类

分类依据	具体分类
按装卸搬运施行的物流设施、设备对象分类	仓库装卸、铁路装卸、港口装卸、汽车装卸、飞机装卸等。
按装卸搬运的机械及机械作业方式分类	使用吊车的"吊上吊下"方式，使用叉车的"叉上叉下"方式，使用半挂车或叉车的"滚上滚下"方式，"移上移下"方式及"散装散卸"方式等。
按被装物的主要运动形式分类	垂直装卸、水平装卸。
按装卸搬运对象分类	散装货物装卸、单件货物装卸、集装货物装卸等。
按装卸搬运的作业特点分类	分为连续装卸与间歇装卸两类。连续装卸主要是同种大批量散装或小件杂货通过连续输送机械，连续不断地进行作业，中间无停顿，货间无间隔。间歇装卸有较强的机动性，装卸地点可在较大范围内变动，主要适用于货流不固定的各种货物，尤其适于包装货物、大件货物。

三、装卸搬运的合理化

物流系统中装卸搬运作业所占的比重较大，装卸搬运作业的好坏不仅影响物流成本，还与物流工作质量是否满足客户的服务要求密切关联。装卸搬运作业的合理化是物流管理的重要内容之一。装卸搬运合理化的主要目标是节省时间、节约劳动力、降低装卸搬运成本。

（一）提高装卸搬运活性

装卸搬运活性是指把物品从静止状态转变为装卸搬运状态的难易程度。如果很容易转变为下一步的装卸搬运而不需要做过多装卸搬运前的准备工作，则活性高；反之就是活性不高。为了区别活性的不同程度，人们一般用"活性指数"来表示装卸搬运活性。"活性指数"分0～4五个等级，表示活性程度从低到高，如表2-7所示。

表 2－7 物品装卸搬运活性的区别和活性指数

物品活性状态	作业说明	作业种类				需要作业的数目	不需要作业的数目	装卸搬运活性指数
		集中	搬起	升起	运走			
散放在地上	集中、搬起、升起、运走	要	要	要	要	4	0	0
集装箱中	搬起、升起、运走（已集中）	否	要	要	要	3	1	1
托盘上	升起、运走（已搬运）	否	否	要	要	2	2	2
车中	运走（不用升起）	否	否	否	要	1	3	3
运动着的输送机上	不需其他作业（保持运动）	否	否	否	否	0	4	4
运动着的物体	不需其他作业（保持运动）	否	否	否	否	0	4	4

装卸搬运是在物流过程中反复进行的活动，因而其速度可能决定整个物流速度。每次装卸搬运时间缩短，多次装卸搬运的累计效果就十分可观。因此，提高装卸搬运活性对合理化是很重要的因素。但是也要考虑装卸搬运成本，一般来说，装卸搬运活性越高，则其成本也越高。这样，我们应该根据装卸搬运对象的价值来设计它的装卸搬运活性，对价格低廉、无须多次转移的物品，就不必采用高等级的活性状态。

（二）防止无效装卸搬运，加快装卸搬运速度

无效装卸搬运造成装卸成本浪费，装卸搬运质量受损可能性增大，物流速度降低等，应尽量以最少的装卸搬运次数达到目的。要防止过多的装卸搬运次数、过度包装的装卸搬运以及无效物资的装卸搬运。防止上述无效装卸搬运，可大大节约装卸搬运劳动，使装卸搬运合理化。

（三）充分利用科学知识，尽量减少装卸搬运的消耗

在装卸时要考虑重力因素，可以利用货物本身的重量，进行有一定落差的装卸，以减少或根本不消耗装卸的动力，这是合理化装卸的重要方式。例如：从卡车或火车上卸货时，使其与地面转运的运输工具有一定的高度差，利用溜槽、溜板之类的简单工具，就可以依靠货物本身重量从高处自动下滑到低处，比采用吊车、叉车进行同样的装卸显然可以节省动力的消耗。在装卸时尽量消除或减弱重力的影响，也能减少装卸劳动的消耗。例如：进行两种运输工具的换装时，采用不落地搬运就比落地搬运要好。如能减少这个消耗，便是合理化装卸的体现。

（四）充分利用集装化原则和装卸搬运机械提高作业效率

将散放物体归整为统一格式的集装单元称为集装单元化。这对装卸搬运作业的改善是至关重要的。装卸搬运单位变大，装卸搬运方便，灵活性好，可以发挥机械的效能，提高作业效率；负载的大小均匀，有利于实现作业的标准化，在作业过程中可避免物品的损伤，保护被装卸搬运的物品。

充分利用装卸搬运设备可大大提高作业效率及安全性，将工人从繁重的体力劳动中解放出来。

第五节　流通加工

流通加工的产生，与现代生产方式和网络经济时代有着紧密的关系。随着经济增长，国民收入增多，现代社会消费的个性化和消费者需求的多样化，人们对流通作用效益观念的树立，促使在流通领域开展流通加工。在社会生产向大规模生产、专业化生产转变之后，社会生产越来越复杂，生产的标准化和消费的个性化出现，加工活动开始部分地由生产及再生产过程向流通过程转移。目前，在世界许多国家和地区的物流中心或仓库经营中都大量存在流通加工业务，在日本、美国等物流发达国家更为普遍。

一、流通加工概述

（一）流通加工的概念

我国国家标准《物流术语》（GB/T 18354—2021）中对流通加工的定义是："根据顾客的需要，在流通过程中对产品实施的简单加工作业活动的总称。简单加工业活动包括包装、分割、计量、分拣、刷标志、拴标签、组装、组配等。"

流通加工又称流通过程的辅助加工活动。企业、物资部门、商业部门为了弥补生产过程中加工的不足，更有效地满足客户或本企业的需求，更好地衔接各环节的生产与消费，即达到方便流通、方便运输、方便储存、方便销售、方便客户以及物资充分利用、综合利用的目的，经常需要借助这种流通加工活动。流通加工是调和大生产"少品种、大批量、专业化"特点与客户需求"多品种、小批量、个性化"特点之间矛盾的唯一手段。

（二）流通加工与生产加工的区别

流通加工是在流通领域进行的简单生产活动，并不改变商品的基本形态和功能，是一种完善商品使用功能、提高商品附加价值的活动。生产加工改变的是加工对象的基本形态和功能，是一种创造新的使用价值的活动。流通加工与生产加工的区别如表 2-8 所示。

表 2-8　流通加工与生产加工的区别

项目	流通加工	生产加工
加工对象	进入流通过程的商品	原材料、零配件、半成品
加工难度	简单加工	复杂加工
价值表现	完善或提高价值	创造价值及使用价值
加工单位	流通企业	生产企业
加工目的	为流通创造条件（促进销售）	消费

商品生产是为了交换和消费。流通加工的一个重要目的，是为了消费（或再生产），这一点与生产加工有共同之处。但是流通加工有时候是以自身流通为目的，纯粹是为流通创造条件。这种为了流通所进行的加工与直接为消费进行的加工，从目的来讲是有区别的，这又是流通加工与生产加工的不同之处。

（三）流通加工的作用

流通加工是为了提高物流速度和物品的利用率，在物品进入流通领域后，按客户的要求进行的加工活动，即在物品从生产者向消费者流动的过程中，为了促进销售、维护商品质量和提高物流效率，对物品进行一定程度的加工。流通加工通过改变或完善流通对象的形态来实现"桥梁和纽带"的作用，是流通中的一种特殊形式。目前，在世界许多国家和地区的物流中心或仓库经营中都大量存在流通加工业务，有的规模很大。一些原本在工业企业进行的加工业务，现在由流通环节（包括新兴的现代物流企业）承担并且拓展。改变以往流通企业那种经营业务单一的情况，发展多种经营业务是现代经济发展的要求。

在流通过程中进行有关加工具有以下重要意义。

1. 有效完善流通和弥补生产加工的不足

流通加工起着补充、完善、提高、增强作用的功能，能起到运输、储存等其他功能要素无法起到的作用。生产环节的各种加工活动往往不能完全满足消费者的需要，如某个生产企业需要钢铁企业的钢材，除了规格型号的要求外，往往希望能够在长度、宽度等方面满足需要。但是钢铁企业面对成千上万个客户，是很难满足每个客户的细节要求的。要弥补以上生产环节加工活动的不足，就可以由流通企业根据供方或需方的委托代为完成加工。

2. 提高劳动生产率和物料利用率

流通加工是把多个制造企业对多个客户供应的商品集中进行专业加工，其加工效率比分散加工要高得多。

（1）提高原材料和加工设备的利用率。

通过流通加工进行集中开料，能够合理套裁、因材施用，裁出大件的边角料再裁小件，显著提高原材料的利用率。流通加工面向全社会，加工数量大，范围广，任务饱满，设备利用率显著提高。

（2）方便配送。

配送是包括整理、挑选、分类、备货、末端运输等一系列活动的集合。流通加工是配送的前提，物流企业自行安排流通加工时，必然顾及配送的条件与要求。

（3）充分发挥各种输送手段的最高效率。

流通加工环节将实物的流通分为两个阶段：从生产企业到流通加工阶段和从流通加工到消费环节阶段。一般来说，流通加工环节设置在消费地，从生产企业到流通加工这一阶段输送距离长，可以采用船舶、火车等大运量输送手段；从流通加工到消费环节这一阶段输送距离短，主要利用汽车和其他小型车辆来配送经过流通加工后的多规格、小批量、多客户的产品。这样，可以充分发挥各种输送手段的最高效率，加快输送速度，节省运力运费。

3. 提高产品档次，增加经济效益

流通加工是物流中的重要利润源。根据我国近些年的实践，流通加工在向流通企业提供利润这一点上，其成效并不亚于从运输和储存中挖掘的利润，是物流中的重要利润源。在流通加工过程中进行一些产品的简单加工，可显著提高产品销售的经济效益。如对一些制成品（轻工纺织品、工艺美术品等）进行简单的装潢加工，可以使产品售价提高 20% 以上。

二、流通加工的类型

由于具有不同的目的和作用，流通加工的类型呈现多样化。

（一）为保护产品和弥补生产领域加工不足的流通加工

在物流过程中，直到客户投入使用前都存在对产品的保护问题，防止产品在运输、储存、装卸、搬运、包装等过程中遭受损失，使产品的使用价值顺利实现。这样的流通加工主要有稳固、改装、冷冻、保鲜、涂油等方式。

有许多产品在生产领域由于许多因素的限制只能加工到一定程度，如木材如果在产地完成成材加工或制成木制品，就会造成运输的极大困难，所以原生产领域只能加工到圆木、板、方材这个程度，进一步的下料、切裁、处理等加工则由流通加工完成。这种流通加工实际上是生产的延续，是生产加工的深化，对弥补生产领域加工不足具有重要意义。

（二）为适应多样化需要和促进销售的流通加工

生产部门为了实现高效率、大批量生产，其产品往往不能完全满足客户的要求。为了满足客户对产品多样化的需求，同时又保证社会高效率地大生产，将生产出来的单调产品进行多样化的改制加工是流通加工中具有重要地位的一种加工形式。

流通加工还可以起到促进销售的作用。例如：将以保护产品为主的运输包装改换成以促进销售为主的装潢性包装，以起到吸引消费者、指导消费的作用；将蔬菜、肉类洗净切块以满足消费者需求等。

（三）生产和流通一体化的流通加工

依靠生产企业与流通企业的联合，或者生产企业涉足流通，或者流通企业涉足生产，形成对生产与流通加工进行合理分工、合理规划、合理组织，统筹进行生产与流通加工的安排，就是生产和流通一体化的流通加工形式。这种形式可以促进产品结构

及产业结构的调整，充分发挥企业集团的经济技术优势，这是目前流通加工领域的新形式。

（四）为提高加工效率和原材料利用率的流通加工

许多生产企业的初级加工由于数量有限，加工效率不高，难以投入先进科学技术。流通加工以集中加工形式，解决了单个企业加工效率不高的问题。流通加工利用其综合性强、客户多的特点，可以采用合理规划、合理套裁、集中下料的办法，提高原材料利用率，减少损失浪费。

（五）为提高物流效率、方便物流的流通加工

有些产品本身的形态使之难以进行物流操作，如鲜鱼的装卸、储存操作困难；过大设备搬运、装卸困难；气体运输、装卸困难等。进行流通加工，可以使物流各环节易于操作，如鲜鱼冷冻、过大设备解体、气体液化等。这种加工往往改变"物"的物理状态，但并不改变其化学特性，并最终仍能恢复到原来的物理状态。

（六）衔接不同运输方式，使物流合理化的流通加工

在干线运输及支线运输的节点设置流通加工环节，可以有效解决大批量、低成本、长距离干线运输与多品种、少批量、多批次末端运输之间的衔接问题。

三、流通加工合理化

（一）流通加工合理化的含义

流通加工合理化是指实现流通加工的最优配置，不仅做到避免各种不合理加工，使流通加工有存在的价值，而且做到最优的选择。

（二）实现流通加工合理化的主要途径

1. 加工和配送、配套相结合

加工和配送结合就是将流通加工设置在配送点中，一方面按配送的需要进行加工，另一方面加工又是配送业务流程中分货、拣货、配货的一环，加工后的产品直接投入配货作业，这就无须单独设置一个加工的中间环节，使流通加工有别于独立的生产，与中转流通巧妙结合在一起。同时，由于配送之前有加工，可使配送服务水平大大提高。这是当前对流通加工做合理化选择的重要形式，在煤炭、水泥等产品的流通中已表现出较大的优势。在对配套要求较高的流通中，配套的主体来自各个生产单位，进行适当流通加工，可以有效促成配套，大大提高流通加工作为桥梁与纽带的能力。

2. 加工和节约资源相结合

节约能源、节约设备、节约人力、减少耗费是流通加工合理化重要的考虑因素，

也是目前我国设置流通加工并考虑其合理化的较普遍形式。

3. 加工和合理运输相结合

前面已提到过流通加工能有效衔接干线运输与支线运输，促进两种运输形式的合理化。利用流通加工，在支线运输转干线运输或干线运输转支线运输这些本来就必须停顿的环节，不进行一般的支转干或干转支，而是按干线或支线运输合理的要求进行适当加工，大大提高运输及运输转载水平。

4. 加工和合理商流相结合

通过加工有效促进销售，使商流合理化，也是流通加工合理化的考虑方向之一。

对流通加工合理化的最终判断，是看其能否实现社会的、企业本身的两个效益，是否取得了最优效益。

第六节　配送

配送的一般流程如图2-8和图2-9所示。并不是所有的配送者都会按相同的流程进行。不同产品的配送均有其独特之处，如燃料油的配送就不存在配货、分放、配装工序，水泥及木材的配送会多出一些流通加工的过程，而流通加工又可能在不同的环节出现。

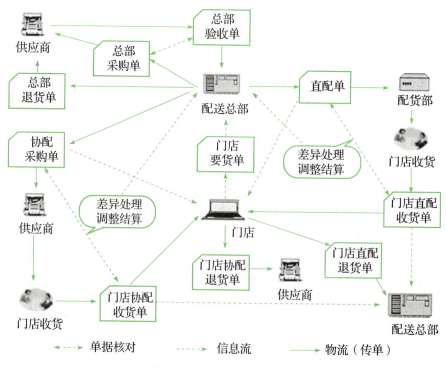

图 2-8　配送的一般流程Ⅰ

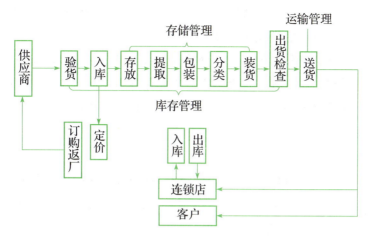

图 2-9 配送的一般流程 Ⅱ

一、配送的概念与特点

(一) 配送的概念

我国国家标准《物流术语》(GB/T 18354—2021) 中对配送的定义是："根据客户要求，对物品进行分类、拣选、集货、包装、组配等作业，并按时送达指定地点的物流活动。"配送是物流中的一种特殊的、综合的活动形式，是商流与物流紧密结合，包含了物流中若干功能要素的一种物流活动。从物流角度来说，配送几乎包括了所有的物流功能要素，是小范围内物流全部活动的体现。可以说，配送虽然是物流系统中的一个小系统，但"麻雀虽小，五脏俱全"。

(二) 配送的特点

从商流来说，物流和配送有明显的不同。物流是商流与物流分离的产物，而配送则是商物合一的产物。配送是"配"和"送"的有机结合体，它的运输组织工作显得特别重要。配送与一般送货的重要区别在于：配送往往在物流据点有效地利用分拣、配货等理货工作，使送货达到一定的规模，以利用规模优势取得较低的送货成本。同时，配送以客户为出发点，强调"以客户的订货要求"为宗旨。

配送需要强烈依靠信息网络技术来实现，它具有以下特点。

1. 配送是一种专业化的分工方式

配送不仅是送货，而且是一种专业化的分工方式。配送是从物流节点至客户的一种特殊送货形式。其特殊性表现为：从事送货的是专职流通企业，而不是生产企业；配送是中转型送货，客户需要什么就送什么。而工厂送货一般是直达型送货，只输送所生产的东西；配送业务中，除了送货，在活动内容中还有拣选、分货、包装、分割、组配、配货等，这些工作的难度很大，必须具有发达的商品经济和现代的经营水平才能做好。在商品经济不发达的国家及历史阶段，物流企业很难按客户的要求实现配货，要实现广泛的、高效率的配货就更加困难。

以往的送货形式只是作为推销的一种手段，目的仅仅在于多销售一些商品。而配送则是一种专业化的分工方式，是大生产、专业化分工在流通领域的体现，是在全面配货的基础上，完全按客户要求，包括种类、品种搭配、数量、时间等方面的要求所进行的运送，是配和送的有机结合。

2. 配送是送货、分货、配货等活动的有机结合体

配送是许多业务活动有机结合的整体，同时还与订货系统紧密联系。要实现这一点，就必须依赖现代信息技术，建立和完善整个大系统，使其成为一种现代化的作业系统。这也是以往的送货形式所无法比拟的。

3. 配送的全过程有现代化技术和装备的保证

要使配送在规模、水平、效率、速度、质量等方面远远超过以往的送货形式，就要运用现代化技术和装备。由于大量采用了各种传输设备及条形码、拣选等机电装备，整个配送作业就像工业生产中广泛应用的流水线，实现了部分流通工作的工厂化。

二、配送的基本环节与作用

（一）配送的基本环节

从总体上讲，配送是由备货、理货和送货三个基本环节组成的。其中每个环节又包含若干项具体的、枝节性的活动。

1. 备货

备货是指准备货物的系列活动，它是配送的基础环节。备货主要有筹集货物（或称组织货源）和存储货物。

就总体活动而言，筹集货物都是由订货、进货、集货及相关的验货、结算等一系列活动组成的。

存储货物是订货、进货活动的延续。在配送活动中，货物存储有两种表现形态：一种是暂存形态；另一种是储备形态。货物储备合理与否，直接影响配送的整体效益。

2. 理货

理货（包括货物分拣、配货和包装等项经济活动）是配送的一项重要内容，也是配送区别于一般送货的重要标志。货物分拣是采用适当的方式和手段，从储存的货物中选出客户所需要的货物，此活动称为分拣。分拣货物一般采取两种方式来操作：一种是摘取式；另一种是播种式。

3. 送货

送货（货物的运输）是配送活动的核心，也是备货和理货工序的延伸。在物流活动中，送货实际上就是货物的运输。因此，常常以运输代表送货。在送货过程中，常

常进行运输方式、运输路线和运输工具的选择。按照配送合理化的要求，必须在全面计划的基础上，制定距离较短的科学货运路线，选择经济、迅速、安全的运输方式和适宜的运输工具。通常情况下，配送中的送货都把汽车作为主要的运输工具。

在配送过程中，根据客户要求或配送对象的特点，有时需要在未配货之前先对货物进行加工（如钢材剪切、木材截锯等），以求提高配送质量，更好地满足客户需求。

（二）配送的作用

配送制的试行范围已经扩大到了很多国家和地区。在发达国家，配送不但广为实行，而且早已成为企业经营活动的重要组成部分，从而发挥了优化经济结构、节约社会劳动及充分发挥物流的作用。具体表现如下：

（1）有利于物流运动实现合理化，提高物流的经济效益。

配送不仅能够把流通推上专业化、社会化道路，而且衔接了产需关系，打破了流通分割和封锁的格局，有利于实现物流社会化和合理化。更重要的是，它能以其特有的运动形态和优势调整流通结构，使物流运动演化为规模经济运动。采用配送方式，可以增大订货经济批量，降低进货成本；将各种商品配齐集中起来向客户发货，或将多个客户的小批量商品集中在一起发货，以降低单位物流成本，提高物流的经济效益。

（2）完善输送及整个物流系统，使企业实现低库存或零库存。

配送环节处于支线运输，灵活性、适应性、服务性都较强，能将支线运输与小搬运统一起来，使运输过程得以优化和完善。将分散的库存和库存物资集中于配送企业以后，很容易将存储物资合理调配，还可以释放出大量储备资金，改善财务状况，降低成本，实现其价值和使用价值。

（3）简化手续，方便客户，提高供应保证程度。

客户只需要向配送中心一处订购，就能达到向多处采购的目的，减少订货等一系列费用开支。采用配送方式，配送中心比任何单独企业的储备量都大得多，对于每个企业而言，客户因缺货影响生产的风险相对减少。

三、配送合理化

（一）配送合理化的判定标志

对配送合理化的判定，是配送决策系统的重要内容。目前，国内外尚无一定的技术经济指标体系和判定方法，按一般情况，以下若干标志是应当纳入的。

1. 库存标志

库存是判定配送合理与否的重要标志。

一是库存总量。在一个配送系统中，库存总量是一个动态的量。在保证供需的前提下，库存总量越小越好，但要结合实际系统分析。

二是库存周转。由于配送企业的调剂作用，以低库存保持高的供给能力，库存周转一般总是快于原来各企业的库存周转。为了取得共同的比较基准，以上库存标志都以库存储备资金计算，而不以实际物资数量计算。

2. 资金标志

总的来讲，实行配送应有利于资金占用降低及资金运用的科学化。具体判定标志如下：

（1）资金总量。用于资源筹措所占用的流动资金总量，随储备总量的下降及供给方式的改变，必然有较大的降低。

（2）资金周转。从资金运用来讲，由于整个节奏加快，资金充分发挥作用，同样数量的资金，过去需要较长时期才能满足一定供给要求，配送之后，在较短时期内就能达到目的。资金周转是否加快，是衡量配送合理与否的标志。

（3）资金投向的改变。资金分散投入还是集中投入，是资金调控能力的重要反映。实行配送后，资金应当从分散投入改为集中投入，以增加调控作用。

3. 成本和效益标志

总效益、宏观效益、微观效益、资源筹措成本都是判定配送合理化的重要标志。不同的配送方式，可以有不同的判定侧重点。例如：配送企业、客户都是各自独立的、以利润为中心的企业，不但要看配送的总效益，而且要看对社会的宏观效益及两个企业的微观效益，只顾及任何一方，都必然出现不合理。又如：配送若是由客户集团自己组织的，配送主要强调保证能力和服务性，那么，效益主要从总效益、宏观效益和客户集团企业的微观效益来判定，不必过多顾及配送企业的微观效益。成本及效益对合理化的衡量还可以具体到储存、运输等具体配送环节，使判定更为精细。

4. 供给保证标志

实行配送，各客户的最大担心是供给保证程度降低，配送合理化的重要一点，是必须提高而不是降低对客户的供给保证能力。供给保证能力可以从以下几方面判定：

（1）缺货次数。实行配送后，对客户来讲，该到货而未到货以致影响生产及经营的次数，供给保证能力必须下降才算合理。

（2）配送企业集中库存量。对每一个客户来讲，其数量所形成的供给保证能力高于配送前单个企业保证程度，从供给保证来看才算合理。

（3）即时配送的能力及速度。这一能力必须高于未实行配送前客户紧急进货能力及速度才算合理。配送企业的供给保证能力是一个科学的、合理的概念，而不是无限的概念。假如供给保证能力过高，超过了实际的需要，就属于不合理，因此追求供给保证能力的合理化是有限度的。

5. 社会运力节约标志

运力使用的合理化是依靠送货运力的规划和整个配送系统的合理流程及与社会运

输系统合理衔接实现的。送货运力的规划是任何配送中心都需要花力气解决的问题，而其他问题有赖于配送及物流系统的合理化，判定起来比较复杂，但可以从社会车辆总数减少，而承运量增加、社会车辆空驶减少、社会化运输增加等方面来判定。

6. 客户企业仓库、供给、进货人力物力节约标志

实行配送后，各客户库存量、仓库面积、仓库治理人员减少为合理；用于订货、接货的人员减少为合理。真正解除了客户的后顾之忧，配送的合理化程度才可以说是一个高水平。

7. 物流合理化标志

配送必须有利于物流合理，这可以从是否降低了物流费用、减少了物流损失、加快了物流速度、发挥了各种物流方式的最优效果、有效衔接了干线运输和末端运输、不增加实际的物流中转次数、采用了先进的技术手段等方面来进行判断。

（二）配送合理化的方法

对配送决策的优劣，很难有一个绝对的标准，在决策时常常要考虑多个因素。以下是国内外推行配送合理化方面可供借鉴的方法。

1. 推行加工配送

通过加工和配送相结合，充分利用本来应有的中转，而不增加新的中转求得配送合理化。同时，加工借助于配送，加工目的更明确，和客户的联系更紧密，更避免了盲目性。这两者有机结合，投入不增加太多却可追求两个优势、两种效益，是配送合理化的重要经验。

2. 推行共同配送

通过共同配送，可以以最近的路程、最低的配送成本完成配送，从而追求合理化。

拓展阅读

日本 7-11 连锁便利店

7-11 公司在连锁经营中把地区集中建店和信息灵活应用作为发展的基本策略，在配送体系的建设上，该公司没有建立自己的配送中心，而是凭借公司的知名度和经营实力，利用其他企业的配送中心，采取汇总配送和共同配送的方式，实现自己的连锁化经营战略。

共同配送中心是 7-11 对物流配送路线的不断调整而形成的一个集约化的配送体系。制造商共有仓库能够有效地减少不必要的配送车辆，减少同一地区的配送次数，提高物流运作效率。共同配送中心还使得库存点不断精减，节约配送成本。

3. 实行送取结合

配送企业与客户建立稳定、密切的协作关系后，配送企业不仅成了客户的供应代理人，而且承担客户储存据点，甚至成为产品代销人。在配送时，将客户所需的物资送到，再将该客户生产的产品用同一车运回，这种产品也成了配送中心的配送产品之一，或者作为代存代储，免去了生产企业的库存包袱。这种送取结合使运力得到充分利用，也使配送企业功能有更大的发挥，从而追求合理化。

4. 推行准时配送系统

准时配送是配送合理化的重要内容。配送做到了准时，客户才可以放心地实施低库存或零库存，可以有效地安排接货的人力、物力，以追求最高效率的工作。另外，保证供应能力，也取决于准时供应。

5. 推行即时配送

即时配送是最终解决客户担心断供之忧、大幅度提高供应保证能力的重要手段。即时配送是配送企业快速反应能力的具体化，是配送企业能力的体现。即时配送成本较高，但它是整个配送合理化的重要保证手段。此外，即时配送也是客户实行零库存的重要保证手段。

6. 推行一定综合程度的专业化配送

通过采用专业设备、设施及操作程序，取得较好的配送效果，并降低配送过分综合化的复杂程度及难度，从而追求配送合理化。

四、配送中心

（一）配送中心的基本含义

我国国家标准《物流术语》（GB/T 18354—2021）中对配送中心（distribution center）的定义是：具有完善的配送基础设施和信息网络，可便捷地连接对外交通运输网络，并向末端客户提供短距离、小批量、多批次配送服务的专业化配送场所。配送中心应基本符合下列要求：主要为特定的客户服务；配送功能健全；辐射范围小；提供高频率、多品种、小批量、多批次配送服务；以配送为主，储存为辅。建立配送中心前后的物流配送模式比较如图 2-10 所示。

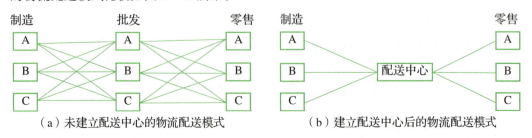

（a）未建立配送中心的物流配送模式　　　　（b）建立配送中心后的物流配送模式

图 2-10　物流配送模式

（二）新型物流配送中心

新型物流配送中心是一种全新的流通模式和运作结构，其管理水平要求达到科学化和现代化。通过合理的科学管理制度、现代化的管理方法和手段，物流配送中心可以充分发挥其基本功能，从而保障相关企业和客户整体效益的实现。

不同模式的配送中心，作业内容有所不同。新型物流配送中心的作业流程如图 2-11 所示。概括而言，配送中心的作业管理主要有进货入库作业管理、在库保管作业管理、加工作业管理、理货作业管理和配货作业管理。

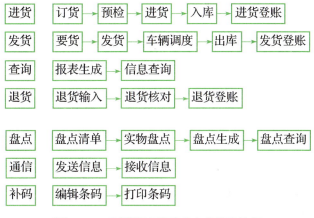

图 2-11　新型物流配送中心的作业流程

从物流配送的发展过程来看，在企业经历了以自我服务为目的的企业内部配送中心的发展阶段后，政府、社会、零售业、批发业以及生产厂商都积极投身于物流配送中心的建设。专业化、社会化、国际化的物流配送中心显示了巨大优势，有着强大的生命力，代表了现代物流配送的发展方向，新型物流配送中心是未来物流配送中心发展的必然趋势。

新型物流配送中心的必备条件：一是高水平的装备配置。新型物流配送中心必须配备现代化的物流装备。二是高素质的人员配置。没有一支高素质的物流人才队伍，就不可能建设新型物流配送中心。三是高水平的物流管理。没有高水平的物流管理，建设新型物流配送中心就成了一句空话。作为一种全新的物流运作模式，其管理水平必须达到科学化和现代化，通过科学合理的管理制度、现代的管理方法和手段，才能确保新型物流配送中心的功能和作用的发挥。

（三）配送中心的类别

1. 按配送中心的经济功能分类

（1）供应型配送中心。

供应型配送中心是专门向某个或某些客户供应货物，充当供应商角色的配送中心。

（2）销售型配送中心。

销售型配送中心是以销售商品为主要目的，以开展配送活动为手段而组建的配送中心。

（3）储存型配送中心。

储存型配送中心是充分强化商品的储备和储存功能，在充分发挥储存作用的基础上开展配送活动的配送中心。

（4）加工型配送中心。

加工型配送中心的主要功能是对商品进行清洗、下料、分解、集装等加工活动，以流通加工为核心开展配送活动。

2. 按运营主体的不同分类

（1）以制造商为主体的配送中心。

（2）以批发商为主体的配送中心。

（3）以零售商为主体的配送中心。

（4）以物流企业为主体的配送中心。

（四）配送中心的作用与特征

1. 配送中心的作用

（1）使供货适应市场需求变化。

（2）实现储运的经济高效。

（3）实现物流的系统化和专业化。

（4）促进地区经济的快速增长。

（5）完善连锁经营体系。

2. 配送中心的主要特征

（1）配送反应速度快。新型物流配送中心对上、下游物流配送需求的反应速度越来越快，前置时间越来越短。在物流信息化时代，速度就是金钱，速度就是效益，速度就是竞争力。

（2）配送功能集成化。这主要是指将物流与供应链的其他环节进行集成，如物流渠道与商流渠道集成、物流功能集成、物流环节与制造环节集成、物流渠道之间的集成。

（3）配送作业规范化。强调物流配送作业流程和运作的标准化、程序化和规范化，使复杂的作业简单化，从而大规模地提高物流作业的效率和效益。

（4）配送服务系列化。强调物流配送服务的正确定位与完善化、系列化，除传统的配送服务外，在外延上扩展物流的市场调查与预测、物流订单处理、物流配送咨询、物流配送方案、物流库存控制策略建议、物流货款回收、物流教育培训等系列服务。

（5）配送目标系统化。从系统的角度统筹规划一个整体物流配送活动，不追求单个物流最佳化，而追求整体物流活动最优化，使整个物流配送达到最优化。

（6）配送手段现代化。使用先进的物流技术、物流设备与管理为物流配送提供支撑，生产、流通和配送规模越大，物流配送技术、物流设备与管理就越需要现代化。

（7）配送组织网络化。有完善、健全的物流配送网络体系，物流配送中心、物流节点等网络设施星罗棋布，并运转正常。

（8）配送经营市场化。物流配送经营采用市场机制，无论是企业自己组织物流配送还是社会物流配送，都实行市场化。只有利用市场化这只看不见的手指挥调节物流配送，才能取得好的经济效益和社会效益。

第七节　物流信息

发展物流的关键是实现物流信息化，真正意义上以客户为中心，实现物流、信息流、资金流的高度统一。物流与信息的关系非常密切，物流从一般活动成为系统活动有赖于信息的作用，如果没有信息，物流则是一个单向的活动，只有靠信息的反馈作用，物流才能成为一个有反馈作用的，包括输入、转换、输出和反馈四大要素的现代系统。

一、物流信息的概念和特征

（一）物流信息的概念

我国国家标准《物流术语》（GB/T 18354—2021）中对物流信息的定义是："反映物流各种活动内容的知识、资料、图像、数据的总称。"物流信息是现代物流区别于传统物流的关键所在。随着商品经济的发展，现代物流业务要面对变化万千的市场信息，这其中包括：许许多多的供、需方客户，他们的供应或需求资料要进行配套对接，品种繁多的存货的识别与动态反应，对发到天南海北的运输车辆的跟踪调拨等，都需要运用物流信息手段进行处理，也是前述各种功能要素发挥作用的必要前提。现代物流通过信息功能，实现了对供应商、批发商、零售商各类企业信息的连接，从而使现代物流成为一种"供应链"管理。

（二）物流信息的特征

与其他信息相比较，物流信息的特殊性如下。

1. 物流信息量大、分布广、跟踪性强

由于物流是一个大范围内的活动，物流信息源也分布于一个大范围内，所以物流信息伴随着物流活动而大量产生，多品种少量生产、多频度小数量配送使库存、运输等物流活动的信息大量增加。随着企业间合作的进一步增强和信息技术的发展，物流的信息量将会越来越大。

物流信息时间跨度和空间跨度一般都很大，即物流信息的产生、加工、传播和应用在时间、空间上不一致，方式也不同，导致物流信息量大且分布很广。

物流信息要能够及时提供有关物流活动的进行情况，如使用货物跟踪系统对货物进行跟踪，可以及时了解货物的状况。

2. 物流信息动态性强、实时性高、更新速度快

由于物流的各种作业活动频繁发生，物流信息的动态性增强，这就对物流信息的更新速度提出新要求，即随着物流信息价值衰减速度的加快，信息的即时性增强，这就要求物流信息更新速度越来越快，它不仅体现在物流信息的定期更新方面，甚至要求物流信息的实时在线更新。物流信息处于不断变化的物流运作环境中，动态性极强，导致物流信息的价值衰减速度快、时效性强。这一特点对信息管理的及时性和灵活性提出了很高的要求。

3. 物流信息种类多

物流信息种类多表现在不仅系统内部各个环节有不同种类的信息，而且物流系统与其他系统（如生产系统、供应系统）密切相关，随着企业间信息交换和共享的深入，信息来源会更加复杂多样，因而必须搜集这些物流系统外的有关信息。这一特点使物流信息的搜集、分类、筛选、统计、研究等工作的难度增加。

4. 物流信息具有开放性

物流信息的开放性即物流信息的存在受到环境因素的影响。环境中不断有新的情况发生，产生新的信息，它们再和系统内的信息进行交换。系统从环境中取得信息，接受环境的影响，同时也输出信息，从而影响环境中的其他系统。

5. 物流信息趋于标准化

企业间的物流信息一般采用 EDI 标准，企业内部物流信息也拥有各自的数据标准。随着信息技术的成熟，企业物流信息系统的内外部信息标准逐步统一，这样不仅简化了企业物流信息系统的开发，而且功能也更强大。

拓展阅读

1. EDI 相关代码标准

由 EDI 基础标准（主要包括 EDIFACT 基础标准和开放式 EDI 基础标准）、EDI 代码标准（主要包括管理、贸易、运输、海关、银行、保险和检验等各行业的代码标准）、EDI 报文标准（主要包括海关报文标准，账户报文标准，退休金、卫生、社会保障、统计、通用运输、集装箱运输、危险品、转运以及各种商业报文标准等）、EDI 单证标准（主要包括各式各样的贸易单证标准，如管理、贸易、运输、海关、银行、保险、检验等单证标准）、EDI 网络通信标准（主要包括用于 EDI 的各种通信规程和网络协议）等组成。除以上标准外，还有 EDI 管理标准、EDI 应用标准以及 EDI 安全保密标准等。

2. 条码技术标准

条码是由一组规则排列的条、空组成的符号，可供机器识读，用以表示一定的信息，包括一维条码和二维条码。条码的应用范围非常广泛，几乎在所有自动识别领域都可以应用，应用最广泛的是商业领域。目前，我国已经有四万多家企业申请使用条码，有五十多万种产品使用条码标识。在工业发达国家，条码在电子商务中的应用已经相当普及。

条码技术标准主要包括条码规则、条码设备、条码检测方法和条码应用等方面的内容。我国已经发布了《条码系统通用术语、条码符号术语》《条码符号印刷质量的检验》《三九条码》《库德巴条码》《通用商品条码》《通用商品条码符号位置》《中国标准书号（ESBN 部分）条码》《417 条码》等国家条码标准。

3. GPS 相关代码标准

GPS 相关代码标准主要由以下几部分构成：《地理格网代码》（GB/T 12409—1990）、《地理点位置的纬度、经度和高程的标准表示法》（GB/T 16831—1997）、《1∶500　1∶1 000　1∶2 000 地形图要素分类与代码》（GB/T 14804—1993）、《1∶5 000　1∶10 000　1∶50 000　1∶100 000 地形图要素分类与代码》（GB/T 15660—1995）等。

二、物流信息的分类

（一）依据信息产生和作用的领域分类

按照这一标准，物流信息可分为物流活动所产生的信息和其他信息源产生的供物流使用的信息。一般而言，在物流信息工作中，前一类是发布物流信息的主要信息源，其作用是不但可以知道下一个物流循环，还可以提供于社会，成为经济领域的信息。后一类信息是信息工作收集的对象，是其他经济领域、工业领域产生的对物流活动有作用的信息，主要用于指导物流。

（二）依据物流的活动范围分类

根据物流的活动范围，物流信息一般由物流系统内信息和物流系统外信息两部分组成。

物流系统内信息是伴随物流活动而发生的信息，包括物料流转信息、物流操作层信息、物流控制层信息和物流管理层信息等，具体有运输信息、储存信息、物流加工信息、配送信息、定价信息等；物流系统外信息是指在物流活动以外发生，提供给物流活动使用的信息，主要包括供货人信息、客户信息、社会可用运输资源信息、交通和地理信息等。实际上物流各个分系统、各不同功能要素领域，由于物流活动性质有所区分，信息也有所不同，按这些领域分类，有采购供应信息、仓库信息、运输信息等，甚至更细化，分成集装箱信息、托盘交换信息、库存量信息、汽车运输信息等。

（三）依据物流信息的内容分类

物流信息的内容还可以分为狭义物流信息与广义物流信息。

从狭义范围来讲，物流信息是指与物流活动（如运输、保管、包装、装卸、流通加工等）有关的信息。

从广义范围来看，物流信息不仅指与物流活动有关的信息，而且指与其他流通活动有关的信息，如商品交易信息和市场信息。广义的物流信息不仅能起到连接整合生产企业，经过批发商和零售商，最后到消费者的整个供应链的作用，而且能在应用现代先进信息技术的基础上实现整个供应链活动的效率化。

三、物流信息的作用

目前，关于物流信息作用的认识以中枢神经功能和支持保障功能最为典型。

（一）物流信息是物流系统整体的中枢神经

将物流信息比作中枢神经，是因为信息流经收集、传递后，成为决策依据，对整个物流活动起指挥、协调、支持和保障作用，具体如下。

1. 沟通联系、引导和协调的作用

物流信息是沟通物流活动各环节之间联系的桥梁。物流系统是由许多个行业、部门以及众多企业群体构成的经济大系统，系统内部正是通过各种指令、计划、文件、数据、报表、凭证、广告、商情等物流信息，建立起各种纵向和横向的联系，沟通制造商、批发商、零售商、物流服务商和消费者，满足各方的需要。

物流信息随着物资、货币及物流当事人的行为等信息载体进入物流供应链中，同时信息的反馈也随着信息载体反馈给供应链上的各个环节，依靠物流信息及其反馈可以引导供应链结构的变动和物流布局的优化；协调物资结构，使供需之间达到平衡；协调人、财、物等物流资源的配置，促进物流资源的整合和合理使用等。

2. 辅助决策、支持战略计划分析的作用

物流信息是制定决策方案的重要基础和关键依据，物流管理决策过程本身，就是对物流信息进行深加工的过程，是对物流活动的发展变化规律认识的过程。物流信息可以协助物流管理者鉴别、评估经比较物流战略和策略后的可选方案，如车辆调度、库存管理、设施选址、资源选择、流程设计以及有关作业比较和安排、成本-收益分析等均是在物流信息的帮助下才能作出的科学决策。作为决策分析的延伸，物流战略计划涉及物流活动的长期发展方向和经营方针的制定，如企业战略联盟的形成、以利润

为基础的客户服务分析以及能力和机会的开发和提炼等。作为一种更加抽象、松散的决策，它是对物流信息进一步提炼和开发的结果。

(二) 物流信息是物流系统整体的支持保障

1. 管理控制的作用

物流信息具有支持和保障功能，是因为物流信息对所有的物流活动起到支持作用，没有这种支持，物流设备、设施再好，也很难正常运转。如果只有这种支持，而没有物流本身的技术水平和管理水平，物流活动也不会达到高水平。如通过移动通信、计算机信息网、电子数据交换（EDI）、全球定位系统（GPS）等技术实现物流活动的电子化（货物实时跟踪、车辆实时跟踪、库存自动补货等），用信息化代替传统的手工作业，实现物流运行、服务质量和成本等的管理控制。只有支撑体和本体都正常，才会有整体的完善。

2. 价值增值的作用

物流信息对物流活动还有决定效益的作用。物流系统的优化，各个物流环节的优化所采取的办法、措施（如选用合适的设备、设计最合理路线、决定最佳库存储备等），都要切合系统实际，也就是说，都要依靠准确反映实际的物流信息。物流信息对提高经济效益起着非常重要的作用。如为了应付需求波动，只要知道在供应链中什么时候、什么地方、多少数量的货物可以到达目的地，就可以发现供应链上的过多库存并进行缩减，从而缩短物流链，提高物流服务水平和经济效益。

一方面，物流信息本身是有价值的，而在物流领域，流通信息在实现其使用价值的同时，其自身的价值又呈现增长的趋势，即物流信息本身具有增值特征。另一方面，物流信息是影响物流的重要因素，它把物流的各个要素以及有关因素有机地组合并联结起来，以形成现实的生产力和创造出更高的社会生产力。同时，在社会化大生产条件下，生产过程日益复杂，物流诸要素都渗透着知识形态的信息，信息真正起着影响生产力的现实作用。企业只有有效地利用物流信息，投入生产和经营活动后，才能使生产力中的劳动者、劳动手段和劳动对象形成最佳结合，产生放大效应，使经济效益出现增值。

▲ 拓展阅读

现代物流区别于传统物流的特征是信息化与网络化。信息化贯穿于海尔物流发展的全过程。在资源重组阶段，海尔实施了 ERP 系统。在供应链管理阶段，海尔建立了 B2B 采购平台，并建立起与集团 CRM 系统的无缝接口。在物流产业化阶段，海尔实施了大物流 LES 系统。

海尔物流中心包括原材料、成品两个自动化物流系统，采用了激光导引、条码识别、无线数字通信、红外通信、智能充电、工业控制、现场总线和计算机网络等国际先进技术，成功集成了具有国际先进水平的工业机器人、巷道堆垛机、环行穿梭车、激光导引车、摄像及语音监控等先进的自动化物流设备。该系统对原材料和成品自动化仓储与收发的全过程实施完全的控制、调度、管理和监控，并与海尔集团的 ERP 系统实现了信息集成，以最少的人机接口实现了最大的物流自动化。

海尔在对企业进行全方位流程再造的基础之上，依托强大的全球配送网络，利用先进的信息技术与物流技术，打造现代物流体系，实现了物流全过程的精细化管理，使企业的运营效益发生了奇迹般的变化：提高了效率，降低了成本。海尔通过实施现代物流，保证了集团的高速增长，实现了采购成本持续环比降低 6％以上，仓储面积减少 90％，原材料库存资金周转天数降低 77％，物流成本下降 10％～15％，整个供应链的运作费用下降 10％～25％，实现了"两个高三个零"，即高速度、高效率以及零库存、零运营成本和与顾客的零距离。

四、物流信息技术

信息技术在不断地快速更新，用于物流活动的主要有以下几种。

（一）识别记录技术

识别记录对物流活动非常重要。以前，识别记录只能靠人工编目、记账等方式，其速度和准确性很难保证。目前广泛使用的条形码技术、电子扫描识读技术把这些繁杂的劳动变成了轻而易举的事情，不但提高了作业效率，而且提高了作业的精确性。

（二）通信传输技术

最早的通信传输手段是邮递，现在大量使用电话、电传等技术。但是这些技术对物流活动的使用都不是那么有利，因为物流活动的特点，一般表现为非常分散的运动状态。我们知道，运输的特点是点多、面广、流动、分散，信息的发射点与接收点往往随着物流实际活动出现不同地点的变动。移动电话的出现，使运输车辆的驾驶员能够接收物流中心调度员的指示。但是，有时车辆驾驶员都无法确定自己所在的地理位置，这对物流调度中心来说，仍然是处于失控状态。

最新的信息技术是卫星通信，卫星通信技术已大量地被物流活动所利用。环绕地球上空的卫星不断地接收来自发射点的信号，并反射给指定的接收点，可以根据需要报告发射点所在位置周围的所有信息。如运输车辆安装了信号接收设备，物流中心的调度员可以与车辆驾驶员进行联络，调度员可以下达最新的调拨指示，还可以了解车辆所在位置周围的情况，如果发生交通堵塞，指示车辆改变行车路线等。

(三) 电脑网络技术

在当今社会，电脑几乎无所不在，由它们构成的网络世界也给物流信息的传输和管理带来了极大的便利。

● 本章小结 ●

物流活动是指包括运输、仓储、包装、装卸搬运、流通加工、配送和物流信息等在内的诸多功能要素的总称。以上这些基本活动反映出物流活动是一个有机整体，在对物流各功能要素的定义、特征、种类等基本知识分析的基础上，对各功能要素合理化的内容进行详细的分析，提出实现各功能要素合理化的方法和途径。

运输是使物品发生空间移动的物流活动。对运输方式的选择要依据货物的性质、运输时间、交货时间、运输成本等多个要素来综合考虑。注重运输合理化，消除空车无货载行驶以及提高运输工具实载率是目前最为紧迫的任务之一。

仓储在物流中占有核心的地位，起着重要的作用。物流活动是仓储的本质属性。仓储就是对商品进行储藏和管理。要运用科学的方法，实现仓储的合理化。

包装是一个重要的行业。包装具有保护物品、方便流通和消费以及促销的功能。随着经济的发展和销售竞争的不断加剧，要注意科学包装，防止包装不足、包装浪费和包装过剩。包装材料目前仍以纸制品为主。包装合理化的核心在于实现包装的绿色化，即用料省、能回收、可降解。

在整个物流过程中，装卸搬运是伴随着运输和储存而在一个小的范围不断出现和反复进行的。装卸搬运作为一种附属性、衔接性的活动，其合理化的重点在于防止无效装卸搬运和充分利用集装化原则。装卸搬运是影响物流效率、决定物流成本的重要环节。

流通加工是流通中的一种特殊形式，也是现代物流的主要环节和重要功能之一。流通加工能够实现方便流通、方便运输、方便储存、方便销售、方便客户以及物资充分、综合利用的目的。流通加工是区别于一般生产加工的。

配送一般处在物流末端，是直接面对客户提供服务的环节，具有提高物流经济效益、优化、完善物流系统，改善物流服务，降低物流成本等功能。备货、理货和送货是组成配送完整过程的三个基本环节，配送是一种综合服务。共同配送是实现资源有效利用的合理配送形式，是我国配送业发展的方向。

发展物流业，关键是实现物流信息化。物流信息，是对整个物流活动起保障作用的要素。伴随着高度发达的信息技术在物流领域的推广和应用，物流运作形式和运作的效率也将发生很大的变化。物流信息系统是物流系统的神经中枢，是物流信息管理的主要工具和手段，是整个物流活动顺利进行所不可缺少的条件，具有战略意义。

● 关键概念 ●

运输　运输合理化　仓储　仓储合理化　装卸搬运　配送　配送中心　流通加工
物流信息

● 讨论及思考题 ●

1. 物流的基本活动包括哪些方面？哪些是主要的活动？
2. 请举例说明应该如何选择运输手段。
3. 如何理解仓储在现代物流系统中的地位和作用？
4. 配送包括哪几个作业环节？如何实现配送合理化？
5. 流通加工与生产加工有什么区别？

● 练习题 ●

一、单项选择题

1. 在仓储合理化的实施中，实施重点管理，又称为（　　）。

　　A. 先进先出法　　　　B. ABC 分类法　　　C. 加速周转法　　　D. 仓容利用法

2. 实现包装合理化的关键是（　　）。

　　A. 更新包装方法　　　B. 选好包装材料　　　C. 增加包装层次　　　D. 包装技术的改进

3. 将节点中已按客户要求配好的货物分送给各个客户的运输，称作（　　）。

　　A. 干线运输　　　　　B. 支线运输　　　　　C. 集货运输　　　　　D. 配送运输

4. 下列属于按被装物的主要运动形式分类的为（　　）。

　　A. 垂直装卸和水平装卸　　　　　　　　B. 散装货物装卸

　　C. 单件货物装卸　　　　　　　　　　　D. 集装货物装卸

5. 根据（　　），物流信息一般由物流系统内信息和物流系统外信息两部分组成。

　　A. 物流信息产生和作用的领域　　　　B. 物流信息的内容

　　C. 物流的活动范围　　　　　　　　　　D. 物流信息的作用

二、多项选择题

1. 组织物流运输工作应该坚持的基本原则是（　　）。

　　A. 及时　　　　　　　　B. 准确　　　　　　　　C. 经济

　　D. 安全　　　　　　　　E. 信息

2. 仓储合理化的主要标志除了质量标志以外，还有（　　）。

　　A. 时间标志　　　　　B. 数量标志　　　　　　C. 布局标志

　　D. 结构标志　　　　　E. 费用标志

3. 实现流通加工合理化的主要途径有（　　）。

    A. 加工和配送、配套结合　　B. 加工和节约资源相结合　　C. 加工与流通相结合

    D. 加工和合理运输结合　　　E. 加工和合理商流结合

4. 要发展循环经济，建设绿色包装产业，应（　　）。

    A. 包装材料再利用　　　　　B. 反对过度包装　　　　　　C. 多用纸包装

    D. 不用木材包装　　　　　　E. 包装废弃物回收再造

5. 新型物流配送中心的基本条件有（　　）。

    A. 高水平的装备配置　　　　B. 完善连锁经营体系　　　　C. 高素质的人员配置

    D. 高水平的物流管理　　　　E. 完善的信息网络

三、判断题

1. 仓储在物流中的任务主要是解决产品在空间和时间上的位移问题。（　　）

2. 搬运是在同一地域的小范围内发生的，而运输则是在较大范围内发生的。（　　）

3. 库存是判定配送合理与否的重要标志，只要注意库存总量就可以实现配送的合理性。（　　）

4. 流通加工与生产加工在加工的难度上没有什么区别。（　　）

5. 物流信息是影响物流的重要因素，但物流信息本身是没有价值的。（　　）

四、案例分析题

李宁公司在物流方面的"独家秘籍"

    国际著名品牌耐克在中国的物流分拨时间是 7 天，而李宁公司的物流分拨时间只有 4 天半，李宁公司优秀的物流绩效由此可见一斑。李宁公司在物流方面拥有更胜一筹的"独家秘籍"，那就是在物流运输服务、仓储配送、物流信息化上都擅长打组合拳。

1. 寻找最适合的物流商并科学管理

    在选择物流公司时，国内的很多企业总是相信大型物流公司。而李宁公司不找最大的物流公司，只找最适合的。

    李宁公司选择的物流服务商都是一些中等规模的物流公司或运输公司。李宁公司认为，大的物流公司可能有更大的客户，如果自己在行业里排第二，那么肯定会有更大的客户排在前面，大客户的受重视程度肯定要比自己高。有了这种思考之后，李宁公司转变思路，开始选择一些中等规模的物流运输公司作为合作伙伴。这样，李宁公司的货物备受重视，物流公司在服务上尽心尽力。同时，李宁公司在物流承运合同中加了一条：无论发生什么情况，李宁公司的货物首先发。

    在确定承运商之后，李宁公司还非常重视对承运商的动态管理，并对其进行绩效考核、末位淘汰和追踪控制。

李宁公司的承运商和物流代理公司都必须接受严格的绩效考核。公司共有 5 个考核指标，分别是准时提货率、及时正点率、货损货差率、服务态度和完美回单率。针对专线承运商，李宁公司物流部会亲自监控每一个指标的完成情况，而对代理公司则进行整体考评。

所有物流承运商都要将其信息管理系统与李宁公司物流部的管理系统进行对接，通过该系统及时反馈运输监控信息。物流承运商必须每天上报报表，包括货单号、提货时间、发货时间、在途时间、长途运输中不同地点的报告和事故分析原因等。与此同时，李宁公司物流部设有运输追踪机构，专门负责电话追踪经销商、专卖店，把自己得到的信息与承运商反馈的数据统一做成一个文件，形成承运商在一个月的编程。参照这些编程，李宁公司每个月都会给承运商打分，每个季度集中一次，把数据报表向承运商公布，要求其针对不足限期整改。

依靠这种严格的动态管理制度，承运商的服务水平不断提高。现在与李宁公司合作的承运商不仅有招标入围的，还有曾经被淘汰后又提高自身水平再次得到李宁公司认可的。而李宁公司的货物运输在业内也受到广泛的赞许，赢得了广大经销商的信赖。只要货款到账，货物就一定会安全正点送到。

2. 整合储运统一分拨

李宁公司在全国共有两个一级配送中心：一个位于北京五里店，总面积 2.5 万平方米，负责长江以北地区的产品配送；另一个在广东三水，面积 1.2 万平方米，负责长江以南地区的产品配送。全国共有 13 个分公司，各自下辖的仓库是二三级配送中心。集中起来，李宁公司的仓储面积共有 5 万平方米左右。

为了集中网络优势促销售，李宁公司一边把全国 13 个分公司的物流储运部整合起来，设物流中心进行统一管理，一边推行按销售地入仓的做法。按销售地入仓，就是产品出厂后直接送到相应销售地的配送中心，然后通过分拣分销出去，而不再走以前通过生产地的仓库再进入配送中心的路线。

这种新做法试行一年之后，已经达到了三个目标：一是在广东生产的产品，一部分发北京，一部分到三水，分拨距离短、速度快。二是由于减少了运送环节，不仅成本降低了，而且在接到订单后，货物在 36 小时内可到达所有的门店，对当地的销售反应非常及时。三是整车运输的成本低于零散运输的成本，按销售地点入仓所耗费的运力实际上等同于做批发的车辆运力。由于大部分里程都是长途干线运输，因此整车价格比小批量送到门店的成本要低得多。

3. 依靠科技提升仓储水平

和其他生产企业一样，李宁公司也曾一度面临这样的现实问题：减少库存可以在很大程度上减少成本，然而减少库存要在保证安全库存量的前提下进行，即配送中心必须有一定的储存量。在"门到门"的配送还不能完全实现的情况下，不能要求经销商和专卖店担负起仓储的责任。此外，城市对交通运输的管制，也使大型车辆在特定时间内不能直接配送到门店。

因此，李宁公司决定以没有原料库、成品库为目标，在可控范围内压缩库存时间。经过一段时间试行，在反思了整个物流过程的各个指标之后，李宁公司发现其货物拣配时间比不上第三方物流公司。主要原因是李宁公司在国内市场上推出新品的频率很高，现在已有2万种不同款式、色码的鞋、帽、便装、套服等。在货物拣配时，要首先分清产品大类，然后再根据不同的款式、色码上架。另外，配送中心既做批发又做零售，选配货物要不断拆箱，这些都给货物分拣带来了难度。

于是，李宁公司投资改造了仓库，而且在改造过程中非常注重细节。比如为了选择合适的货架，相关人员几乎考察了所有的货架类型。他们先对货品进行了属性分析，然后请来5家货架厂家，根据货品属性制订不同的方案，前后修改了一个月才最终作出决定。如今走进李宁公司的仓库，人们会惊奇地发现，不同的货架在仓库里按照不同的发货需求和货品属性依次排开，成为一道独特的风景。

为加速货物运转，李宁公司继续上马新的信息系统，以实现三个目标：加快物流分拨和配送速度，降低成本；提高分拣准确性，将从收到订单到货物出库的时间大幅度压缩；进一步节省仓储面积，增加库容。经过一系列升级改造之后，李宁公司仓储分拣的各个环节被打通，新的信息系统使李宁公司的物流更加畅通，信息传递更加快捷高效。

资料来源：找法网．（2019-06-21）[2023-03-28]．https://china.findlaw.cn/info/wuliu/wlal/20110311/230855.html.

分析讨论：

通过这个案例，你对物流的基本活动是否有了大致了解？对你有什么启发？

第三章
CHAPTER 3

物流网络

学习目标

> 重点掌握：物流网络的构成和物流线路与物流节点的作用。

> 掌握：物流节点的分类。

> 了解：网络物流的特点与物流网络规划的步骤。

引导案例

2017年阿里巴巴集团宣布，为进一步推进新零售战略，将增持旗下菜鸟网络的股份，并将在已投入数百亿元的基础上，继续投入1000亿元，加快建设全球领先的物流网络，实现国内24小时、全球72小时必达，为全球消费者提供最好的物流体验，并进一步推动我国社会物流总成本的降低。

阿里巴巴表示，未来1000亿元投入除了继续投资数据技术等领域的研发外，还将主要用于和物流伙伴共同推进智能仓库、智能配送、全球超级物流枢纽等核心领域建设，对于物流网络的建设将继续轻重有度，以解决客户问题、提升社会物流效率为目标。

阿里巴巴集团相关负责人表示："我们将为全球消费者提供普惠、极致的物流体验。对菜鸟的增持和持续加大在物流领域投资，体现出阿里巴巴致力于提供给用户最好物流体验的决心。随着新零售战略的推进，阿里巴巴将更大程度上加强生态中的商业和物流能力，在物流关键领域加大投入，打造服务于中国乃至全球的高效物流网络。我们将继续加深和物流合作伙伴的合作，共同致力于新的目标。"

菜鸟网络成立几年来，推动以电商物流为代表的中国物流业取得了根本性变化，全行业智慧化水平大幅提升。随着以电商为主的商业形态蓬勃爆发，整个中国社会的物流总成本占 GDP 比例，从 2013 年的 18％下降了 3 个百分点，到 2016 年的 14.9％。这是一个令人瞩目的巨大历史进步。

除了外界公认的数据、智能能力，菜鸟网络还用几年的时间在关键节点投资并组建了数百万平方米的智能仓库等物流基础设施，通过和物流合作伙伴协同合作，组建了一张全球智能仓配网络，让更多企业享受到以往只能有大企业专享的多地分仓、就近配送服务。菜鸟还和合作伙伴共同投资建设了遍布全国的超级机器人仓、智能分拨节点等智慧物流设施。这张网络的服务能力已经在全球处于领先地位，每年数亿消费者享受到了统一标准的便捷高效物流服务。

思考： 什么是物流网络？为什么阿里巴巴这么重视物流网络呢？

第一节　物流网络概述

一、物流网络的内涵

物流的过程，如果按其运动的程度即相对位移大小观察，它是由许多运动过程和许多相对停顿过程组成的。我国国家标准《物流术语》（GB/T 18354—2021）中对物流网络的定义是："通过交通运输线路连接分布在一定区域的不同物流节点所形成的系统。"全部物流活动是在线路和节点进行的。其中，在线路上进行的活动主要是运输，包括：集货运输、干线运输、配送运输等。物流功能要素中的其他所有功能要素，如包装、装卸、保管、分货、配货、流通加工等，都是在节点上完成的。

货物流动中的这些储存和运输活动只是整个物流系统的一部分。此外，还有信息流动网络。信息网络中的链由从一地到另一地信息传输所敷设的线路构成，以邮件或电子方法表现。信息网络中的节点则是不同的数据采集点和处理点，如进行订单处理、准备提单的员工或更新库存记录的计算机。从抽象概念看，信息网络和产品流动的网络非常相似，都可以视为节点和链的集合。然而，两者最主要的区别在于产品大多是沿分销渠道顺流而"下"（流向最终消费者），而信息流更多的是双向沟通的。

实体产品物流网络和物流信息网络结合在一起，就形成了完整的物流网络。在现代物流业发展中，物流网络起着十分重要的作用，它沟通和联系国家之间、地区之间以及企业之间的"物"（包括有形的实体和无形的服务）的流动。毫无疑问，任何一个国家、地区或物流企业都需要相应的物流网络作为其未来发展的支撑。

实体网络与信息网络是相互影响、有机联系的。如信息网络的设计将会影响物流系统的订货周期，进而影响产品网络各节点间保有的库存水平。库存的可得率会影响客户服务水平，进而影响订货周期和信息网络的设计。同样，其他各因素之间的相互依赖也要求从整体的角度看待物流系统，而不是将其分开考虑。

二、物流网络的特性

（一）网络经济特性

网络经济学认为，任何网络都具有一个基本的经济特征：连接到一个网络的价值取决于已经连接到该网络其他人的数量。也就是说，其他条件不变，连接到一个较大的网络优于连接到一个较小的网络。如果一个物流企业的客户数量足够多，物流网络规模足够大，它显然是潜在客户的首选。网络经济特性还导致了物流产业内强大的正反馈现象，强者越强，弱者越弱。事实上，并不是所有的物流企业都能在激烈的市场竞争中取胜或存活。物流网络强的企业将吸引越来越多的客户加入，进而变得更加强大，在竞争中取得明显的优势地位。

物流运输网络越大，可以为客户提供的仓储、运输及其他增值服务就越多。一方面，巨大的生产规模将降低企业的平均运营成本；另一方面，该网络也将吸引更多的潜在客户，企业因此会占据足够大的市场份额。

（二）规模效果特性

物流运输网络必须具有一定的规模，才能发挥物流网络的规模效果。物流运输网络具有规模效果特性，具体如下。

1. 运输网络幅员经济

运输是地理空间上的活动，运输网络在空间幅员上的规模越大，线路越长，网点越多，其服务覆盖的区域范围就越大。从运输网络的幅员大小看，物流企业具有经营线路越长或网络覆盖区域越大，单位运输成本越低的效果。

2. 线路通过密度经济

从运输线路的通过密度看，具体运输线路上具有物流运输量越大，该线路的单位物流运输成本越低的效果。如一条铁路从开始修建时的单线到复线以至多线，牵引动力也从蒸汽机车到内燃机车再到电力机车，加上行车指挥技术的不断进步，其通过能力也从起初的上百万吨到几百万吨、几千万吨甚至上亿吨，运输能力越来越大，效率越来越高，平均成本则不断降低。公路、管道和水运航线等也具有类似的现象。

3. 载运工具能力经济

从单个运输设备的载运能力（如列车牵引重量、车厢容积、飞机客座数或轮船载重吨位等）看，则具有载运能力越大，其单位运输成本就越低的效果。目前的趋势是载运工具越造越大，400座以上的大型客机、万吨货物列车和驳船队、30万吨矿石船、50万吨油轮、6 000TEU～8 000TEU的集装箱船都已经是平常之物。

4. 车（船、机）队规模经济

运输企业拥有的车（船、机）队中，车（船、机）的数量越多，车队的规模越大，经营效率就越高或单位运输成本就越低。如飞机的规模既与在航线上所能提供的服务频率有关，又与保持合理的维修队伍及合理的零部件数量有关。有数据表明：在只有一架客机单独使用时所需储备的零部件数量相当于飞机价值的 50%，而当拥有 10 架相同客机时所需要储备的零部件数量仅相当于飞机总价值的 10%。

5. 港站（或枢纽）处理能力经济

港站的处理能力经济表现为，港站处理的客货发到与中转数量或处理的载运工具发到、中转、编解和配载数量越大，单位成本就越低。目前，在世界上不难找到每年发送数千万人次的机场、接卸十几万吨位或几十万吨位货轮的码头、吞吐 1 000 万 TEU 以上集装箱的港口、每天处理上万辆车皮的铁路编组站或几千吨货物的公路零担转运中心。枢纽的能力必须与整个网络相协调，在能力不足的情况下，枢纽决定或限制了网络系统的整体能力；反过来说，枢纽的规模和能力也是其所在运输网络发展水平的标志。

6. 运输距离经济

从运输距离角度考察，单位运输成本具有随着运距的不断延长而下降的效果。运输成本可分为随运距延长、成比例变化的途中成本和与运距无关的终点成本，运输经济中一直有所谓的"递远递减"规律，特别是终点成本所占比例较高的铁路、水运和航空运输，这一特点更为明显。

第二节 物流实体网络

一个完整的物流实体网络至少由两大部分组成：物流线路和物流节点，如图 3 - 1 所示。

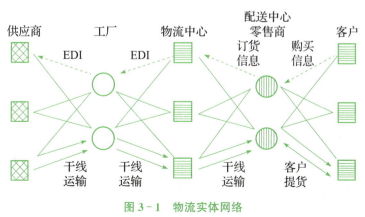

图 3 - 1 物流实体网络

一、物流线路

广义的物流线路是指所有可以行驶和航行的陆上、水上、空中路线；狭义的物流线路仅指已经开辟的，可以按规定进行物流运营的路线和航线。在物流管理领域，物流线路一般指后者。

物流线路有以下几种类型。

（一）铁路线路

铁路线路对物流的运作来讲，主要有以下几种类型：双轨线路、单轨线路；宽轨线路、标准轨线路、窄轨线路；普通线路、快运线路等。不同线路有不同的运营要求，所能够承担的物流服务要求和服务水平也不相同。

（二）公路线路

公路线路的种类是线路里面最多、最复杂的，具体可以分为以下多类：国道、省道、城市道路；高速公路、快速公路、一般公路；货运线路、非货运线路；干线公路、支线公路、连接线公路等。不同的公路能够提供的汽车运行条件不同，对车辆的通过能力和管理方式也不同。

（三）水运线路

水运线路可分为内河航运线路、远洋海运线路、近海海运线路和沿海海运线路四种。上述四种线路的航运条件不同，航运设备也不同，虽然都是水上运输线路，但是它们的功能和作用是有区别的。

（四）空运线路

空运线路是指已经开辟的，能够进行管制、导航、通信等管理的空中航线。

（五）管道线路

管道线路指专门修建的用来运输液体、气体或粉状固体的输送管线。管线可以分为国内管线、国际管线；地面管线、地下管线、高架桥管线；石油管线、天然气管线等多种。

二、物流节点

物流节点是物流网络中连接物流线路的结节之处。物流节点的种类很多，在不同线路上，节点的名称各异。在铁路运输领域，节点的称谓有铁路货运站、铁路专用线货站、铁路货场、铁路转运站、铁路编组站等。在公路运输领域，节点的称谓有公路货场、车站、转运站、公路枢纽等。在航空运输领域，节点的称谓有货运机场、航空港等。在商贸领域，节点的称谓有流通仓库、储备仓库、转运仓库、配送中心、分货中心等。

（一）物流节点的功能

现代物流网络中的物流节点对优化整个物流网络起着重要作用，它不仅执行一般的物流职能，而且越来越多地执行指挥调度和信息神经中枢的职能，是整个物流网络的灵魂所在，因而备受人们的重视。物流节点具有如下功能。

1. 衔接功能

节点将各个物流线路联结成系统，使各个线路通过节点相通而不是互不相干。在物流未能系统化之前，不同线路的衔接有很大困难。如轮船的大量输送线和短途汽车的小量输送线，两者输送形态、输送装备都不相同，再加上运量的巨大差异，所以往往只能在两者之间有长时间的中断后再逐渐实现转换，这就使两者不能贯通。物流节点利用各种技术的、管理的方法可以有效地起到衔接作用。

2. 信息功能

节点是整个物流系统或与节点相接物流的信息传递、收集、发送的集中地，节点的信息功能在现代物流系统中起着重要的作用，也是将复杂的物流诸单元联结成有机整体的重要保证。在现代物流系统中，每一个节点都是物流信息的节点，若干个这种类型的信息点和物流系统的信息中心结合起来，形成了指挥、管理、调度整个物流系统的信息网络，这是一个物流系统建立的前提条件。

3. 管理功能

物流管理设施和指挥机构往往集中设置于物流节点上。实际上，物流节点大都是集管理、指挥、调度、信息、衔接及货物处理为一体的物流综合设施。整个物流系统运转的有序化和正常化、整个物流系统的效率和水平，取决于物流节点的管理职能的实现。

4. 结算功能

物流中心的结算功能是物流中心对物流功能的一种延伸，物流中心的结算不仅是物流费用的结算，在从事代理、配送的情况下，物流中心还要替货主向收货人结算货款等。

5. 需求预测功能

自用型物流中心经常负责根据物流中心商品进货、出货信息来预测未来一段时间内的商品进出库量，进而预测市场对商品的需求。

6. 物流系统设计咨询功能

公共型物流中心要充当货主的物流专家，必须为货主设计物流系统，代替货主选择和评价运输商、仓储商及其他物流服务供应商。国内有些专业物流公司正在进行这项尝试，这是一项增加服务价值、增加公共物流中心竞争力的服务。

7. 物流教育与培训功能

物流中心的运作需要货主的支持与理解，通过向货主提供物流培训服务，可以培养货主与物流中心经营管理者的认同感，提高货主的物流管理水平。将物流中心经营管理者的要求传达给货主，也便于物流中心确立物流作业标准。

（二）物流节点的分类

物流节点的产生和发展，是社会分工深化和协作加强的结果，其目的在于通过物流节点对物流活动的有效组织实现一定范围内物流运作的高效率和高效益，满足国民经济、地区经济、企业和最终客户的需求。现代物流发展了若干类型的节点，在不同领域起着不同的作用。

1. 按节点的主要功能划分

（1）转运型节点。

转运型节点是处于运输线上的、以接连不同运输方式为主要职能的节点。铁道运输线上的货站、编组站、车站，不同运输方式之间的转运站、终点站，水运线上的港口、码头，空运中的空港等都属于此类节点。一般来说，由于这种节点处于运输线上，又以转运为主，所以货物在这种节点上停滞的时间较短。

（2）储存型节点。

储存型节点是以存放货物为主要职能的节点，货物在这种节点上停滞时间较长。在物流系统中，储备仓库、营业仓库、中转仓库、货栈等都属于此种类型的节点。

（3）流通型节点。

流通型节点是以组织物流为主要职能的节点。现代物流中常提到的物流基地、物流中心、流通仓库、流通中心、配送中心就属于这类节点。

（4）综合型节点。

综合型节点是物流节点中将若干功能有机结合的、有完善设施的集约型节点，能够全面实现两种以上物流的主要功能。这种节点使物流大量化和复杂化，是现代物流节点发展的方向之一。

2. 按节点辐射范围和影响力的大小划分

（1）物流枢纽。

目前关于物流枢纽尚无确切的定义，但在实际中许多地区和城市都把建立物流枢纽型城市作为其城市发展的定位之一。

（2）物流基地。

物流基地也称物流园区，这个概念最早出现在日本。一般认为，物流基地是集约了多种物流设施、具有综合功能和基础作用的特大型物流节点，是集约化、大规模的物流设施集中地和多种物流线路的交汇地。物流基地是整个物流系统的集中信息汇集地和指挥地。

（3）物流中心。

物流中心是介于物流基地和配送中心之间的一种物流节点，其在规模、功能和影响范围方面也介于两者之间。物流中心与配送中心的功能相似，但物流中心的辐射范围大，处理的对象为大批量、少批次、少品种的商品，配送中心则相反。物流中心的上游是工厂，下游是配送中心或批发商，而配送中心的上游是物流中心或工厂，下游是零售店或最终消费者。

（4）配送中心。

配送中心是指商品集中出货、保管、包装、加工、分类、拣选、装货、配送的场所或经营主体。配送中心有自用型和社会化的两种主要类型，其中自用型配送中心有由制造商经营的，也有由零售商经营的，主要是服务于自己的产品销售或自有商店的供货。社会化的配送中心，是由独立于生产者和零售商之外的其他经营者经营的。在现代信息技术手段的支撑下，适应现代物流业专业化、标准化、多功能化发展的要求，一些发达国家的社会化的配送中心近年来发展较快。

第三节　物流信息网络

物流系统是一个多环节的复杂系统，物流系统中各环节的相互衔接是通过信息予以沟通的，基本资源的调度也是通过信息共享来实现的，因此组织物流活动必须以信息为基础。为了使物流活动正常而有规律地进行，必须保证物流信息畅通。物流信息网络就是要将物流信息通过现代信息技术手段使其在企业内、企业间乃至全社会达到共享。物流信息网络如图 3-2 所示。

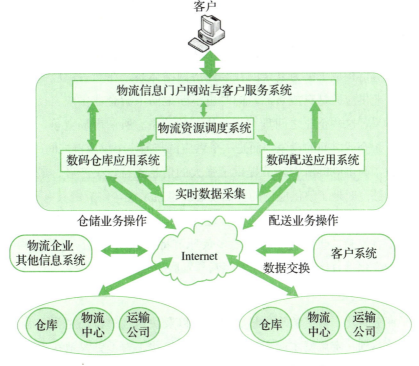

图 3-2　物流信息网络示意图

一、网络时代物流特点

（一）经营全球化趋势

电子商务的出现，加速了全球经济的一体化，使企业的发展趋向多国化、全球化模式。面对全球化竞争激烈的趋势，企业的战略对策之一是专注于自己所擅长的经营领域，力争在核心技术方面领先，对本企业不擅长的业务则分离出去，委托给在该领域有特长的、可信赖的合作伙伴。这种趋势为第三方物流和第四方物流的发展创造了条件。

企业注重核心技术的趋势使物流业务从生产企业分离出来，为物流企业带来了良好机遇；物流企业也必须按照同一原则精心发展自己的业务，提高服务水平，切实保证委托方的利益并建立本企业的信誉。

（二）系统网络化

物流的网络化是电子商务时代物流活动的主要特征之一。当今世界全球信息资源的可用性及网络技术的普及为物流的网络化提供了良好的技术支持，物流网络化必将迅速发展。

完善的物流网络是现代高效物流系统的基础条件。今后数年，全国性物流系统的基础建设如大型物流中心的建设将会有较快发展，现代化的物流配送系统将逐步成熟。

（三）供应链简约化

供应链是指涉及将产品或服务提供给消费者活动全过程的上、下游企业所构成的网络。无数供应链构成了极为复杂的社会经济网络体系。在同一供应链中的所有企业都需要上游企业供应原材料或货品，同时也不断地向下游企业供应自己的产品，形成了递阶式的体系，这些企业之间具有相互依存的关系。所谓市场竞争，实际上不是供应链内部上下游企业之间的竞争，而是一个供应链与另一个供应链之间的竞争。

互联网技术为供应链所有环节提供了强大的信息支持，生产者、最终消费者和中间经营者都能够及时地了解供应链的全部动态。也就是说，供应链具有更高的透明度。在供应链中，任何多余的环节、任何不合理的流程与作业都能被及时发现。特别是互联网提供的信息支持，供应链中原有的多余环节将被消除，供应链将变得更为紧凑，供应链的这种变化将直接影响到企业的经营与发展战略。

（四）企业规模化

在电子商务时代，物流的小批量、多品种以及快速性的特征更为显著，配送的难度更大，必须达到一定规模才能产生相应的经济效益。为了更快地在规模效益方面领先，企业的兼并、联合趋势加强。当然，在选择合伙人时，弱者将被淘汰出局，形成强强联合。企业必须以自己先进的经营模式、高质量的服务和强大的实施能力为依托，寻求合适的合作伙伴；与此同时，企业也可能被其他优秀的企业选为合作伙伴，在联合中不断得到发展。

物流企业面临的竞争是国内外两方面的。一些国营储运公司规模虽大，但存在体制不灵活的问题，一些新型物流公司大多规模偏小。它们需要在竞争中求联合，依据双赢战略选择战略伙伴，以图结成实业联盟，创造规模效益。可以预见，物流企业的强强联合趋势将加强，我国现代化超大型物流企业将出现在社会经济舞台上。

（五）服务一体化

物流系统的复杂化和对物流服务水平的要求越来越高，为第三方物流的发展提供了广阔的市场。物流是服务行业，其服务水平是竞争因素的最重要部分。第三方物流行业最时髦的口号是"提供一体式物流服务"，把客户的物流业务从规划设计到运行管理全部承担下来，在保证成本的条件下，使客户拥有一个高效、通畅的物流体系。

二、物流的网络化

国际互联网的出现为物流企业的发展提供了良好契机。物流信息的跨地区即时传递提供了经济合理的解决方案，使信息流、商流和资金流的处理实现了即时请求、即时完成。网络的应用使物流信息能够以低廉的成本即时传递，通过完善的物流信息管理系统即时安排物流过程，促使物流行业产生了革命性的变化，导致物流行业的升级和物流现代化的实现。

物流信息能够即时甚至提前于物流过程在相关环节中传递，使系统可以收集到足够的信息，提前测算并模拟出最佳的物流线路，指导实际的物流过程，使货物的实际输送过程变得相对自动化，甚至精确化。消除了无效物流和冗余物流，缩短了收货方的等待时间，加上自动化的操作水平和即时的反应速度，使"按需生产、零库存、短在途时间、无间隙传送"成为网络物流的理想状态。如果我们将物流系统比作一条生产线，每个物流过程就像是一道工序，在软件系统的控制之下工作。

在网络物流系统中，起决定作用的不再是物流设施或者设备的处理能力，而是物流信息系统，即在物流过程中进行信息采集、管理、分析和调度，并根据反馈情况及时进行调整的系统。和传统物流相比，网络物流呈现以下特点。

（一）物流节点普遍实行信息化管理

物流连接社会生产、生活的各个部分，使之成为一个有机整体，每个参与物流过程的环节构成物流系统中的一个节点，单个节点的信息化是物流系统信息化的基础。素材经过筛选和加工才能变成有效的信息，信息经过消化吸收才能转化为生产力，信息化管理不仅是广泛利用自动化、机械化设备操作，更重要的是利用自动化设备收集和处理商流、物流过程中产生的信息，对物流信息进行分析和挖掘，最大限度地利用有效信息对物流活动进行指导和管理。

（二）整个系统具有无限的开放性

整个系统构建在开放的互联网上，所有的物流节点都通过公用网络互相连接，和合作节点互换信息，协同处理业务。基于互联网的开放性，节点的数量可以无限多，每个节点可以与其他任何节点发生联系，快速交换数据，某个节点的变动不会影响其他节点，整个系统具有无限的开放性和拓展能力。在传统模式下，节点之间的信息交换受到技术的限制，自动化的信息交换局限在业务合作的双方或有限的几方。信息交换的范围和速度受到制约，也就制约了物资流通的范围和速度。

（三）信息流在整个物流过程中起导引和整合作用

信息流贯穿于商务活动的始终，导引着商务活动的发展。物流是商流的继续，是商务活动中实际的物资流通过程，同样需要信息流的导引和整合。在紧密联系的网络系统中，每个节点回答上游节点的询问，向下游节点发出业务请求，根据上下游节点的请求和反馈提前安排货物输送过程。信息流在物流过程中起到了事前测算流通路径、即时监控输送过程、事后反馈分析的作用。在环环相扣的物流过程中，虚拟的场景和路径简化了操作程序，极大地减少了失误和误差，使每个环节之间的停顿时间大幅降低。

（四）系统具有明显的规模优势

网络将各个分散的节点连接为紧密联系的有机整体，在一个相当广泛的区域内发挥作用。在网络物流中，系统不以单个节点为中心，系统功能分散到多个节点处理，各节点间交叉联系，形成网状结构。大规模联合作业降低了系统的整体运行成本，提高了工作效率，也降低了系统对单个节点的依赖性，抗风险能力明显增强。如果某个节点出现意外，其他节点可以很快替补。

三、物流网络技术的运用与物流网络化的实现

（一）物流信息平台的运用

物流信息平台构筑在国际互联网这一最大的网上公共平台上，具有开放度高、资源共享程度高等优点。通过互联网跨区域来实现整个物流运作过程的信息传递，提供平台与各供应链环节的信息系统无缝结合。

（二）EDI 信息系统的运用

20 世纪 90 年代中期，随着"EDI 中心"增值服务的出现和行业标准逐步发展成通

用标准，加快了 EDI 的应用和跨行业发展。EDI 在贸易伙伴间长期、稳定的供求链中发挥着重要的作用。

信息系统的一体化需要在买方、卖方和第三方物流的许多实体间移动数据和传递指令，传统的 EDI 是大型企业惯用的数据交换工具，但许多企业难以接受其复杂性。随着互联网的兴起，基于互联网的 EDI、XML 等新的工具不断出现，特别是两者的结合具有比 EDI 更好的灵活性，能更容易地在数据库之间迁移信息，从而使一体化过程变得简单化。

（三）网络 GPS 技术的运用

网络 GPS 可以向物流企业提供以下服务：实时监控、双向通信、动态调度、数据存储与分析。

由于网络 GPS 的上述功能优点，它在技术运用上具有了强大优势，有助于物流企业具体业务的开展。各物流运输企业可以充分运用自己的权限，进入网络 GPS 监控界面对车辆进行监控、调度、即时定位等操作。通过使用网络 GPS，物流运输企业不仅能够提高服务质量和管理水平，实施运输全过程动态管理，而且有助于提升企业形象，树立良好的品牌，使企业在激烈的市场竞争中取得成功。

第四节　物流网络规划

物流网络规划是指对物流网络系统发展进行的能动有序的计划设计。物流网络规划是为了更加高效地进行物流活动，它也是现代物流发展的一个方向。物流的迅速扩张和信息技术的发展，使物流网络规划成为可能。

一、物流网络规划的必要性

（1）现代物流网络系统环节众多，涉及面广，许多环节之间还存在"效益背反"现象，这就需要一个全面、系统、综合的物流规划对其进行必要的统筹安排。

（2）物流网络系统的建设投资规模巨大，为防止盲目投资导致的低水平重复，需要以物流网络规划为指导，提高物流网络系统的投资效益。

（3）我国物流业整体水平还不高，要想有一个比较好的发展基础，实现跨越式发展，需要有物流网络规划的有力指导。

二、物流网络规划的内容

物流网络规划包括确定物流设施的类型、数目与位置，设施所服务的客户群体与产品类别，产品在设施之间的运输方式等。物流网络规划必须充分考虑空间和时间两方面的因素。空间方面是指工厂、仓库、零售点等设施选址；时间方面是指保持产品的可得性以迎合客户服务目标，涉及库存政策与运输管理。

现代物流网络中的物流节点对优化整个物流网络起着重要的作用，是整个物流网络的灵魂所在，因而在规划中要受到更多的重视。

拓展阅读

福建泉州某公司线路优化案例

福建泉州某公司提供物流配送线路优化服务（见图3-3），在现有物流节点不变的情况下，通过线路优化，重新调整了配送线路，对87条线路中的14条进行了线路调整，6个地方打破行政区域分隔，项目情况如表3-1所示。

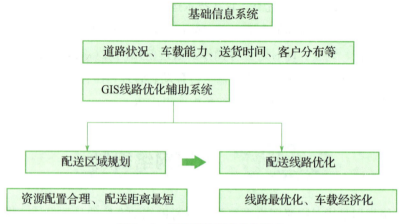

图3-3　物流配送线路优化服务

表3-1　线路优化前后对比

区域	客户数（户）	优化前		优化后		前后对比
		负责直送的物流点	日单车配送距离（km）	负责直送的物流点	日单车配送距离（km）	减少里程（km）
池店、磁灶	728	晋江配送中心	6	清濛配送中心	4	2
诗山	459	南安配送中心	31.9	永春中转站	18.5	13.4
丰洲、霞美	407	南安配送中心	16.3	清濛配送中心	15.2	1.1
官桥	57	南安配送中心	19.1	清濛配送中心	12.6	6.5
英都	28	南安配送中心	22	安溪中转站	17.8	4.2
苏坑	130	永春中转站	20.6	德化中转站	10.2	10.4
合计	1 809	—	115.9	—	78.3	37.6

三、物流网络规划的步骤

物流网络的规划，基本上都是以追求最低物流总成本与最大客户满意度为出发点，同时兼顾成本与服务水平，从整合物流角度来规划整体的物流设施网络。物流网络规划的方法是根据物流设施、存货、运输与服务水平之间的相互关系，找出彼此之间的约束与联系，采用数学的方法与原理，求得最优解。

物流网络规划的步骤一般如下：

第一阶段考虑企业本身的能力与资源状况，利用多目标规划方法产生各种不同组合的解。

第二阶段利用多准则评估方法，加入相关的量化考虑因素，在上述多目标规划所产生的多组可行解中找出最佳的可行方案。

物流网络规划的细化步骤包括：

（1）找出物流网络规划的约束条件。其中约束条件可能包括：总采购、配送及仓储成本；最短运送时间；平均客户服务水平率。

（2）根据约束条件构造物流网络模型。

（3）将物流网络模型转化成数学模型，求出多组可行解。

（4）利用可行的评估方法或准则，对以上求出的多组可行解进行评估，将各可行解进行排序，以选取最适合的规划方案。

第五节　物流中心的规划与建设

一、物流中心的功能

物流中心可以理解为处于枢纽或重要地位，具有较完整物流环节，并能将物流集散、信息和控制等功能实现一体化运作的物流据点。将物流中心的概念放在物流系统化或物流网络体系中考察才更有理论和实践意义，物流系统是分为若干层次的，依物流系统化的对象、范围、要求和运作主体不同，应用其概念的侧重点也就有所不同。

物流功能的绝大部分作业可以在物流中心或以物流中心为基地的延伸服务过程中完成。高层次物流中心应当在区域物流系统化中有效地履行货物集散中心、物流信息中心、物流控制中心的全部功能。

（一）货物集散中心

货物集散中心是物流系统化中物流网络体系的节点，是物流基本功能充分表现的场所。实现普通货物集散的基本物流作业过程需要相应的物流基础设施、设备。

（二）物流信息中心

物流信息中心是物流系统的中枢神经，是沟通物流网络体系运行的血脉，也是进行物流过程调控的前提与基础。物流信息中心可以相对独立于货物集散中心，即不必有货物集散的现场作业条件。要完整地实现这一层次功能，物流信息中心应能够作为连接物流作业现场（包括运输与配送作业中的车辆）与中枢指挥功能的基地，除了一般信息作业手段外，还需要相应的电子数据加工处理设备。

（三）物流控制中心

物流控制中心是使物流各项功能有效协同起来运行的指挥调度和掌握全局服务项目、业务量、服务质量、货物动向、车辆状态、运营成本等的控制机构。物流控制中心是位于货物集散中心、物流信息中心功能之上的最重要的决策智能结构层。物流控制中心能使整个物流过程衔接起来，形成动态管理的企业、区域、全国或国际物流网络体系，进行物流链管理。

事实上，就物流高级化的发展趋势而言，仅有货物集散中心这层功能无法将各个货物集散中心协同起来，实现更大范围的物流系统化。完整意义上的物流中心应当能够将货物集散中心、物流信息中心和物流控制中心各层功能有机结合起来，形成多项物流功能、技术等综合集成的组织管理体系。

二、物流中心的规划

物流中心是服务于区域或社会物流的，而社会物流过程又与资源分布、经济地理、工业布局、运输网络等密切相关。我国地域经济发展很不平衡，政府及主管部门、第三方物流经营者必须根据各地区的社会经济特点，确定物流中心建设与完善的规划方案，以及一定范围实现物流系统化的途径与方式。

（一）物流中心规划的主体

物流中心是物流网络中的节点，更多地体现为道路运输系统的基础结构，也是不同运输方式选择决策的抉择点和协作、协调的结合部。在形成以中心城市为核心的经济圈或区域经济圈的体系中，物流中心有举足轻重的地位和作用；在物流中心的规划、筹建、运营方面直接影响到的不仅是道路运输基础设施运用效率，很多情况下，还与城市规划、经济圈的经济运行有极密切的关系；从区域经济圈形成与运行的角度分析，完整意义上的物流中心已是多学科研究的交叉区和结合部。我国大范围的物流设施规划是由政府主管部门指导、组织制定的。

物流网络、物流中心及物流基础设施的规划与筹资、融资、建设等密切相关。投资主体将向多元化方向发展，民营企业也将成为投资主体之一。此外，还涉及外国资本投入物流基础建设的BOT运作方式等。投资与运营体制反过来也会影响物流设施规划。

不同部门之间在物流中心规划、建设、运营及管理等过程中的观念、认识不协调也会产生许多问题，如物流中心选址建设取得土地使用权的难度很大、土地费用很高；物流中心的信息化、机械化、自动化有很多困难；各行业的企业在物流据点选址上无秩序，在住宅区有大量大型货车通过；物流中心周边交通阻塞、交通事故增加、环境恶化等。上述问题不仅在发达国家中成为严重的社会问题，在发展中国家中也直接影响到可持续发展战略的实施。

（二）物流中心规划涉及的因素

进行物流中心规划时需要考虑以下因素：

（1）区域经济发展背景资料，包括社会经济发展规划，产业布局，工业、农业、商业、住宅布局规划。

（2）交通运输网及物流设施现状，包括交通运输干线、多式联运小转站、货运站、港口、机场布局现状。

（3）城市规划，包括城市人口增长率、产业结构与布局。一些城市的物流中心选择不合适，往往造成主干线通道上交通堵塞、运距过长、能源浪费、车辆空载率增高、调度困难等局面。

（4）环境保护与社会可持续发展。

（三）物流据点的数目与规模

1. 物流据点的数目与服务水准的关系

物流据点的数目少，物流功能比较集中，物流成本一般较低。物流据点多，服务网点分散，集散迅速，物流服务水准一般较高，但物流成本一般也较高。

2. 物流据点的数目与规模的关系

物流据点少，物流功能集中，物流据点的规模较大方能满足物流要求。反之，物流据点数目多，平均物流据点的规模应小一些，以节约投入资本。

3. 物流据点的规模与土地占用的关系

物流据点的规模与土地占用的关系密切。土地面积占用大、征地及建设费用高、需要削减企业物流成本的装配制造业、流通业，其业务所涉及的物流据点布局要合适。

（四）物流据点布局与选址的方法

物流据点布局与选址的常用数学模型主要有：考虑一个或多个物流据点的布局选址模型、考虑运输费用及多个物流据点的布局选址模型等。物流设施选址的数学模型在实际应用中往往只具有理论或实践中的指导意义，法律、法规、规划、土地使用权、物流业务种类、物流设施、筹资能力、交通环境因素、自然条件因素等很难在一个已具规模的中心城市、区域经济圈模型中都体现出来。因此，物流中心布局选址需要将

定性分析和定量分析结合起来进行，或采用综合集成的方法。

三、物流中心的筹建

（一）多方筹资组建

物流系统集约化可以大幅提高物流网络效率，从完整的物流中心职能分析，物流中心经营者应当重视现代高科技特别是信息技术的运用，实现集约化运营。物流中心是具有相当规模的，往往需要较大资金量投入。我国应当取长避短，充分发掘和利用已有的、利用效率尚不高的物流资源，从而大大减少区域物流系统以外的资本投入。区域性物流中心的效益更多地体现为社会经济效益和综合效益，对汽车空驶的减少、道路运用效率的提高、物流费用的降低、货物时间效能的增加等，我国各级政府应予以特别重视，在筹资、选址及运营中也应给予必要的支持。

（二）逐步完善物流中心的功能

从物流系统的结构可知，社会物流系统化是可以分层次形成的，对相应的物流中心的功能也是可以分层次逐步完善的。不同层次功能的物流中心，所需的相应硬件与软件、资金与技术的投入也是不同的，物流中心的基础设施建设要尽快形成规模，一次性投入资金较大，政府、有关部门及物流企业可以先从局部的、专项的物流系统化逐步延伸到区域的、全国的、综合的物流系统化，乃至国际物流系统化。物流中心也可以在物流集散中心的功能层上，逐步向"三中心合为一体"的高级功能层发展。

（三）政府主管部门要注重宏观规划与监督

物流中心的布局、建设直接关系到其效率、效益的发挥，因此，政府及有关主管部门应当站在部门、行业协作的高度，一方面做好社会物流中心的宏观规划工作，另一方面在法规、政策等方面为社会物流系统化开绿灯，鼓励多元主体投资筹建，完善各种类型的物流中心。对业已存在的物流中心，政府主管部门应促进其功能完善，向规模经济方向发展；对过度分散、功能单一的物流据点，可以考虑应用市场机制进行物流所需资源的社会配置，使物流中心在社会物流网络中起到应起的作用。

拓展阅读

2018年10月，国务院办公厅印发《推进运输结构调整三年行动计划（2018—2020年）》，明确提出要"支持各地开展集装箱运输、商品车滚装运输、全程冷链运输、电商快递班列等多式联运试点示范创建。"这是我国针对冷链物流业发布的又一高层级的意见文件。在一系列冷链物流利好政策的推动下，先试先行、提前布局的大连港驶入了冷链物流发展的快车道，朝着建设东北亚冷链物流中心的目标加速前进。

近年来，大连港作为建设东北亚国际航运中心的旗舰，始终致力于冷链物流产业发展，凭借其得天独厚的区位优势、完备的集疏运条件、密集的航线网络、丰富的冷链货源及保税港等政策优势，已形成全国沿海规模最大、功能最全、技术最先进的大窑湾保税港区冷链物流中心，也是国内唯一一个集保税港区、专业冷藏船泊位、集装箱码头及冷库群于同一区域内的专业化冷链物流中心。大窑湾冷链物流园入驻的国内外物流企业达百余家，其中不乏大连港毅都冷链、恒浦、獐子岛中央冷藏等知名大型冷链物流企业，服务功能涵盖水产品、水果、肉类等货种的保税仓储、国际中转、国际贸易与分拨配送。

为进一步畅通冷链产品进出口物流通道，大连港不断创新冷链运输模式，拓展业务辐射范围、壮大港区冷链产业。搭乘"一带一路"的东风，大连港2016年3月成功开通全国首组冷藏集装箱班列，开创了"国际海运＋冷藏班列＋公路短驳"的多式联运新模式，填补了我国铁路不带动力运输冷藏集装箱货物的空白。在此基础上，同年8月开通了全国第一列全冷藏过境班列，将河北鲜梨、广东蜜柚、山东大蒜等冷鲜货物运往俄罗斯，与以往的模式相比运输时间减少60％，中俄间稳定、高效、便捷的冷藏产品贸易全新物流通道就此建立。大连港还利用海洋联盟美西至大连直航航线，成功打造了西雅图至大连的"冷藏精品快线"，冷藏货物全程运输仅需12天，较以往经香港、釜山等港口中转的模式全程时间缩短了40％，较空运方式物流成本更是节约了40％以上，在保证食品新鲜品质的基础上，大大降低了物流运输成本。

如今，每年从大连口岸进出口的冷藏集装箱超过20万标准箱，进口水果、冻肉等冷藏货物份额多年位居全国前列。菲律宾的香蕉、智利的车厘子、澳大利亚的牛肉、俄罗斯的狭鳕鱼……大量"引进来"的水果、肉类、海鲜在大连港分拨、转运，销往广阔的国内市场，成为民众"菜篮子"里、餐桌上的常见食品。

● 本章小结 ●

物流网络，是指通过交通运输线路连接分布在一定区域的不同物流节点所形成的系统。物流网络把物品的流动或驻留有效地沟通和联系在一起。

物流实体产品网络由物流线路和物流节点两大部分组成，是完成物流全过程的载体。物流线路包括铁路、公路、水运、空运和管道等；物流节点按辐射范围和影响力的大小可区分为物流枢纽、物流基地、物流中心和配送中心四个层次。

物流信息网络是物流过程中相关信息传输、共享和沟通的载体，同时它也是物流实体产品网络的重要支撑。目前物流信息网络的安全性受到越来越多的关注。

　　物流网络能否有效运作，从根本上说，依赖于物流网络规划的好坏。进行物流网络规划是降低投资损失、提升物流网络整体运作效率的有力保障。

● 关键概念 ●

物流网络　物流线路　物流节点　物流信息网络　物流网络规划　物流中心

● 讨论及思考题 ●

1. 完整的物流网络包括哪些部分？
2. 实体产品物流网络中的线路和节点各有哪些类型？
3. 物流网络有什么特性？
4. 简述物流网络规划的步骤。
5. 简述物流中心规划的内容。

● 练习题 ●

一、单项选择题

1. 完整的物流网络包括实体产品物流网络和（　　）。

　　A. 互联网　　　　　　B. 物流信息网络　　C. 线路网络　　　　D. 物流节点

2. 物流线路各类型中，种类最多、最复杂的是（　　）。

　　A. 铁路线路　　　　　B. 公路线路　　　　C. 水运线路　　　　D. 空运线路

3. 物流节点不具有的功能是（　　）。

　　A. 衔接功能　　　　　B. 信息功能　　　　C. 运输功能　　　　D. 管理功能

4. 不属于公路运输节点的是（　　）。

　　A. 车站　　　　　　　B. 公路货场　　　　C. 货运机场　　　　D. 公路枢纽

5. 不属于储存型节点的是（　　）。

　　A. 港口　　　　　　　B. 储备仓库　　　　C. 中转仓库　　　　D. 货栈

二、多项选择题

1. 在线路上进行的活动主要是运输，包括（　　）。

　　A. 集货运输　　　　　B. 干线运输　　　　C. 配送运输　　　　D. 包装

2. 在物流节点上完成的功能要素包括（　　）。

　　A. 包装　　　　　　　B. 装卸　　　　　　C. 保管　　　　　　D. 分货

3. 物流线路主要的类型有（　　）。

　　A. 铁路线路　　　　　B. 公路线路　　　　C. 水运线路　　　　D. 空运线路

4. 按主要功能划分，节点可分为（　　）。

A. 转运型节点　　　　B. 储存型节点　　　　C. 流通型节点　　　　D. 综合型节点

5. 物流网络规划的约束条件包括（　　　）。

A. 总采购、配送及仓储成本　　　　　　B. 公司规模

C. 最小运送时间　　　　　　　　　　　D. 平均客户服务水平率

三、判断题

1. 在物流节点上进行的活动主要是运输。（　　　）

2. 物流网络和信息网络最主要的区别在于产品大多是沿分销渠道顺流而"下"，而信息流则更多的是双向沟通的。（　　　）

3. 物流网络中的物流节点仅执行一般的物流职能。（　　　）

4. 组织物流活动必须以信息为基础。（　　　）

5. 现代物流网络中的物流线路对优化整个物流网络起着重要的作用，是整个物流网络的灵魂所在。（　　　）

四、案例分析题

2021年8月30日晚，苏宁易购发布2021上半年财报，报告显示，苏宁易购上半年实现营业收入936.06亿元。2021年上半年，苏宁易购对物流业务积极调整，集中精力聚焦零售主业，实现轻装上阵。截至2021年6月30日，该公司已在48个城市运营69个物流基地。

从行业布局来看，苏宁易购物流网络规模保持业内领先，同时致力于打造差异化竞争优势，重点发展家电家居等大件商品的送装一体业务，解决行业发展"痛点"，摸索出了一条更适合自身发展的道路。

一、全国仓储网络布局业内领先

物流基础设施是苏宁易购发展零售业务的核心竞争力。经过多年积累，苏宁易购构建了行业规模领先的自建物流设施网，拥有仓储建设及运营、干线运输、物流配送等全产业价值链物流服务能力。

苏宁易购集中力量打造集中心仓、城市仓、门店仓、前置仓为一体的全国仓储网络布局，通过数字技术串联，强化端到端的供应链库存部署能力，为商品的快速流通提供支撑，形成覆盖广泛、交付能力快捷、最具效率的消费品仓储服务能力。

基于线下丰富的互联网门店资源，苏宁易购为用户提供即时自提、1小时达、半日达、次日达等多种物流服务产品，满足不同时效需求。苏宁易购物流还协同家乐福拓展到家业务，通过1小时达、一日三送等多种服务时效，为社区提供多元化社区服务。此外，围绕快速崛起的下沉市场，苏宁易购物流为苏宁易购零售云门店提供门店配送、送货上门等服务，为苏宁易购全场景智慧零售快速发展提供基础支撑。

二、深耕家居市场，打造差异化竞争优势

根据前瞻产业研究院发布的《中国家居行业市场前瞻与投资战略规划分析报告》，

截至 2020 年底，中国家装行业市场规模为 2.61 万亿元。中商产业研究院发布的数据显示，2020 年"双十一"当天，全网销售额排名中，家居建材行业排名第六，位列电脑办公、食品饮料等品类之前。家居大件网上买，已经成为越来越多人的共识。

但同时，因为物流服务链条太长，信息化低、时效低、标准化低、破损率高等"痛点"，家装市场线上发展及渠道下沉遭遇阻碍，行业内缺少成熟的家装全环节运营及服务保障的全国性企业。

2020 年下半年以来，苏宁易购物流的打法越来越聚焦，不断强化家装物流业务。

据了解，早在 2015 年，苏宁易购物流就已经完成 40 余个大件仓网布局，与喜临门等家居品牌达成仓配一体合作；2018 年，全面进军家居家装市场，加速基础设施、技术、数据、供应链服务的对外开放；2020 年，与天猫行业线全面合作，打造家装仓运配装一体化服务，以数字化＋供应链全链路输出，为商家和消费者提供更有体验的服务。

在资本层面，苏宁易购宣布与普洛斯在物流地产投资、物流业务运营等业务领域开展战略合作，共同出资 38 亿元认缴"珠海普易物流产业投资合伙企业"份额。

2021 年 7 月 29 日，苏宁易购产生新一届董事会，进一步明确了"聚焦零售"的三大战略路径，即做好零售服务商、做强供应链和做优经营质量。业内人士分析，随着新增百亿授信落定，以及与海尔、美的等产业投资者合作的进一步深化，苏宁易购的发展形势正逐渐向好，其在物流服务方面的投入有望进一步增加。

资料来源：人民资讯. 苏宁易购发布半年报：48 个城市运营 69 个基地，物流网络进一步完善. (2021－08－30) ［2023－03－25］. https://baijiahao. baidu. com/s?id＝1709524803701330881&wfr＝spider&for＝pc.

分析讨论：

苏宁电器为什么要不断地扩大自己的物流网络？

第四章
CHAPTER 4

企业物流

学习目标

> 重点掌握：企业物流的内容与构成。

> 掌握：企业物流各组成部分的作用和物流特点。

> 了解：供应物流的模式及几种企业物资的回收方法。

引导案例

2017年3月25日，"2017年全国企业管理创新大会"在北京举行。中车南京浦镇车辆有限公司（以下简称中车浦镇公司）的"轨道装备制造企业基于精益生产的智能化物流管理"成果获第二十三届国家级管理创新一等奖。该成果也是全国制造企业在物流领域获得的唯一一等奖奖项。

中车浦镇公司车辆生产线上不少操作工人，以往为按时完成生产任务，常常需要加班加点。然而，现在工人们的操作流程、车间面貌等都发生了翻天覆地的改变。工人们8:00刚到各自工位上，所需的物料早已备齐，料车中配置各工位当前节拍工作所需的各种零部件，不多也不少。料箱内各种零部件的配置、料车准确抵达各个工位等，都是由系统自动完成的。中车浦镇智能物流给制造带来的变化，着实让人啧啧称奇。

据现场工程师介绍，他们自主研发的这套智能物流解决方案目前可以对一个制造企业的物流进行全过程管理，包括供应链协同平台、精益物流MES、智能制造MES、微库、SLP智能物流平台、售后物流管理系统、智能质量管理系统、循环取料管理、

WCS硬件控制系统、各种智能物流硬件装备，将这些功能各异但都高度智能化的模块集成，互相感知，便有了"聪明"的物流系统。

精益智能物流管理是中车浦镇公司近年来根据精益生产和未来智能制造发展趋势研发的可满足企业生产全流程物流管理的现代管理体系，是精益理念、信息化与业务的高度融合。通过变革传统物流管理理念、模式和手段，中车浦镇公司打造了一套高效运行的管理体系，最大限度地减少企业内部物流及供应链物流环节的浪费。经过企业生产经营的实践和应用，该管理体系已成为企业高度融合智能物流、智能制造的解决方案。先进成熟的智能化物流系统有力地保障企业如期完成繁重的生产任务。

长期以来，由于我国很多制造型企业往往"重产品生产、轻物流管理"，对内部物流环节综合优化的重要性认识不足，没有充分发挥物流管理在资源流通中的杠杆调节作用，导致企业内部物流存在对市场需求变化反应慢、订单交付不及时、物料到达不准时、车间物料调动混乱、零部件配套性差、库存及生产成本过高、生产效率低下、物料浪费等严重问题。统计显示：在产品的整个生产过程中，物料用于加工与检验环节的时间仅占5％，而其余95％的时间则处于储存、装卸、输送和等待加工状态。制造成本的20％～40％直接与物流环节的流通时间相关。在物流环节，重"物"轻"流"的管理现状使企业组织效率、生产效率和经营效益长期在低位徘徊。精益智能物流解决方案实现了对传统物流管理理念、模式和方法的颠覆与变革。

南京中车浦镇工业物流公司作为这次管理创新的主创单位，其精益智能物流解决方案首先在中车浦镇公司得以全面验证，不仅改变了生产制造模式，也进一步解放了劳动生产力。新的解决方案应用后，节省了大量物流费用，从事仓储、配送的人员减少了40％，交接次数由过去的4次降至0次。车间生产工位与过去相比减少了90％以上的物料类异常，每天生产工位的计划兑现率达99％以上，月度计划兑现率达100％。在场地不增、生产台位不变、生产效率大幅提升的情况下，企业物流费用下降了近30％。

思考：什么是企业物流？它对企业的发展有哪些重要的影响？

第一节　企业物流概述

一、企业物流的概念

企业物流概念最早出现在20世纪60年代。1962年4月，美国管理学方面的专家彼得·德鲁克在《财富》杂志上发表《经济领域的黑暗大陆》，其中首次提出了"物流"的概念。虽然当时德鲁克提出的物流（distribution）仅仅是针对产成品来讨论的，但很快就引起了企业界的极大关注，真正的企业物流（logistics）理念迅速波及原材料领域，进而形成综合物流（integrated logistics）理念，发展到 20 世纪 90 年代，供应链管理（supply chain management，SCM）理念被正式提出。

　　企业物流理念从提出发展到相对较为成熟与完善，经历了近 40 年的时间。在这近 40 年间，几乎每 10 年企业物流理念就得到一次极大的更新与充实。从本质上说，企业物流是企业的产品或服务的一种存在与表现形式。当初德鲁克提出企业物流概念的时候，仅仅指产品从生产出来后到消费者手中的这一段时间的存在与表现形式。1992 年美国物流管理协会对物流的定义是："物流是为满足消费者需求而进行的对货物、服务及相关信息从起始地到消费地的有效率与效益的流动与存储的计划、实施与控制的过程。"这个时候物流已经作为一个复杂的企业运行过程而存在了。1998 年，美国物流管理协会又在 1992 年物流概念的基础上引入了"供应链"的概念。2001 年，美国物流管理协会对物流概念进一步充实、完善，演变为"物流是供应链运作中，以满足客户要求为目的，对货物、服务和相关信息在产出地和销售地之间实现高效率和低成本的正向和反向的流动和储存所进行的计划、执行和控制的过程"。

　　上述对物流概念的阐述过于学术化，有些晦涩，不易理解。因此，在企业实践中，对物流概念又形成了较为通俗易懂的表达方式，那就是认为企业物流是由 7 个"恰当"组成的，即 7R 表达法。分别为恰当的产品（right product）、恰当的数量（right quantity）、恰当的条件（right condition）、恰当的地点（right place）、恰当的时间（right time）、恰当的客户（right customer）和恰当的成本（right cost）。这 7 个"恰当"描述了物流的基本活动，强调了空间和时间的重要性，也强调了成本与服务的重要性。我国国家标准《物流术语》（GB/T 18354—2021）中规定，企业物流是指生产和流通企业围绕其经营活动所发生的物流活动。

二、企业物流的发展过程

　　企业物流的发展过程大致可以分为三个阶段：产品物流阶段、综合物流阶段和供应链管理阶段。

（一）产品物流阶段

　　产品物流阶段（product distribution）又称产品配送阶段。这个阶段的起止时间为 20 世纪 60 年代初期至 70 年代后期，属于企业物流的早期发展阶段，在该阶段，物流的功能大多围绕产品从企业生产出来到如何到达消费者手中这一过程的运作上。

　　在当时，企业重视产品物流的目的是希望能以最低的成本把产品有效地送达客户手中。企业重视产品物流的主要原因来自两个方面：一是为了扩大市场份额，满足不同层次客户的需要，扩张其生产线；二是为了对付企业内部与外部市场的压力，倾向于生产非劳动密集型的高附加值产品。产品物流阶段物流管理的特征是注重产品到消费者的物流环节。

（二）综合物流阶段

综合物流阶段（integrated logistics）的起止时间为 20 世纪 70 年代中后期至 80 年代后期。在这个阶段，企业物流集中表现为原材料物流和产品物流的融合。实践证明，综合物流管理可以为企业带来更大的效益，在此期间，综合物流得到了迅速发展。

在当时，运输自由化以及全球性竞争的日渐加剧，使企业认识到把原材料管理与产品配送综合起来管理可以大大地提高企业运行效率与效益，因此，在上述因素的推动下，企业物流迅速地从产品物流阶段向综合物流阶段转移。

（三）供应链管理阶段

供应链管理阶段（supply chain management）开始于 20 世纪 90 年代初期。在这个阶段，企业对传统的物流管理有了更为深刻的认识，企业已经将单纯的个体企业之间的竞争上升到企业群、产品群或产业链条上不同企业所形成的供应链之间的竞争这个高度。

从 20 世纪 80 年代后期开始，信息技术获得了飞速的发展，信息技术的发展迅速转化为生产力，进而在生产领域掀起了一场前所未有的信息化革命。由信息技术所衍生的一系列外部因素的变化，使企业开始把着眼点放到了物流活动的整个过程，包括原材料的供应商和制成品的分销商，进而使企业物流从综合物流阶段向供应链管理阶段转移。

三、企业物流包含的内容

企业物流在不同的发展阶段包含着不同的内容。随着企业物流从单纯的产品配送向综合物流直至供应链管理阶段发展，企业物流包含的内容不断增加和丰富，涉及的领域不断扩大，企业物流几乎贯穿企业的整个运营过程。概括地说，企业物流包含采购、运输、存储、物料搬运、生产计划、订单处理、工业包装、客户服务以及存货预测等项功能。

（一）采购（purchasing）

把企业采购活动归入企业物流，是因为企业运输成本与生产所需要的原材料、零部件等的地理位置有直接关系，采购的数量与物流中的运输与存储成本也有直接关系。把采购归入企业物流领域，企业就可以通过协调原材料的采购地、采购数量、采购周期以及存储方式等来有效地降低运输成本，进而为企业创造更大的价值。

（二）运输（transportation）

运输是企业物流系统中非常重要的一部分。事实上，运输也是企业物流最为直接的表现形式，物流中最重要的是货物的实体移动及移动货物的网络。通常情况下，企业的物流经理负责选择运输方式来运输原材料及产成品，或建立企业自有的运输能力。

（三）存储（warehousing & storage）

存储包括两个既独立又有联系的活动：存货管理与仓储。事实上，运输与存货水平及所需仓库数之间也有着直接的关系。企业许多重要的决策与存储活动有关，包括仓库数目、存货量大小、仓库的选址、仓库的大小等。

（四）物料搬运（material handling）

物料搬运对仓库作业效率的提高是很重要的，物料搬运也直接影响到生产效率。在生产型企业中，物流经理通常要对货物搬运入库、货物在仓库中的存放、货物从存放地点到订单分拣区域的移动以及最终到达出货区准备运出仓库等环节负责。

（五）生产计划（production planning）

在当前竞争激烈的市场上，生产计划与物流的关系越来越密切。事实上，生产计划往往会根据物流的能力及效率进行调整。企业的生产计划还与存货能力、存货预测有关。

（六）订单处理（order processing）

订单处理过程包括完成客户订单的所有活动。物流领域之所以要直接涉及订单的完成过程，是因为产品物流的一个重要方面是前置期，即备货周期（lead time），它是指从客户下达订单开始，至货物完好交于客户为止的时间。从时间或者说前置期的角度来看，订单处理是非常重要的物流功能。订单处理的效率直接影响到备货周期，进而影响到企业的客户服务质量与承诺。

（七）工业包装（packaging）

与物流紧密相关的还有工业包装，即外包装。企业物流中运输方式的选择将直接影响到包装要求。一般来说，铁路和水运引起货损的可能性较大，因而需要支出额外的包装费用。

（八）客户服务（customer service）

客户服务也是一项重要的物流功能。客户服务水平与物流领域的各项活动有关，存货、运输、仓储的决策等取决于客户服务要求。

（九）存货预测（stock forecasting）

准确的存货和物料、零部件的预测是对存货进行有效控制的基础，尤其是使用零库存和物料需求计划方法控制存货的企业。存货预测也是企业物流的一项重要功能。

除了上述几项功能外，企业物流的功能还包括工厂和仓库选址、维修与服务支持、回收物品处理、废品处理等。

四、企业物流的构成

企业物流是一种围绕企业生产与经营活动的物流，是具体的、微观物流活动的典型领域。企业经营活动的基本结构是投入-转换-产出。对生产型企业来讲，是原材料、燃料、人力、资本等的投入，经过制造加工使之转换为产品；对服务型企业来讲，则是设备、人力、管理和运营转换为对客户的服务。物流活动便是伴随着企业的投入-转换-产出而发生的。对应投入这一环节的是供应物流或输入物流，对应转换环节的是生产物流或转换物流，对应产出的是销售物流或输出物流。企业的投入、转换、产出关系以及与之对应的物流如图4-1所示。

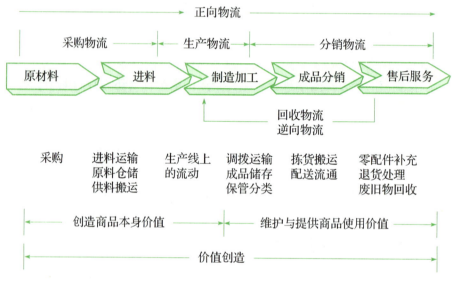

图4-1 企业的投入、转换、产出关系以及与之对应的物流

如果把企业物流看作一个微观物流系统，这个系统还可以进一步划分为若干物流子系统。按照企业经营活动的环节，企业物流可以分成供应物流、生产物流、销售物流、回收物流及废弃物物流等不同的类别。虽然这些都是由物流的各种活动构成的，但是这些物流活动所需要的物流平台条件、物流管理方法及物流组织等方面都是有区别的，尤其是在物流管理方面，区别更为明显。产生这些区别的主要原因是这些物流子系统的具体目标是不同的，为实现不同的目标，需要不同的组织方法和管理手段。

第二节 供应物流

我国国家标准《物流术语》（GB/T 18354—2021）中规定，供应物流是指为生产企业提供原材料、零部件或其他物料时所发生的物流活动。供应物流包括原材料等一切生产物资的采购、进货运输、仓储、库存管理、用料管理和供应管理，也称原材料采购物流。这种物流活动对企业保证本身生产的节奏和高效率进行发挥着保障作用。

一、供应物流过程

供应物流因不同企业、不同供应环节和不同的供应链而有所区别，这个区别使企业的供应物流出现了许多模式。尽管不同的模式在某些环节具有非常复杂的特点，但是供应物流的基本流程是相同的，其过程有以下几个环节：

（1）获取资源。获取资源是企业开展生产活动的前提条件。

（2）到厂物流。所获取的资源必须经过反复运用装卸、搬运、储存、运输等物流活动才能使取得的资源到达企业的门口。

（3）厂内物流。如果企业外部物流以到达企业的"门"为终点，便以"门"作为企业内外的划分界限；如果以企业的仓库为外部物流终点，便以仓库作为划分企业内外物流的界限。这种从"门"和仓库开始继续到达车间或生产线的物流过程，称作供应物流的企业内物流或厂内物流。

传统的企业供应物流，都是以企业仓库为调节企业内外物流的节点。企业的供应仓库在工业化时代是一个非常重要的设施。

二、供应物流系统的组成

（一）采购

采购工作是供应物流与社会物流的衔接点，是依据生产企业的生产-供应-采购计划来进行原材料外购的作业层，负责市场资源、供货厂家、市场变化等信息的采集和反馈。

（二）生产资料供应

供应工作是供应物流与生产物流的衔接点，是依据供应计划-消耗定额进行生产资料供给的作业层，负责原材料消耗的控制。

（三）仓储、库存管理

仓储管理工作是供应物流的转换点，负责生产资料的接货和发货，以及物料保管工作；库存管理工作是供应物流的重要组成部分，依据企业生产计划制订供应和采购计划，并负责制定库存控制策略及计划的执行与反馈修改。

（四）装卸、搬运

装卸、搬运工作是原材料接货、发货、堆码时进行的操作。虽然装卸、搬运是随着运输和保管而产生的作业，但却是衔接供应物流中其他活动的重要组成部分。

三、供应物流模式

企业的供应物流有三种组织方式：第一种是委托销售企业代理供应物流方式；第二种是委托第三方物流企业代理供应物流方式；第三种是购买企业自己进行供应物流方式。这三种组织方式都有低层次的和高层次的不同管理模式，其中最近兴起的供应链方式、零库存供应方式、准时供应方式、虚拟仓库供应方式值得我们关注。

（一）委托销售企业代理

企业作为客户，在买方市场条件下，利用买方的主导权利，向销售方提出对本企业进行供应服务的要求，作为销售方进行采购订货的前提条件。实际上，销售方在实现自己生产和经营的产品销售的同时，也实现了对客户的供应服务，以此占领市场。这种供应服务是销售方企业发展的一种战略手段。

（二）委托第三方物流企业

在企业完成了采购程序之后，由销售方和本企业之外的第三方去从事物流活动。当然，第三方从事的物流活动应当是专业性的，而且有非常好的服务水平。这个第三方所从事的供应物流，主要是向买方提供服务，同时也向销售方提供服务，在客观上协助销售方扩大市场。

（三）购买方自行组织

企业在组织某些种类物品的供应方面，可能有设备、装备、设施或人才方面的优势，在这样的情况下，由本企业组织自己的供应物流也未尝不可，关键在于技术经济效果的综合评价和是否会影响自身的核心竞争力。

▲拓展阅读

供应物流服务新形式——准时供应

准时供应方式是按照客户的要求，在计划的时间内，实现客户所要求的供应。准时供应方式大多是双方事先约定供应的时间，互相确认时间计划，有利于双方做好供应物流和接货的组织准备工作。准时供应主要有以下几种方式：

（1）即时供应方式。

即时供应方式是准时供应方式的一个特例，是完全不依靠计划时间而按照客户偶尔提出的时间要求，进行准时供应的方式。这种方式一般作为应急的方式采用。在网络经济时代的电子商务运行中，最基本消费者所提出的服务要求大多缺乏计划性，但又有严格的时间要求，所以，在新经济环境下，这种供应方式有被广泛采用的趋势。

（2）JIT方式。

供方根据需方的要求，按照需方需求的品种、规格、质量、数量、时间、地点等要求，将必要的物品以必要的数量在必要的时间送到，并且只将所需要的物品、只以所需要的数量、只在正好需要的时间送到。不多送，也不少送，不早送，也不晚送，所送品种要个个保证质量，不能有任何废品。

（3）看板方式。

看板方式是准时方式中的一种简单有效的方式，也称"传票卡制度"或"卡片"制度，是日本丰田公司首先采用的。其做法是：在企业的各工序之间，或在企业之间，或在生产企业与供应者之间，采用固定格式的卡片为凭证，由下一环节根据自己的节奏，逆生产流程方向，向上一环节指定供应，从而协调关系，做到准时同步。采用看板方式，有可能使供应库存实现零库存。

第三节　生产物流

我国国家标准《物流术语》（GB/T 18354—2021）中规定，生产物流是指生产企业内部进行的涉及原材料、在制品、半成品、产成品等的物流活动。生产过程是一种物流过程，生产系统也就是一个物流系统。生产物流和生产流程同步，是从原材料购进开始直到产成品发送为止的全过程的物流活动。原材料、半成品等按照工艺流程在各个加工点之间不停地移动、转移，形成了生产物流。如生产物流中断，生产过程也将随之停顿。

企业的生产物流系统是社会物流系统在企业内部的延续和表现形式。企业生产物流活动与整个生产工艺过程相伴而生，构成了生产工艺过程的一部分。企业生产物流的过程大体为：原材料、零部件、燃料等辅助材料从企业仓库或企业的"门口"开始，进入生产线开始端，再进一步随生产加工过程的各个环节运动，在运动过程中，本身被加工，同时产生一些废料、余料，直到生产加工终结，再运动至成品仓库，便终结了企业生产物流过程。

一、生产物流的特点

（一）实现价值的特点

企业生产物流和社会物流的一个最本质的不同之处，即企业物流最本质的特点，主要不是实现时间价值和空间价值的经济活动，而是实现加工附加价值的经济活动。

企业生产物流一般是在企业的小范围内完成，当然，这不包括在全国或者世界范围内布局的巨型企业。企业生产物流的空间距离的变化不大，在企业内部的储存，和社会储存的目的也不相同，这种储存是对生产的保证，而不是一种追求利润的独立功能，时间价值不高。

企业生产物流伴随加工活动而发生，实现加工附加价值，也即实现企业主要目的。虽然物流空间、时间价值潜力不高，但加工附加价值却很高。

（二）主要功能要素的特点

企业生产物流的主要功能要素不同于社会物流。社会物流的主要功能要素是运输和储存，其他是作为辅助性或次要功能或强化性功能要素出现的。企业物流的主要功能要素则是搬运活动。

许多生产企业的生产过程，实际上是物料不停地搬运过程，在不停地搬运过程中，物料得到了加工，改变了形态。

即使是配送企业和批发企业的企业内部物流，实际上也是搬运的过程。通过搬运，商品完成了分货、拣选、配货工作，完成了大改小、小集大的换装工作，从而达到可配送或可批发的状态。

（三）物流过程的特点

企业生产物流是一种工艺过程性物流，一旦企业生产工艺、生产装备及生产流程确定，企业物流也就成了一种稳定性的物流，物流便成了工艺流程的重要组成部分。由于这种稳定性，企业物流的可控性、计划性便很强，一旦进入这一物流过程，选择性及可变性便很小。对物流的改进只能通过对工艺流程的优化来进行，这方面和随机性很强的社会物流有很大的不同。

（四）物流运行的特点

企业生产物流的运行具有极强的伴生性，往往是生产过程中的一个组成部分或一个伴生部分，这决定了企业物流很难与生产过程分开而形成独立的系统。

在总体上具有伴生性同时，企业生产物流中也确有与生产工艺过程可分的局部物流活动，这些局部物流活动有本身的界限和运动规律，当前企业物流的研究大多是针对这些局部物流活动而言的，包括：仓库的储存活动、接货物流活动、车间或分厂之间的运输活动等。

二、生产物流的主要领域及相关领域

（一）工厂布置

工厂布置是指工厂范围内，各生产手段的位置确定，各生产手段之间的衔接和以何种方式实现这些生产手段。具体来讲，就是机械装备、仓库、厂房等生产手段和实现生产手段的建筑设施的位置的确定。这是生产物流的前提条件，是生产物流活动的一个环节。在确定工厂布置时，单考虑工艺是不够的，必须考虑整个物流过程。

（二）工艺流程

工艺流程是技术加工过程、化学反应过程与物流过程的统一体。在以往的工艺过程中，如果认真分析物料的运动，会发现有一些不合理的运动。例如：厂内起始仓库搬运路线不合理，搬运装卸次数过多；仓库对各车间而言相对位置不合理；在工艺过程中物料过长的运动、迂回运动、相向运动等。这些问题都反映了工艺过程缺乏物流考虑。

工艺流程有两种典型的物流形式：

（1）加工物固定，加工和制造操作处于物流状态。如建筑工程工艺、大型船舶制造等。

（2）加工和制造的手段固定，被加工物处于物流状态。这种工艺形式是广泛存在的形式，如化学工业中许多在管道或反应釜中的化学反应过程、水泥工业中窑炉内物料不停运动完成高温热化学反应过程、高炉冶金过程、轧钢过程。更典型的是流水线装配机械、汽车、电视机等，都属于这种类型。

除了上述两类极端工艺外，许多工艺是两类的过渡形式，具有两类工艺的特点。有的工艺是被加工物及加工手段都在运动中完成加工。

（三）装卸搬运

生产物流中，装卸搬运是其中一种发生最广泛、发生频度最高的物流活动，这种物流活动甚至决定着整个生产方式和生产水平。例如：用传送带式工艺取代"岛式"工艺，省却了反复的装卸搬运，变成了一种新的生产和管理的模式，是现代生产方式的一次革命。又如：科学管理理论的一个重要组成部分——作业研究，是研究工人搬运装卸作业的时间、方法和定额，实际上是对生产物流的研究。

在整个生产过程中，搬运装卸耗费巨大，是在生产领域中物流主要功能要素的主要体现，是生产领域物流可挖掘的主要"利润源"。

（四）生产物流的物流节点

生产物流节点主要以仓库的形式存在，虽然都名为仓库，但生产物流中各仓库的功能、作用乃至设计、技术都是有区别的。一般来说，生产物流中的仓库有以下两种不同类型。

1. 储存型仓库
在生产物流中，储存型仓库应尽量减少。

2. 衔接型仓储
衔接型仓库是生产企业中各种类型中间仓库的统称，也称中间库。

中间库完全在企业的可控范围之内，可以采用种种方法缩减，甚至可以完全取消这种仓库，这需要管理方法与调整技术并用。从技术方面来讲，是调整半成品生产与成品生产的速率，现在采用的看板方式和物料需求计划方式都有可能达到优化生产物流、缩减甚至取消仓库的目的。

三、影响生产物流的因素

由于生产物流的多样性和复杂性，以及生产工艺和设备的不断更新，如何更好地组织生产物流，是物流研究者和管理者始终追求的目标。只有合理组织生产物流过程，才能使生产过程始终处于最佳状态。

（1）生产工艺——对生产物流有不同要求和限制。

（2）生产类型——影响生产物流的构成和比例。

（3）生产规模——影响物流量的大小。

（4）专业化和协作化水平——影响生产物流的构成与管理。

四、组织管理生产物流应注意的问题

（1）物流过程的连续性——物料顺畅、最快、最省地走完各个工序，直到成为产品。

（2）物流过程的平行性——各个支流平行流动。

（3）物流过程的节奏性——生产过程中各阶段都能有节奏、均衡地进行。

（4）物流过程的比例性——考虑各工序内的质量合格率，以及装卸搬运过程中的可能损失，零部件数量在各工序间有一定的比例，形成了物流过程的比例性。

（5）物流过程的适应性——企业生产组织向多品种、少批量的方向发展，要求生产过程具有较强的应变能力，物流过程同时具备相应的应变能力。

一个生产物流作业计划依赖于制造过程的构成。根据制造过程、制造的生产工艺、规模、专业化和协作化水平，制订生产过程的物流计划，并进行有效控制，使整个生产物流过程达到连续性、平行性、节奏性、比例性和适应性。

生产物流计划的任务就是要保证生产计划的顺利完成，由此，需要研究物料在生产过程中的运动规律，以及在各工艺阶段的运动周期性，以此来安排经过各个工艺阶段的时间和数量。按物流作业计划有节奏地、均衡地组织物流活动。

第四节 销售物流

销售物流是伴随销售活动，将产品实体转给客户的物流活动。在现代社会，市场

环境是一个完全的买方市场，销售物流活动便带有极强的被动性与服务性，以满足买方要求为前提，卖方才能最终实现销售。在这种市场前提下，销售往往以送达客户并经过售后服务才算终止。销售物流的空间范围很大，这也使销售物流呈现一定的复杂性。在这种前提下，企业销售物流的特点是通过包装、送货、配送等一系列物流活动实现销售，这就需要研究送货方式、包装方式、包装水平、运输路线等并采取各种方法，如少批量、多批次及定时、定量配送等特殊的物流方式达到目的。

一、销售物流的渠道

一般情况下，销售物流的起点是生产企业的产成品仓库，经过销售物流，完成长距离、干线的物流活动，再经过配送完成市内和区域范围的物流活动，到达企业、商业客户或最终消费者手中。销售物流是一个逐渐发散的物流过程，这和供应物流形成了一定程度的镜像对称，通过这种发散的物流，使资源得以广泛配置。

企业的销售渠道按结构通常可以分为以下三种形式：

（1）生产者—消费者。

（2）生产者—批发商—零售商—消费者。

（3）生产者—零售商或批发商—消费者。

销售物流的组织与产品类型有关，如钢材、木材等商品，其销售渠道一般选用第一种结构渠道和第三种结构渠道；而日用百货、小五金等商品的销售渠道，则较多地选用第二种结构渠道和第三种结构渠道。

二、销售物流的主要环节

销售物流是指从生产企业至客户或消费者之间的分销物流。它是企业物流系统的最后一个环节。销售物流的顺畅将使企业迅速及时地将产品传送到客户或消费者手中，达到扩大商品销售、加速资金周转、降低流通费用的目的。销售物流过程包括对产品进行包装，对产成品进行储存，为客户提供订单并进行信息处理，对客户所订货物进行运输以及货物的装卸搬运。

（一）产成品包装

包装是企业生产物流系统的终点，也是销售物流系统的起点。包装分为销售包装和运输包装。销售包装又称小包装或内包装，目的是向消费者展示，以吸引顾客，方便零售。运输包装又称大包装或外包装，目的是保护商品，便于运输和储存。运输包装在销售物流过程中对产成品起保护、仓储、运输、装卸的作用。实体分配中包装形式的确定，包装材料和方法的选择，都要与实体分配的其他要素相适应。如不同的装卸方式、仓库堆码的高度、商品特性、运输工具及运送距离等，都对包装提出了不同的要求。

（二）产成品储存

保持合理库存水平，及时满足客户需求是产成品储存最重要的内容，具体包括仓储作业、物品养护和库存控制。在仓储作业中，应努力提高作业质量，提高作业生产率。在物品养护时要用科学的方法来养护物品。库存控制应以市场需求为导向，合理控制成品存储量，并以此指导生产。

（三）订单处理

订单处理包括接收、查核、记录、整理、汇集订单和准备发运商品等工作。制造商收到订单后，首先检查订单是否正确，然后按订单需求的商品品种、数量、式样、规格、型号把商品发送给客户，订单处理每一环节所用的时间及工作质量都直接影响着货物分配的效率和对客户的服务水平。

（四）发送运输

企业的产成品都要通过运输才能到达客户或消费者指定的地点，而运输方式的确定需要参考产成品的批量、运输距离、地理条件等。对于由生产者或供应者送货的情况，应考虑发货批量的大小问题，它将影响到物流成本费用。在各种方式中，共同配送是一种较先进的形式，在保证客户需要的前提下，不仅可以提高运输设备的利用率，降低运输成本，还可以缓解交通堵塞，减少车辆废气对环境的污染。

（五）装卸搬运

运输和仓储都离不开装卸搬运，装卸搬运的基本内容包括商品的装上、卸下、移动、分类、堆码等。装卸次数的多少、装卸质量的好坏对销售的成本影响很大。

第五节　回收物流

随着社会化大生产的高度发展，无论是生产领域，还是消费领域，每时每刻都在产生大量的废旧物资。如何更好地回收、利用废旧物资，是摆在企业面前的重要问题。所谓回收物流，是指废旧物资通过一定的手段回收、加工、重新投入使用所要经过的一系列的流动过程。

一、回收物流的重要性

（一）提高潜在事故的透明度

回收物流在促使企业不断改善品质管理体系方面具有重要作用。ISO9001：2000将企业的品质管理活动概括为一个闭环式活动——计划、实施、检查、改进，回收物流恰好处于检查和改进两个环节上，承上启下，作用于两端。企业在退货中暴露出的品质问题，将通过回收物流信息系统不断传递到管理层，提高潜在事故的透明度，管理者可以在事前不断改进品质管理，以根除产品的不良隐患。

(二) 提高顾客价值，增加竞争优势

在当今顾客驱动的经济环境下，顾客价值是决定企业生存和发展的关键因素。众多企业通过回收物流提高顾客对产品或服务的满意度，赢得顾客的信任，从而增加其竞争优势。对最终顾客来说，回收物流能够确保不符合订单要求的产品及时退货，有利于消除顾客的后顾之忧，增加其对企业的信任感及回头率，扩大企业的市场份额。如果一个企业要赢得顾客，它必须保证顾客在整个交易过程中心情舒畅，而回收物流战略是达到这一目标的有效手段。对供应链上的企业客户来说，上游企业采取宽松的退货策略，能够减少下游客户的经营风险，改善供需关系，促进企业间的战略合作，强化整个供应链的竞争优势。对于过时性风险比较大的产品，退货策略所带来的竞争优势会更加明显。

(三) 降低物料成本

减少物料耗费，提高物料利用率是企业成本管理的重点，也是企业增效的重要手段。然而，传统管理模式下的物料管理仅仅局限于对企业内部物料的管理，不重视对企业外部废旧产品及其物料的有效利用，造成大量可再用性资源的闲置和浪费。废旧产品的回购价格低、来源充足，对这些产品回购加工可以大幅度降低企业的物料成本。

(四) 改善环境行为，塑造企业形象

随着生活水平和文化素质的提高，人们的环境保护意识日益增强，消费观念发生了巨大变化，对环境的期望越来越高。另外，不可再生资源的稀缺以及环境污染的日益加重，促使各国都制定了许多环境保护法规，为企业的环境行为规定了约束性标准。企业的环境业绩已成为评价企业运营绩效的重要指标。为了改善企业的环境行为，提升企业在公众中的形象，许多企业纷纷采取回收物流战略，以减少产品对环境的污染及对资源的消耗。

二、企业回收物流的物资种类

(一) 企业的生产工艺性废料

生产工艺性废料是指企业在生产产品的工艺过程中产生的废料。如化工类型生产企业中化学反应的剩余物、排放物和副产品等；金属轧钢生产企业中产生的切头、切尾、钢渣、炉底等；采矿企业中产生的剥离废料、尾矿排泄物等；造纸企业中产生的废液等；金属加工企业中产生的废屑、边角余料等。

(二) 企业生产过程中产生的废品

企业在生产过程中产生的废品并不是企业生产工艺的必然产物，但无论是成品、

半成品或各种中间产品，都有可能产生一定数量的废品。

（三）企业生产或维修过程中损坏、更换和报废的机械设备

企业机械设备的损坏多数是生产过程中各种不同的事故造成的。企业机械设备的报废是设备经过使用产生的正常磨损达到终极限度而退出生产过程。设备的更新周期，随着科学技术的迅速进步而逐渐缩短。

（四）技术进步产生的旧材料、旧设备等

劳动生产率的提高、科学技术的进步造成某些设备继续使用会产生不经济的现象，从而使这种设备被淘汰。应当指出，因技术进步而淘汰的设备，其使用价值一般并没有失去，因此受技术进步淘汰的设备归入废旧物资应有一定的限度。

（五）企业返品

企业返品是指由于产品出厂经储存、运输过程中损坏及消费需求变化等多种原因而退回企业的产品。

（六）企业的废旧包装

企业的旧包装指已经使用过，但通过各种渠道和各种方式收集起来后还可以被企业再次使用的包装；企业的废包装指不能被再次作为包装使用的原材料、设备以及产成品的各种包装废弃物。

旧包装的回收和利用不同于一般废旧物资的回收和利用。一般废旧物资的回收、利用是将废旧物资改作其他用途或通过回炉加工成新的材料。旧包装的回收和利用则是对原物再次使用，重新用来包裹产品并且还有可能连续回收、复用多次。不能利用的废包装可看成一般废旧物资类别进行回收和利用。

三、组织回收物流的方法

废旧物料的回收物流具有分散性、缓慢性、混杂性等特点，组织好废旧物料的回收物流是摆在物料管理工作者面前的一项重要而艰巨的任务。废旧物料的回收物流一般可采用以下的组织方法：

（一）编制废旧物料回收计划

编制计划时要突出重点，抓住一般，先考虑对国民经济有重要影响作用的紧缺物料的回收项目，同时考虑生产、技术、经济方面的可能性。

（二）建立健全物料回收管理机构

物料回收管理机构是完成废旧物料回收任务的组织形式，应本着精简统一的原则，建立健全从中央到地方、从地方到企业的物料回收网。

（三）制定废旧物料回收的技术经济政策

如制定废旧物料的价格政策、鼓励废旧物料回收的政策、开发利用废旧物料资源的政策、确定废旧物料的合理流向政策等，这些政策是开展废旧物料回收利用的重要依据。

第六节　废弃物物流

随着科学技术的发展和人民生活水平的提高，人们对物资的消费要求越来越高，既要质量好又要款式新，于是被人们淘汰、丢弃的物资日益增多。这些产生于生产和消费的过程中的物资，由于变质、损坏，或使用寿命终结而失去了使用价值。它们有生产过程的边角余料、废渣废水以及未能形成合格产品而不具有使用价值的物资，有流通过程产生的废弃包装材料，也有在消费后产生的排泄物，如家庭垃圾、办公室垃圾等。这些废弃物中的一部分可回收并再生利用，称为再生资源，形成回收物流，另一部分在循环利用过程中基本或完全丧失了使用价值，形成无法再利用的最终排泄物，即废物。废弃物经过处理后，返回自然界，形成废弃物物流。

企业废弃物是指企业在生产过程中不断产生的基本上或完全失去使用价值，无法再重新利用的最终排放物。企业废弃物这一概念不是绝对的，只是在现有技术和经济水平条件下，暂时无法利用的排放物。我国国家标准《物流术语》（GB/T 18354—2021）中规定，废弃物物流是指将经济活动或人民生活中失去原有使用价值的物品，根据实际需要进行收集、分类、加工、包装、搬运、储存等，并分送到专门处理场所的物流活动。

一、企业废弃物的种类

（一）按照废弃物的物理形态分类

1. 固体废弃物

固体废弃物也称垃圾，其形态是各种各样的固体物的混合杂体。这种废弃物物流一般采用专用垃圾处理设备处理。

2. 液体废弃物

液体废弃物也称废液，其形态是各种成分的液体混合物。这种废弃物物流常采用管道方式排放或者净化处理。

3. 气体废弃物

气体废弃物也称废气，主要是工业企业，尤其是化工类工业企业的排放物。很多情况下是通过管道系统直接向空气中排放。

（二）按照形成废弃物的来源分类

1. 产业废弃物

产业废弃物也称产业垃圾，通常是指那些被再生利用之后不能再使用的最终废弃物。产业废弃物来源于不同行业，如第一产业的最终废弃物为农田杂屑，大多不再收集而自行处理，很少有物流问题；第二产业的最终废弃物则因行业不同而异，其物流方式也各不相同，多数采取向外界排放或在堆积场堆放、填埋等；第三产业的最终废弃物主要是生活垃圾和基本建设产生的垃圾，这类废弃物种类多、数量大、物流难度大，大多采用就近填埋的办法处理。

2. 生活废弃物

生活废弃物也称生活垃圾。生活废弃物排放点分散，需用专用的防止散漏的半密封的物流器具储存和运输。

3. 环境废弃物

环境废弃物一般有固定的产出来源，主要来自企业综合环境中。环境废弃物产生的面积大，来源广泛，对环境危害大。其物流特点是收集掩埋，要完成收集并输送到处理掩埋场。另外，环境废弃物的流通加工也是废弃物物流的特点。不过这种流通加工的目的不同于一般产品的流通加工，主要不是为了增加价值，而是为了减少危害。

二、废弃物的几种处理方式

（一）废弃物掩埋

大多数企业对企业产生的最终废弃物，是在政府规定的规划地区，利用原有的废弃坑塘或用人工挖掘出的深坑，将其运来、倒入，表面用好土掩埋。掩埋后的垃圾场，还可以作为农田进行农业种植，也可以用于绿化或做建筑、市政用地。这种物流方式适用于对地下水无毒害的固体垃圾。其优点是不形成堆场、不占地、不露天污染环境、可防止异味对空气的污染；缺点是挖坑、填埋要有一定投资，在未填埋期间仍有污染。

（二）垃圾焚烧

垃圾焚烧是在一定地区用高温焚毁垃圾。这种方式只适用于有机物含量高的垃圾或经过分类处理将有机物集中的垃圾。有机物在垃圾中容易发生生物化学作用，是造成空气、水及环境污染的主要原因，因其本身又有可燃性，因此采取焚烧的办法是很有效的。

（三）垃圾堆放

在远离城市地区的沟、坑、塘、谷中选择合适的位置直接倒垃圾也是一种物流方式。这种方式物流距离较远，但垃圾无需再处理，通过自然净化作用使垃圾逐渐沉降风化，是低成本的废弃物处置方式。

（四）净化处理加工

净化处理加工即对垃圾（废水、废物）进行净化处理，以减少对环境危害的物流方式。对废水的净化处理是这种物流方式中有代表性的流通加工方式。在废弃物物流领域，这种流通加工是为了实现废弃物无害排放的流通加工，优点突出。

随着科技的发展，废弃物处理设备不断改进，废弃物处理的现代化、科学化、系统化水平也在逐渐提高。如现代机械用于废弃物分拣；生物工程用于填埋场建设；热物理传热技术改进废弃物焚烧发电系统，提高产电能力；生物技术用于废弃物制肥，提高制肥效率和质量；现代化信息技术用于废弃物的综合管理系统等。

拓展阅读

应急物流

应急物流是指为应对突发事件提供应急生产物资、生活物资供应保障的物流活动。它具有突发性、不确定性、非常规性以及弱经济性等特点。应急物流可以分为军事应急物流和非军事应急物流两种。

应急物流与普通物流一样，由流体、载体、流向、流程、流量等要素构成，具有空间效用、时间效用和形质效用。应急物流多数情况下通过物流效率实现其物流效益，而普通物流既强调效率又强调效益。

本章小结

企业是为社会提供产品或某些服务的经济实体。企业物流是指在企业生产经营过程中，物品从原材料供应开始，经过生产加工成产成品，产成品销售，以及伴随生产消费过程中所产生的废弃物的回收及再利用，直到最终废弃物排放的完整循环活动。企业物流也因此划分成供应物流、生产物流、销售物流、回收物流及废弃物物流五个阶段。

供应物流是指为生产企业提供原材料、零部件或其他物料时所发生的物流活动。供应物流的供应模式基本上可以划分为委托销售企业代理、委托第三方物流企业和购买者自行组织三种模式。

生产物流是企业物流的关键环节。生产物流的过程就是物料按照工艺流程在企业内部各生产单位、各工位上的流转，实现物流实体对象的转换过程。在生产物流过程中，需要由生产计划与监控来对整个物流过程进行协调和考核，目前广泛采用的生产物流计划方法有 MRP 等。

销售物流是伴随销售活动，将产品实体转给客户的物流活动。销售物流有三种主要的模式，即由生产者企业自己组织销售物流、委托第三方组织销售物流和由购买方上门取货。销售物流活动由产成品包装、产成品储存、订单处理、发送运输、装卸搬运等环节组成。

回收物流是指废旧物资通过一定的手段回收、加工、重新投入使用所要经过的一系列的流动过程。回收物流所涉及的物资种类多、数量大，具有分散性、缓慢性和混杂性的特点，但回收物流的社会价值很高，如可以节约资源、保护环境等。不同的物资类别，不同的销售物流方式，其回收物流的特点一般有较大的差异。

废弃物物流就是对在现时技术和经济水平条件下没有利用价值的最终排放物的处理过程。废弃物物流的主要目标是达成对环境的保护。目前对各种工业、农业以及生活废弃物的物流方式主要有掩埋、焚烧、堆放以及净化处理加工等。

● 关键概念 ●

企业物流　供应物流　生产物流　销售物流　回收物流　废弃物物流

● 讨论及思考题 ●

1. 按照企业生产与经营活动的环节可把企业物流划分成哪几种类别？
2. 生产物流的特点及影响因素有哪些？
3. 销售物流有哪几种渠道和模式？销售物流的主要环节有哪些？
4. 谈谈回收物流的重要性。
5. 废弃物物流的常见物流方式有哪几种？

● 练习题 ●

一、单项选择题

1. 以下不属于供应物流的基本流程的环节是（　　）。

　　A. 获取资源　　　　B. 到厂物流　　　　C. 厂内物流　　　　D. 厂外物流

2. 企业物流系统的最后一个环节是（　　）。

　　A. 供应物流　　　　B. 回收物流　　　　C. 生产物流　　　　D. 销售物流

3. 销售物流的主要环节不包括（　　）。

　　A. 产成品包装　　　B. 产成品储存　　　C. 产品生产　　　　D. 发送运输

4. 基本建设产生的垃圾种类多、数量大、物流难度大，这类废弃物大多采用（　　）的办法处理。

　　A. 就近填埋　　　　B. 直接排放　　　　C. 焚烧　　　　　　D. 净化处理

5. （　　）是企业生产物流系统的终点，也是销售物流系统的起点。

　　A. 产品储存　　　　B. 订单处理　　　　C. 货物运输　　　　D. 产品包装

二、多项选择题

1. 企业物流的发展过程大致可以分为（   ）三个阶段。

   A. 运输物流阶段　　　　　　　　　B. 产品物流阶段

   C. 综合物流阶段　　　　　　　　　D. 供应链管理阶段

2. 按照企业经营活动的环节，企业物流可以分为（   ）、回收物流及废弃物物流等不同的类别。

   A. 供应物流　　　　B. 实体物流　　　　C. 生产物流　　　　D. 销售物流

3. 影响生产物流的因素包括（   ）。

   A. 生产工艺　　　　　　　　　　　B. 生产类型

   C. 生产规模　　　　　　　　　　　D. 专业化和协作化水平

4. 企业回收物资有（   ）。

   A. 废料　　　　　　B. 废品　　　　　　C. 报废的机械设备　D. 垃圾

5. 废弃物处理方式主要有（   ）。

   A. 掩埋　　　　　　B. 垃圾堆放　　　　C. 焚烧　　　　　　D. 净化处理

三、判断题

1. 简略地说，企业物流就是关于某种产品或服务在客户需要的时候，客户能够在指定的地点得到满足。（   ）

2. 企业物流是一种围绕企业生产与经营活动的物流，是宏观物流活动的典型领域。（   ）

3. 企业供应物流都是以企业车间为调节企业内外物流的节点。（   ）

4. 企业生产物流和社会物流的一个最本质的不同之处，即企业物流最本质的特点，主要体现为企业生产物流是实现时间价值和空间价值的经济活动。（   ）

5. 废弃物经过处理后，返回自然界，形成回收物流。（   ）

四、案例分析题

时装物流案例分析

1. 背景介绍

ABC 公司是一家非常成功的经营男女时装的经营实体，该公司采用的是邮购销售方式。公司定期向目标客户寄送印刷精美的产品目录，客户通过邮购或电话方式订货。该公司客户群也会收到其他公司的产品目录。市场现状：时装业竞争十分激烈，邮购业务仍在迅速增长。在同类企业中，ABC 公司被公认为能够提供最佳产品组合、最佳产品质量和客户服务。该公司有两个关键的客户服务要素：（1）公司的收货、包装及发货都非常及时；（2）退货程序是"客户友好"方式。ABC 公司所销售的服装是委托韩国、新加坡的制造商进行生产的。

2. 案例反映的问题及产生的原因

问题一：ABC 公司所处的服装业的行业特点决定了该公司要具有非常有竞争力的国际化物流系统。

问题二：ABC 公司只有邮购和电话订购销售方式，就邮购而言时间周期太长，而电话订购存在电话费用和电话拨通率问题。因此，ABC 公司的销售方式需要改进和完善，物流信息系统有待升级。

问题三：ABC 公司的退货程序是"客户友好"方式，没有建立恰当的反向物流，这造成较大的开支。

问题四：ABC 公司所销售的服装是委托韩国、新加坡的制造商生产的，国际环境因素对 ABC 公司运营的影响巨大。由于消费者偏好变动快，有时在销售季节热销过程中就发生了变化，公司必须具备持续的快速反应能力。

3. 解决问题的建议

首先，对 ABC 这样从事物流活动，而且公司目标客户的偏好变动又很快的公司来说，物流信息系统对 ABC 公司十分重要。ABC 公司应该采用更有效的销售方式，增加网上购物的服务，提高客户的订货便利程度。

其次，增强企业竞争能力和反应速度。这种反应速度主要体现在：商品上市时间和订单作业时间。商品上市时间的长短取决于企业捕捉市场信息的速度、产品开发速度、产品制造速度、产品分拨速度。订单作业时间取决于产品可得性和企业处理订单的作业方式及效率。各种单据传输应该电子化、采用信息系统对在途货物跟踪定位并实现市场信息的跨国传递，这样才能进一步实现跨国物流作业中的快速反应。

再次，由于 ABC 公司所销售的服装是委托韩国、新加坡的制造商进行生产的，国际环境对公司运营有极大的影响，公司存在极大的风险，上述两点都必须通过进一步完善国际化物流信息系统来实现。

最后，关于公司的退货程序问题，宜多采用逆向物流。与传统供应链管理相反，逆向物流是为了恢复价值与合理处置，对原物料、中间仓库、最终产品及相关信息，从消费地到起始地实际流动进行有效规划、管理与控制，从而可以节省开支。

分析讨论：

结合本章所学内容，分析生产物流和逆向物流对 ABC 公司的重要影响。

第五章

CHAPTER 5

物流企业

📋 学习目标

▶ 重点掌握：物流外包的优势及应注意的问题。

▶ 掌握：第三方物流的概念和特征；第四方物流的概念及功能特征。

▶ 了解：第四方物流的实施条件。

🌐 引导案例

　　青啤人常说："我们要像送鲜花一样送啤酒，把最新鲜的啤酒以最快的速度、最低的成本让消费者品尝。"为了这一目标，青岛啤酒股份有限公司与香港招商局共同出资组建了青岛啤酒招商物流有限公司，双方开始了物流领域的全面合作。

　　有趣的是，尽管是合作，青啤却得以完全从自己并不在行的领域里抽身而出，将自己的运输配送体系外包给招商物流。因为，招商物流与青啤合作，仅输出管理，先后接管青啤的公路运输业务和仓储、配送业务，并无任何硬件设施的投资。

　　据悉，自从合作以来，青岛啤酒运往外地的速度比以往提高了 30% 以上，山东省内 300 千米以内区域的消费者都能喝到当天的啤酒，300 千米以外区域的消费者原来喝到青岛啤酒需要 3 天左右，现在也能喝到出厂一天的啤酒了。

　　业内人士指出，这一合作对青啤而言，实际是将物流业务外包，这是国企中第一个"吃螃蟹的人"；对招商物流而言，该项目是第三方物流服务的典型案例，在合作形式、合作技术上都具有一定的挑战性。

　　思考：什么是物流业务外包？

第一节   物流企业概述

一、物流企业的概念

现代物流泛指原材料、产成品从起点至终点伴随相关信息有效流动的全过程。现代物流将运输、仓储、装卸、加工、整理、配送与信息等有机结合，形成完整的供应链，为客户提供多功能、一体化的综合性服务。

我国国家标准《物流术语》（GB/T 18354—2021）中规定，物流企业是指从事物流基本功能范围内的物流业务设计及系统运作，具有与自身业务相适应的信息管理系统，实行独立核算、独立承担民事责任的经济组织。从严格意义上讲，物流企业是指第三方物流企业和第四方物流企业，即那些与客户企业在某种层面上建立起伙伴关系、战略联盟关系或合同外包关系的物流服务供应商。这类物流企业以专业优势为客户企业提供从规划到实施的全程物流服务，为客户提供集运输、仓储、配送、信息管理于一体的综合物流解决方案。

二、物流企业的分类和经营模式

（一）传统的仓储运输型企业

传统的仓储运输型企业主要为客户提供各种公用和专用仓库，或者为人和货物提供各种速度和形式的不同空间转换服务，如铁路、航空、公路运输和水运等，有的企业还可以提供简单的流通加工，如大包装改成小包装、打标签等。传统的仓储运输型企业以收取仓储费和运输费为主。此类企业多为国有大中型企业，其中比较活跃的有中远、中外运、中国物资储运总公司等，以及已经在资本市场上比较活跃的一些上市公司。

这些企业的优点是：拥有较庞大的国有资产；拥有本地化网络与客户资源。这些企业的缺点是：企业负担较重，管理水平与技术水平较低，大部分业务仅仅局限于传统物流领域（仓储、运输）。

（二）新兴的信息服务型企业

新兴的信息服务型企业以提供畅通的物流信息为主，也就是以软件为主。这类企业建立在信息平台上，信息平台有多种形式，有的是建立在电话联络上（如配货站，它主要为货车提供货源，为货主提供可以承载的车辆，以便整合装车）；有的建立在互联网或专门网络上，其信息来源特别广，包括空运、海运、铁路和公路运输等，为客户提供信息服务（从别人处取得的信息）、运输服务（租赁车辆）、仓储服务（租赁公用或专用仓库）、配送服务等。其主要服务对象是跨国公司、大型企业等高端客户，提供完整的解决方案与咨询服务，也包括信息系统与技术服务，以收取信息服务费为主要营业收入。

（三）综合型物流企业

综合型物流企业主要有运输服务型企业（如快递公司）、仓储服务型企业等。这类企业建立在信息平台上，它的网络覆盖一个较大的区域，可以为客户提供各种基本服务和延伸服务，以及增值服务。综合型物流企业在网络内可以根据具体情况租用专用仓库，也可以自己建仓库，可以有自己的运输车队、船队、飞机等各种运输工具，也可以租用几种运输工具。综合型物流企业在现代高新技术支持下，可以提供各种延伸服务（如快运服务、限时服务、门对门服务等）、货物同步查询服务、增值服务等。

综合型物流企业的优势，在于它可以利用它的网络服务优势得到更多业务，可以利用大量的货物运输和仓储取得运输和仓储成本的降低，增值服务可以使它的服务在同等价格下优势明显。

第二节　物流外包

我国国家标准《物流术语》（GB/T 18354—2021）中规定，物流外包是指企业将其部分或全部物流的业务交由合作企业完成的物流运作模式。物流外包是一种长期的、战略的、相互渗透的、互利互惠的业务委托和合约执行方式。

物流已经成为新经济时代企业模型的一个不可缺少的部分，而市场对物流系统的要求超越了目前许多公司物流机构的分配资源的功能和能力。作为物流系统的一个可行选择，由外包公司提供所需要的功能和服务已经得到广泛应用。

一、物流外包优势分析

将物流外包给专业的第三方物流供应商（3PL），可以有效降低物流成本，提高企业的核心竞争力。具体来说，将物流业务外包能够带来如下优势。

（一）降低运营成本，提高服务质量

当企业的核心业务迅猛发展时，需要企业的物流系统跟上核心业务发展的步伐，但此时企业原来的自理物流系统往往因为技术和信息系统的局限而相对滞后。与企业自理物流相比，3PL可以集成小批量送货的要求来获得规模经济效应，在组织企业的物流活动方面更有经验、更专业化，从而降低企业的营运成本，改进服务，提高企业运作的灵活性。

对委托企业而言，它不可能获得所需要的各方面人才。通过将物流外包给3PL，

委托企业不但可以引入资金、技术，也可以根据自己的需要引入"外脑"。物流方面的专家或专门人才不一定属于该委托企业，却可以成为企业所使用的一部分有效的外部资源。特别是那些财力、物力有限的小企业，通过物流外包，更容易获得企业所需要的智力资本。

（二）更专注于核心业务的发展

企业的主要资源，包括资金、技术、人力资本、生产设备、销售网络、配套设施等要素。资源的有限性往往是制约企业发展的主要"瓶颈"，特别是在当今时代，技术和需求的变化十分复杂，一家企业的资源配置不可能局限于本组织的范围之内。即使是一个实力非常强大、有着多年经验积累的跨国企业集团，仅仅依靠自身的力量，也是不经济的。物流外包策略对企业有限资源的合理利用非常重要，国内外的许多企业正是通过物流外包，突破原有的资源"瓶颈"，获得了超常的增长速度。

利用物流外包策略，委托企业可以集中资源建立自己的核心能力，并使其不断提升，从而确保委托企业长期获得高额利润。应该认识到，无论企业是处于扩张期还是压缩期，大多数企业用于投资的资金总是有限的，通过3PL可以节约资金和资本投入，使企业资本集中在主要的、能产生高效益并取得主要竞争力的业务上。通过3PL不仅可以减少物流基础设施的新投资，而且可以腾出自有仓库与车队所占用的资金，将其用在更有效率的地方。

（三）提高企业的运作柔性

委托企业选择3PL的重要原因之一是提高柔性的需要。委托企业可以更好地控制其经营活动，并在经营活动和物流活动中找到一种平衡，保持两者之间的连续性，提高其柔性，使实行物流外包的委托企业因业务的精简而具有更大的应变空间。

由于大量的非特长业务都由合作伙伴来完成，物流外包企业可以精简机构，中层经理传统上的监督和协调功能被计算机网络所取代，金字塔状的总公司-子公司的组织结构，让位于更加灵活的、对信息流有高度应变性的扁平式结构，这种组织结构将随着知识经济的发展而越来越具有生命力。

（四）减少监督成本，提高效率

委托企业可以利用物流外包策略缩小企业的规模，精简企业的组织，从而减少规模膨胀造成的组织反应迟钝、缺乏创新精神的问题。规模偏小的企业，管理事务比较简单，更易于让企业专注于自己核心能力的培养。企业要想在激烈竞争的环境里成长，就必须尽量控制企业的规模，以确保企业的灵活反应能力，物流外包策略在这方面具有非常重要的意义。

（五）降低风险，同时也可以让合作伙伴分担风险

首先，在迅速变化的市场和技术环境下，通过物流外包，委托企业可以与合作企

业建立起战略联盟，利用其战略伙伴的优势资源，缩短产品从开发、设计、生产到销售的时间，减轻由于技术和市场需求的变化造成的产品风险。

其次，战略联盟的各方都发挥各自的优势，有利于提高新产品和服务的质量，提高新产品开拓市场的成功率。

最后，采用物流外包策略的委托企业在与其战略伙伴共同开发新产品时，风险共担，从而降低新产品开发失败给企业造成巨大损失的可能性。

二、企业决策物流外包时应注意的问题

我国物流外包刚刚起步，无论是在理论上还是在实践经验上都有很长一段路要探索，要在短期内取得显著成效显然不太现实。我国绝大部分企业规模相对较小，如果盲目地将自己的物流业务外包出去，不仅不能为构筑企业核心竞争力提供方便，而且最终会影响到企业的核心竞争力。

（一）企业应首先考虑的问题

1. 企业战略

受传统经营理念的影响，在企业战略决策过程中，自给自足的思想导致很多问题。客观事实是，即使大公司也不可能完全实现自给自足。例如，福特汽车公司就曾经希望能在它的纵向一体化程度最高的工厂生产所有的零件，并建立一个错综复杂的公路和铁路网络。但随着横向一体化的不断深入，现在的福特汽车公司早已不再如此，它的50%的零部件需从外部购买，并且根据各分公司的不同情况确定其物流业务是自营还是外包。企业越往纵向一体化发展，越追求自给自足，企业的规模就越大，管理也就越复杂，这样很可能导致管理层由于管理工作过于复杂而无法有效管理。所以，企业在决策时需要客观认识物流业务外包的作用，克服自给自足的思想。

2. 确定企业核心竞争力

企业在确定物流业务外包前，应深入分析内部物流状况，并认真研究物流业务是不是企业的核心竞争力，以分析物流外包能否为企业带来外部战略经济利益。对中小型企业来说，资金的规模小，生产的变动性大，又无力投入大量的资金建设物流设施，并且企业内部业务流程重组存在风险，还有可能受到企业内部员工的抵制，造成资源的浪费。因此，企业可以考虑利用物流外包来突破资源"瓶颈"，使企业的发展获得较高的增长速度。

3. 计算并比较自营和外包成本

在决定物流业务外包前，一定要认真分析，比较自营和外包成本。尽管外包可能会引领时尚潮流，但一定要根据企业自身的环境确定是否外包。

通过以上分析，我们认为，尽管物流外包是一种趋势，但企业应该对此有一个全面客观的认识，并通过认真分析，决定自己是否将物流外包。

（二）物流外包后必须要做好的工作

1. 做好充分的准备

企业必须清楚自己的服务需求，准确地列出计划外包的项目。企业可能需要提供的服务包括仓储、运输、库存管理、提高附加值的功能（包装、组装等）、信息支持（产品跟踪、结算等）。然后，详细列出这些服务的标准，以此作为选择第三方物流供应商的参考。此外，企业还需要确定供应商是否能够应对实际运作中未预料到的改变，如销售量和顾客的变化等。

2. 选择合格的物流供应商

一项调查结果表明：在选择物流供应商时，企业认为能够降低风险和更显著、更快达到基本目标的特性最重要，如财务稳定性、客户服务能力和服务价格。在选择时，有必要优先考虑物流供应商的财务稳定性、客户服务能力和服务价格等重要因素。

3. 与合格的物流供应商签订合同

选定了物流供应商后，企业就应该与供应商签订合同，按照企业最保守的方法，分别签订仓库租赁合同和操作合同。这两份合同单独履行，互不影响。只有这样，当取消了操作合同时，仓库租赁合同仍然生效。在签订合同的过程中，为了达到双赢的目的，双方一定要有效协调沟通，确保签订的合同满足各方的需求，实现各自的目标。尽管合同不可能对环境变化作出全面准确的预测，如市场环境、行业政策等一些不可预知的改变，但一定要在合同中写明如有类似情况发生的处理方法。

合同中还应该建立考核标准。一般情况下，对供应商服务水平的考核是基于合同条款。合同条款多数只对结果作出描述，建立合作关系后，根据合同，充分沟通协商，详细列举绩效考核标准，并对此达成一致。这样，合作双方才能在双赢的目标下走得更远。

第三节　第三方物流

一、第三方物流概述

第一方物流是指卖方，即生产者或者供应方组织的物流活动。这些组织的主要业务是生产和供应商品，但为了其自身生产和销售的需要而进行物流网络及设备的投资、经营与管理。供应方或者厂商一般都需要投资配备一些仓库、运输车辆等物流基础设施。卖方为了保证生产正常进行而建设的物流设施是生产物流设施，为了产品的销售而在销售网络中配备的物流设施是销售物流设施。总的来说，由制造商或生产企业自己完成的物流活动称为第一方物流。

　　第二方物流是指买方，即销售者或流通企业组织的物流活动。这些组织的核心业务是采购并销售商品，为了销售业务需要而投资建设物流网络、物流设施，并进行具体的物流业务运作和管理。严格地说，从事第二方物流的公司属于分销商。

　　第三方物流又称契约物流（contract logistics），是 20 世纪 80 年代中期以来在欧美发达国家出现的概念。我国国家标准《物流术语》（GB/T 18354—2021）中对第三方物流所下的定义为：由独立于物流服务供需双方之外且以物流服务为主营业务的组织提供物流服务的模式。第三方物流与第一方物流、第二方物流的关系如图 5-1 所示。

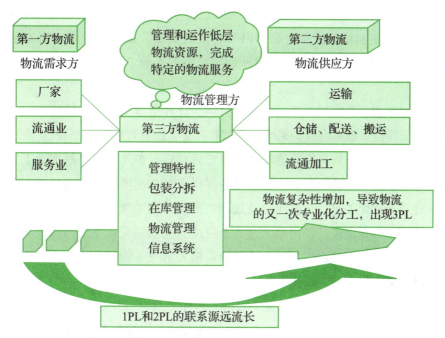

图 5-1　第三方物流与第一方物流、第二方物流的关系

　　根据定义，第三方物流主要由以下两个要件构成：第一，主体要件，即在主体上是指"第三方"，表明第三方物流是独立的第三方企业，而不是依附于供方或需方等任何一方的非独立性经济组织。第二，行为要件，即在行为上是指"物流"，表明第三方物流从事的是现代物流活动，而不是传统意义上的运输、仓储等。

　　现代意义上的第三方物流在国际上是一个新兴行业，具有潜力大、渐进性强和增长率高等特征。这就使得这个行业拥有大量的、由不同背景发展起来的物流服务提供者。发达国家的第三方物流供应商大多数并不是一开始就是第三方物流公司，而是渐进发展进入该行业的。大多数第三方物流公司以传统的"类物流"业为起点，如仓储业、运输业（空运、海运、陆运）、货代、公司物流部等。

　　总的来说，第三方物流行业的来源主要有如下几类：

　　（1）以运输为基础的物流公司。这些公司都是大型运输公司的分公司，有些服务项目是利用其他公司的资产完成的。其主要优势在于公司能发挥自身专业和利用母公司的运输资源扩展运输功能，提供更为综合性的物流服务。

（2）以仓库和配送业务为基础的物流公司。这些公司以传统的仓库储存业务为基础，已介入存货管理、仓储与配送等物流活动，扩展到了更大范围的物流活动。经验表明，基于仓储的公司要比基于运输的公司转为物流服务更容易和简单一些。

（3）以货代为基础的物流公司。这些公司一般无资产，非常独立。当前，它们已从货运中间人角色转为更广范围的第三方物流服务公司。这类公司具有把不同物流服务项目组合起来以满足客户需求的能力。

（4）以托运人和管理为基础的物流公司。这一类型的公司是从大公司的物流组织演变而来的。它们将物流专业的知识和一定的资源，如信息技术，作为第三方作业的优势来源。这些供应商具有管理母公司物流的经验，易于对外部客户证明它的能力。

（5）以财务或信息管理为基础的物流公司。这种类型的第三方物流供应商能提供如运费支付、审计、成本会计、采购、跟踪和存货管理等管理工具。

总体上讲，第三方物流供应商市场相对比较年轻，在外包趋势的推动下正不断演进并日益变得成熟。大部分第三方物流服务提供者最初主要来自受雇运输部门，与既有的货主建立起伙伴关系，这些承运商逐渐扩展到广泛的物流支持活动。近年来，技术推动的第三方物流企业已经出现，这些企业成为完全供应链系统的集成者，并且利用供应链优化软件去管理它们遍及全球的供应链。第三方物流供应商正努力提供由客户需求驱动和基于价值的客户化服务。

由于外包的日益精细化和专业化，目前，国际上的第三方物流发展得越来越专业，并且具体锁定于某一行业。如美国 Lehman 物流公司专门服务于化工产业，Johnson & Johnson 物流服务公司专门从事医疗产业，IBM 物流服务公司专门开展计算机零部件的业务，这些专业型的第三方物流公司满足了不同产业的客户需求。

二、第三方物流的特征

（一）长期契约

第三方物流是一种具有长期契约性质的综合物流服务。第三方物流供应商是根据合同条款的规定，而不是根据临时需求或要求，提供多功能甚至全方位的物流服务，最终职能是保证客户物流体系的高效运作和不断优化供应链管理。第三方物流供应商与第三方物流服务购买者之间依靠现代信息技术充分共享彼此之间的信息，双方相互信任，共担风险和共享收益。

（二）专业化

第三方物流是一种专业性物流服务的组织单元，它熟悉市场运作，具有专门的物流设施和信息手段，有长期的客户关系网络，又有专业人才。第三方物流具有针对不同物流市场的专业知识，包括运输、仓储和其他增值服务，第三方物流供应商能够根据客户业务流程的不同提供"量身定做"的物流服务。

（三）拥有充分信息

第三方物流拥有充分的市场信息、较为广泛的信息网络和现代信息技术。在物流服务过程中，信息技术的发展实现了信息实时共享，促进了物流管理的科学化，极大地提高了物流效率和物流效益。常用于支撑第三方物流的关键技术有：实现信息快速交换的 EDI 技术、实现资金快速支付的 EFT 技术、实现信息快速输入的条形码技术、实现网上交易的电子商务技术等。

（四）规模化经营

对不能形成规模优势的单独客户而言，将业务外包给第三方物流，可以组织若干客户的共同物流，通过多个客户所形成的规模来降低成本。有了规模，就可以有效地实施供应链、共同配送等先进的运作方式，进一步保障物流服务水平的提高。

（五）创新性运作

第三方物流企业不仅是单纯地按客户的要求完成物流运作，要想为客户提供高水平的物流服务，还必须了解客户的运作流程、行业特点、外包物流的动机，探讨建立怎样的企业间协作关系才能够取得双赢的结果等。第三方物流必须在满足客户当前需求的同时去发现客户的潜在需求，挖掘其未来需求，从而开发出适合于不同企业的物流服务，这就决定了第三方物流服务是带有创新性的。

三、第三方物流的优势

第三方物流之所以在世界范围内受到企业的青睐，根本原因就在于其独特的作用与价值，能够帮助客户获得如利润、价格、供应速度、服务、信息的准确性和真实性以及在新技术采用上的潜在优势等。

（一）第三方物流的成本价值

企业考虑把物流业务运作外包给第三方物流的一大驱动力就是降低成本。事实证明，企业单靠自己的力量降低物流费用存在很大的困难，要取得更大的进展将付出更多努力。要想实现新的改善，企业不得不寻求其他途径，选择第三方物流。

采用第三方物流能够降低成本主要表现在以下方面：企业将物流业务外包给第三方物流公司，以支付服务费用的形式获得服务，而不需要自己内部维持运输设备、仓库等物流基础设施和人员来满足这些需求，从而可以使公司的固定成本转化为可变成本，其影响对那些业务量呈现季节性变化的公司更为明显。

（二）第三方物流的服务价值

服务水平的提高会提高客户满意度，增强企业信誉，促进企业的销售，提高利润率，进而提高企业市场占有率。因此，在市场竞争日益激烈的今天，高水平的客户服务对现代企业来说至关重要，可以成为一个企业的竞争优势。帮助企业提高客户服务水平和质量也就成了第三方物流所追求的根本目标。物流能力是企业服务的一大内容，会制约企业的客户服务水平。例如，生产时由于物流问题使采购的材料不能如期到达，也许会迫使工厂停工，不能如期交付客户订货而承担巨额违约金，更重要的是，可能会使企业自身信誉受损，销量减少，甚至失去良好的客户，由此可见物流服务水平的重要性。实际上，物流服务水平已成为企业实力的一种体现。

（三）第三方物流的风险规避价值

企业如果自己运作物流，要面临如下两大风险：

一是投资的风险。企业如果自己运作物流，需要进行物流设施、设备及运作等的巨大投资，而非物流企业内部对物流设施的需求往往是有限或波动的，物流管理能力也不强，很容易造成企业内部物流资源的闲置浪费，效率低下，如果把这些用在物流上的巨额投资投到企业的核心业务上，可能会产出更大的效益，因此，企业物流投资有着巨大的机会成本。

二是存货的风险。企业如果利用第三方物流的运输、配送网络，通过其管理控制能力，可以提高客户反应速度，加快存货的流动周转，从而减少内部的安全库存量，降低企业的资金风险，或者把这种风险分散一部分给第三方物流企业来共同承担。

（四）第三方物流的竞争力提升价值

在专业化分工越来越细的时代，任何企业都会面临自身资源有限的问题。因此，对那些并非以物流为核心业务的企业而言，将物流运作外包给第三方物流企业来承担，有助于企业专注于自身的核心业务，提高竞争力。

（五）第三方物流的社会效益

除了独特的经济效益外，第三方物流还具有为大多数人所忽视的一大价值，即其社会效益。

首先，第三方物流可将社会的众多闲散物流资源有效整合、利用。

其次，第三方物流有助于缓解城市交通压力。

再次，城市车辆运行效率的提高，可减少能源消耗，减少废气排放量和噪声污染等，有利于环境的保护与改善，促进经济的可持续发展。

最后，第三方物流的成长和壮大可带动我国物流业的发展，对我国产业结构的调整和优化有着重要意义。

四、第三方物流的利润来源

第三方物流发展的推动力就是要为客户及自己创造利润。第三方物流公司必须以有吸引力的服务来满足客户需要，服务水平必须符合客户的期望，要使客户在物流方面得到利润，同时自己也要获得收益。第三方物流公司必须通过自己物流作业的高效化、物流管理的信息化、物流设施的现代化、物流运作的专业化、物流量的规模化来创造利润。

(一) 作业利益

第三方物流服务能为客户提供"物流作业"改进利益。一方面，第三方物流公司可以通过第三方物流服务，提供给客户自己不能自我提供的物流服务或物流服务所需要的生产要素，这是产生物流外包的重要原因。在企业自行组织物流活动的情况下，局限于组织物流活动所需要的专业知识，或者局限于自身的技术条件，企业内部物流系统难以满足自身物流活动的需要，而企业自行改进或解决这一问题又往往是不经济的。另一方面，第三方物流服务能够改善企业内部管理的运作表现，增加作业的灵活性，提高质量和服务、速度和服务的一致性，使物流作业更具效率。

(二) 经济利益

第三方物流服务为客户提供经济或与财务相关的利益是第三方物流服务存在的基础。一般低成本是低成本要素和规模经济的经济性所创造的，其中包括劳动力要素成本。通过物流外包，企业可以将不变成本转变成可变成本，可以避免盲目投资而将资金用于其他用途从而降低成本。

稳定和可见的成本也是影响物流外包的积极因素，稳定成本时的规划和预算手续更为简便。一般来讲，一个环节的成本难以清晰地与其他环节区分开来，但通过物流外包，使用第三方物流服务，则供应商要申明成本和费用，成本的明晰性增加。

(三) 管理利益

第三方物流服务给客户带来的不仅是作业的改进及成本的降低，还应该给客户带来与管理相关的利益。正如前面所述，物流外包可以使用企业不具备的管理专业技能，也可以将企业内部管理资源用于别的更有利可图的用途中去，并与企业核心战略相一致。物流外包可以使企业的人力资源更集中于企业的核心活动，而同时获得的是别的企业（第三方物流公司）的核心经营能力。

此外，单一资源和减少供应商数目所带来的利益也是物流外包的潜在原因。单一资源减少了公关等费用，并减轻了企业在几个运输、搬运、仓储等服务商间协调的压力。第三方物流服务可以给客户带来的管理利益还有很多，如订单的信息化管理、避免作业中断、运作协调一致等。

（四）战略利益

物流外包还能产生战略意义及灵活性，包括地理范围跨度的灵活性（设点或撤销）及根据环境变化进行调整的灵活性。共担风险的利益也可以通过第三方物流服务来获得。

五、第三方物流服务的实施

企业实施第三方物流服务，就是要从第三方物流企业那里获取最大化的收益，这是一项严肃而重要的过程。企业在考虑实施第三方物流服务时，主要包括以下四个阶段。

（一）划分物流外包业务

在此阶段，企业关注所确定的物流外包范围，并准备一份请求计划书发送给有潜在可能的物流供应商。这是选择一个满意的第三方物流供应商的首要工作。企业按照地域范围、客户和商品情况识别自己需要外包哪些物流职能。完成此项任务后，企业应该准备一份请求计划书，里面清晰地列出外包物流职能的要求和外包所要达到的预期效果。

（二）识别候选的物流供应商

在此阶段，企业集中精力识别候选的物流供应商，并基于某些标准对它们进行评估。这一阶段涉及两个方面：一是识别潜在第三方物流供应商，企业可以通过商贸期刊、出版物、网站等方式列出潜在物流供应商名单；二是选择一个或少数几个物流供应商进行实际的签约，包括方案评估、现场参观、获取介绍，并把这些结合在一起进行分析，选出最终的候选物流供应商。

（三）合约的谈判与订立

在此阶段，企业根据预期需达到的目标、时间期限和价格进行合约的谈判与订立。由于涉及实际的契约订立，该阶段十分重要。契约应当包括服务要求、价格、报酬支付时间表、期限和其他一些特定的事情。特定条款还包括相关契约的取消、提价或成本节约的分担等。

（四）对外包过程的管理和监控

这一阶段对继续改善物流外包企业和物流供应商之间的关系十分关键。尽管把物流职能外包出去后企业不再需要执行物流职能，但企业仍然需要有效地管理物流流程及处理与第三方物流供应商之间的关系，以便取得所期望的效果。物流外包企业应当组织团队和第三方物流供应商一起工作，该团队将处理和管理所有与契约或协议相关的问题，及时发现物流供应商的不良表现和自身企业在配合和支持方面的不足，从而加以修正。如果做不到这一点，物流外包企业与第三方物流供应商之间的关系将不会太和谐，并可能最终导致双方合作的中止。

第四节　第四方物流

所谓第四方物流，就是供应链的集成者、整合者和管理者。第四方物流主要通过对物流资源、物流设施和物流技术的整合和管理，提出物流全程的方案设计、实施办法和解决途径。第四方物流是在第三方物流基础上的进化和发展，比第三方物流服务的内容更多，覆盖的地区更广，技术更复杂。

第四方物流需要对客户的需求和社会的物流资源有深刻的理解，同时更重要的是，具有调动社会物流资源实现最佳供应链方案的能力，所提供的供应链解决方案具有很好的系统性和完整性。第四方物流与第三方物流的区别之一是对供应链全套系统设计，同时，在供应链的运作过程中发现问题。第四方物流能进行供应链的重新优化整合，这一点是第三方物流所不能及的。第三方物流缺少对供应链运作的专长和整合技能，在功能范围上也不如第四方物流广阔。第三方物流与第四方物流的关系如图 5-2 所示。

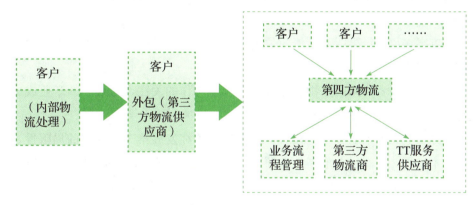

图 5-2　第三方物流与第四方物流的关系

一、第四方物流的基本特征

第四方物流虽然处于萌芽阶段，但其基本特征已渐趋明朗，正是这些特征使第四方物流呈现旺盛的生命力。

（一）集约化

第四方物流集成了技术公司、管理咨询和第三方物流服务商的能力，整合了相关的物流资源，提供了一整套全面意义上的供应链物流解决方案，以有效适应需求方多样化和复杂化的需求。

（二）价值化

第四方物流通过其对整个供应链产生影响的能力来降低运营成本，降低工作成本和提高资产利用率，从而为整条供应链上的客户都带来利益，增加价值。

（三）规范化

第四方物流加速了整个物流行业标准化和规范化的进程，推进了物流技术指标和质量标准的统一以及物流管理程序和实务的规范化。

（四）国际化

第四方物流是在经济全球化的大趋势下出现的，其自身的国际化将是不可避免的，主要表现在物流市场的国际化、服务需求的国际化、物流支持系统的国际化、供应链管理的国际化和企业文化的国际化等方面。

二、第四方物流的三种模式

按照国外的概念，第四方物流是一个提供全面供应链解决方案的供应链集成商。

第四方物流存在三种可能的模式：

（1）协助提高者：第四方物流为第三方物流工作，并提供第三方物流缺少的技术和战略技能。

（2）方案集成商：第四方物流为货主服务，是和所有第三方物流提供商及其他提供商联系的中心。

（3）产业革新者：第四方物流通过对同步与协作的关注，为众多的产业成员运作供应链。

第四方物流无论采取哪一种模式，都突破了单纯发展第三方物流的局限性，能真正地低成本运作，实现最大范围的资源整合。第三方物流缺乏跨越整个供应链运作以及真正整合供应链流程所需的战略专业技术，第四方物流则可以不受约束地将每一个领域的最佳物流提供商组合起来，为客户提供最佳物流服务，进而形成最优物流方案或供应链管理方案。

据专家分析，第四方物流的利润要比第三方物流的利润更加丰厚，它们拥有专业化的咨询服务，尽管第四方物流目前规模尚小，但在竞争激烈的中国物流市场上，第四方物流将会快速增长。

三、第四方物流的优势和功能

第四方物流与第三方物流相比，其服务的内容更多，覆盖的地区更广，对从事货运物流服务的公司要求更高，要求它们必须开拓新的服务领域，提供更多的增值服务。第四方物流最大的优越性，是它能保证产品得以"更快、更好、更廉"地送到需求者手中。如今，货主/托运人越来越追求供应链的全球一体化以适应跨国经营的需要，跨国公司要集中精力于其核心业务，必须更多地依赖于物流外包。基于此理，它们不只是在操作层面上进行外协，在战略层面上也需要借助外界的力量。

第四方物流的基本功能有以下三个方面：

（1）供应链管理功能，即管理从货主/托运人到客户的供应全过程。

（2）运输一体化功能，即负责管理运输公司、物流公司之间在业务操作上的衔接与协调问题。

（3）供应链再造功能，即根据货主/托运人在供应链战略上的要求，及时改变或调整战略战术，使其经常处于高效率运作状态。第四方物流的关键是以"行业最佳的物流方案"为客户提供服务与技术。

第三方物流要么独自提供服务，要么通过与自己有密切关系的转包商来为客户提供服务，它不大可能提供技术、仓储和运输服务的最佳整合。而第四方物流成了第三方物流的"协助提高者"，也是货主的"物流方案集成商"。

四、发展第四方物流的条件

有关研究表明，成为第四方物流需要具备以下前提条件：

（1）在集成供应链技术和外包能力方面处于领先地位。

（2）能够同时管理多个不同的供应商，具有良好的关系管理和组织能力。

（3）在业务流程管理和外包的实施方面有一大批富有经验的供应链管理专业人员。

（4）有世界水平的供应链策略制定、业务流程再造、技术集成和人力资源管理能力。

（5）对组织变革问题的深刻理解和管理能力。

（6）全球化的地域覆盖能力和支持能力。

真正的第四方物流不仅能够管理特定的物流服务，而且可以为整个物流过程提供完整的解决方案，并通过技术手段将这个过程集成起来。第四方物流作为企业的战略伙伴，和第三方物流一样，能够与客户全面、实时共享在制造、市场及分销等方面的数据。在可预见的将来，第四方物流必将得到广泛应用。

● 本章小结 ●

物流企业是指独立于生产领域之外，以物流的功能要素中的一个或多个作为自己经营活动的具有法人资格的企业单位。物流企业的出现源于对物流业务的外包。

第三方物流是由独立于物流服务供需双方之外且以物流服务为主营业务的组织提供物流服务的模式。第三方物流所具有的专业化、规模化、长期契约等特点，使其在利润、价格、供应速度、服务、信息的准确性和真实性，以及对新技术的采用等方面，具有无可比拟的优势。但第三方物流的发展也存在着诸多障碍，这些障碍主要有来自业务外包者对物流外包的认知上的障碍以及第三方物流供应商自身存在的一些不足。

第四方物流是供应链的集成者、整合者和管理者，是在第三方物流基础上的进化和发展，但比第三方物流服务的内容更多、覆盖的地区更广、技术更复杂，且具有供应链管理功能、运输一体化功能和供应链再造功能。要想成为第四方物流服务提供商，就必须具备一定的前提条件，如在集成供应链技术和外包能力方面处于领先地位、具有良好的关系管理和组织能力以及全球化的地域覆盖能力和支持能力等。

● 关键概念 ●

物流企业　物流外包　第三方物流　第四方物流

● 讨论及思考题 ●

1. 物流外包有什么好处？
2. 第三方物流具有哪些优势？如何实施第三方物流？
3. 第四方物流有哪几种模式？第四方物流有哪些优势和功能？

● 练习题 ●

一、单项选择题

1. 不属于第三方物流的优势的是（　　）。

    A. 生产价值   B. 服务价值   C. 成本价值   D. 风险规避价值

2. 第三方物流服务实施的第一步是（　　）。

    A. 识别候选的物流供应商   B. 划分物流外包业务

    C. 对外包过程的管理和监控   D. 合约的谈判与订立

3. 第三方物流是一种具有（　　）契约性质的综合物流服务。

    A. 时点   B. 短期   C. 中期   D. 长期

4. 第三方物流供应商根据（　　），提供多功能甚至全方位的物流服务，最终保证客户物流体系的高效运作和不断优化供应链管理。

    A. 临时需求或要求   B. 合同条款的规定

    C. 供应方的要求   D. 需求方的要求

5. 第四方物流成功的关键，是以（　　）的物流方案为客户提供服务与技术。

    A. 行业最佳   B. 协助提高者   C. 物流方案集成商 D. 客户要求

二、多项选择题

1. 物流外包带来的优势有（　　）。

    A. 企业得到更加专业化的服务   B. 解决本企业资源有限的问题

C. 提高企业的运作柔性　　　　　　D. 减少监督成本，提高效率

2. 第三方物流的特点有（　　　）。

　　A. 长期契约　　　　　B. 短期契约　　　　C. 专业化　　　　　D. 拥有充分信息

3. 第三方物流的利润来源主要有（　　　）。

　　A. 作业利益　　　　　B. 经济利益　　　　C. 管理利益　　　　D. 战略利益

4. 第四方物流的基本功能包括（　　　）。

　　A. 供应链管理功能　　B. 产品再生产功能　C. 运输一体化功能　D. 供应链再造功能

5. 第三方物流主要由两个要件构成，即（　　　）。

　　A. 主体要件　　　　　B. 行为要件　　　　C. 客体要件　　　　D. 次要要件

三、判断题

1. 物流企业是指那些与客户企业在某种层面上建立起伙伴关系、战略联盟关系或合同外包关系的物流服务供应商。（　　　）

2. 综合物流企业的优势在于它可以利用它的网络服务优势得到更多业务和更低的服务价格。（　　　）

3. 确定物流外包只需要分析、比较自营和外包成本就行了。（　　　）

4. 第三方物流是指由供方与需方提供物流服务的业务模式。（　　　）

5. 据专家分析，第三方物流的利润要比第四方物流的利润更加丰厚，因为它们拥有专业化的咨询服务。（　　　）

四、案例分析题

海尔的供应链管理

　　海尔集团从 1984 年开始创业，通过多年的艰苦奋斗，把一个濒临破产的集体小厂发展成为国内外著名的跨国公司。很多企业都遇到这样那样的困难，退出了历史舞台，海尔之所以发展得越来越好，与它的供应链管理模式有着密不可分的关系。

　　从 1998 年开始，海尔就提出要注重供应链的管理，以优化供应链为中心，在全集团范围内对原业务流程进行了重新设计和再造，与国际化大公司全面接轨，强化了企业的市场应变能力，大大提升了海尔的市场快速反应能力和竞争能力，保证了企业的可持续发展。海尔在供应链管理上，并不是像一些企业一样纸上谈兵。它针对自身的情况，做到具体问题具体分析，并随着周边环境的改变随时调整自己的供应链管理模式。

1. 供应链管理的关键是核心业务和竞争力

　　供应链管理最重要的理念就是企业的核心业务和竞争力。因为企业的资源有限，企业要在各行各业中都获得竞争优势很困难，企业要想发展，必须集中资源在某个所专长的领域即核心业务上。海尔之所以能够以自己为中心构建起高效的供应链，就在

于它有不可替代的核心竞争力，并且仰仗这种竞争力把上下游的企业串在一起，形成一个为顾客创造价值的有机链条。供应链中的各个伙伴之所以愿意与海尔结成盟友，也正是看中了它不可替代的竞争力。

2. 强化创新能力

要在供应链管理中取胜，就要强化创新能力，满足市场的需求。海尔内部有一个理念，就是先有市场后有工厂。要使自己的产品有市场，最重要的就是围绕顾客需要，生产他们需要的产品。海尔的科研人员很欣赏这样一句话："想出商品来。"想出商品，就是想出新市场，也就是要创造新市场。企业通过创造市场引导消费来领先市场。而做大市场蛋糕的前提，是产品要有个性化，不断保持创新的活力。

3. 以供应链为基础的业务流程再造

业务流程是企业以输入各种原料和顾客需求为起点，到企业创造出对顾客有价值的产品或服务为终点的一系列活动。企业的业务流程决定着组织的运行效率，是企业的竞争力所在。以客户需求为切入点，对原来的业务流程进行重新思考和重新设计，它强调以首尾相接的、完整连贯的业务流程来代替过去的被各职能部门割裂的破碎性流程，使企业产品质量、成本和各种绩效目标得以显著改善。

海尔的业务流程再造是以供应链的核心管理思想为基础，以市场客户需求为纽带，以海尔企业文化为基础，以订单信息流为中心，带动物流和资金流的运行，实施"三个零"（服务零距离、资金零占用、质量零缺陷）为目标的流程再造。它以市场效益工资激励员工，从而完成订单，构建企业的核心竞争力。

4. 注重供应链管理中的信息技术

海尔的供应链纽带离不开IT的支持。1998年，公司第一次通过订单处理集中化的方式进行业务重组，由按库存生产转向了按订单生产，开始了真正意义上的海尔现代物流模式。由于物流技术和计算机管理的支持，海尔物流通过3个JIT，即JIT采购、JIT配送、JIT分拨物流来实现同步流程。这样的运行速度为海尔赢得了源源不断的订单。目前，海尔集团平均每天接到销售订单200多个，每个月平均接到6 000多个销售订单，定制产品7 000多个规格品种，需要采购的物料品种达15万种。由于所有的采购基于订单，采购周期减至3天；所有的生产基于订单，生产过程降到一周之内；所有的配送基于订单，产品一下线，中心城市在8小时内、辐射区域在24小时内、全国在4天之内即能送达。总体来看，海尔完成客户订单的全过程仅为10天时间，资金回笼一年15次，呆滞物资降低73.8%，同时海尔的运输和储存空间的利用率也得到了提高。

资料来源：https://www.wenmi.com/article/pz5b1801u4zm.html.

分析讨论：

企业供应链管理的意义是什么？

第六章

CHAPTER 6

物流管理与供应链管理

📋 学习目标

➤ 重点掌握：物流管理的内容；供应链及供应链管理的概念。

➤ 掌握：物流成本的控制；物流质量管理；供应链管理的方法。

➤ 了解：物流管理与供应链管理的关系；物流管理的概念及发展过程。

🌐 引导案例

　　联合利华并不直接和超市货架前的消费者产生联系，普通消费者和联合利华的中间隔着诸如乐购、沃尔玛这样的大型连锁超市。因此，为了让客户更愿意帮助自己卖出产品，联合利华的做法是把供应链一直延伸到货架前，站在客户的角度提供服务。

　　消费者从超市货架上取走一瓶清扬洗发水时意味着什么？对联合利华中国公司来说，答案是1 500家供应商、25.3万平方米的生产基地、9个区域分仓、300个超市和经销商都因此而受到牵动。

　　这是构成这家公司供应链体系的一些基本节点。如果让它的全貌更明晰一些，我们将会看到它的一头连接着来自全球的1 500家供应商，另一头则是包括沃尔玛、乐购、屈臣氏和麦德龙等在内的总共约300个零售商与经销商所提供的超过8万个销售终端。但仅凭这条单一的纵贯线，还不足以支撑起它复杂和庞大的体系，另外两个维度的填充物是：清扬洗发水、力士香皂、中华牙膏、奥妙洗衣粉等16个品牌共计3 000多种规格（SKU）的产品，以及这家公司在中国超过100亿元人民币的年销售额。

　　如何让这个体量庞大的组织灵活运转起来呢？事实上，每当消费者从超市货架上取走一瓶清扬洗发水时，这个极为平常的、每天每时都有可能发生的小行为便开始对联合利华整个供应链组织的运转造成影响。

第一节　物流管理

一、物流管理概述

（一）物流管理的定义

我国国家标准《物流术语》（GB/T 18354—2021）中定义为：物流管理是为达到既定的目标，从物流全过程出发，对相关物流活动进行的计划、组织、协调与控制。在社会再生产过程中，根据物质资料实体流动的规律，应用管理的基本原理和科学方法，对物流活动进行计划、组织、指挥、协调、控制和监督，使各项物流活动实现最佳的协调与配合，以降低物流成本，提高物流效率和经济效益。换句话说，在企业生产过程中，物流管理是对原材料、半成品和成品等物料在企业内外流动的全过程所进行的计划、实施、控制等活动。这个全过程，指物料经过的包装、装卸、搬运、运输、存储、流通、加工、物流信息等物流活动的全部过程。

物流管理的内容包括：

（1）对物流活动诸要素的管理，包括运输、储存、装卸、搬运等环节的管理。

（2）对物流系统诸要素的管理，即对其中人、财、物、设备、方法和信息等六大要素的管理。

（3）对物流活动中具体职能的管理，主要包括对物流计划、质量、技术、经济等职能的管理。

（二）物流管理的目标

1. 快速反应

快速反应是关系到一个企业能否及时满足客户需求的能力。信息技术的提高为企业创造了尽可能在最短的时间内完成物流作业并尽快交付的条件。快速反应的能力把作业的重点从预测转向反映客户的需求上来。

2. 最小变异

变异是指破坏物流系统表现的任何想象不到的事件。它可以是产生在任何一个领域的物流作业。如客户收到订货的期望时间被延迟，制造中发生意想不到的损坏以及货物到达客户所在地时发现受损，或者把货物交付到不正确的地点等，所有这一切都使物流作业时间遭到破坏。物流系统的所有领域都可能遭到潜在的变异，减少变异的可能性直接关系到物流作业本身。在充分利用信息技术的前提下，用积极的物流控制方法可以把这些风险降到最低水平，这样就可以提高物流的生产效率。

3. 最低库存

最低库存的目标涉及物资的周转速度和资金的占用问题。在企业物流系统中，存货所占用的资金是企业物流作业最大的经济负担，在保证供应的前提条件下提高周转率，意味着库存占用的资金得到了有效利用。可见，保持最低库存的目标就是把库存减少到与客户服务目标相一致的最低水平，实现最低的物流总成本。"零库存"是企业物流的理想目标，物流设计必须把资金占用和库存周转速度作为重点来管理。

4. 物流质量

物流的一个目标就是寻求持续不断地提高物流质量。全面质量管理要求企业物流从产品到服务都要做得更好。如果产品有缺陷或者对各种服务的承诺没有履行，那么物流费用就会增加。物流费用一旦支出就无法收回，甚至还要重复支付。物流本身必须履行它所需要的质量标准，包括流转质量和业务质量标准。如对物流的数量、质量、时间、地点的正确性评价。随着物流全球化、信息技术化、机械自动化水平的提高，物流管理所面临的是"零缺陷"的高要求，物流在质量上的挑战强化了物流的作业目标。

二、物流管理的发展历程

物流管理的理论和实践随着社会生产的发展而不断演变。人们对物流的理解随着企业市场环境的变化也相应地发生演变。物资、库存和采购等职能被加入到运输、交通管理和实体配送中来，形成了许多物资需求模型。更重要的是，实物供给以及供应链开始与实体配送结合在一起。现在人们对于什么是物流已经开始形成一致认识，企业内的物流角色是阶段性演进的，目前的物流有更强的可预见性和识别性，物流更需要在一个企业内同其他一些主要功能相协调和一体化，物流正在形成供应商、客户和第三方的联盟。国外学者预测未来物流研究将更加关注质量管理、时空耦合、全球物流中的巨大机遇以及真正第三方物流企业的出现来对整体的物流职能加以管理。

现代物流管理在欧美发达国家中大体经历了三个发展阶段：职能管理阶段（20世纪60年代至70年代）、内部一体化阶段（20世纪80年代）、外部一体化阶段（20世纪90年代至今）。

（一）职能管理阶段

20世纪60至70年代，绝大多数企业逐步认识到，物流管理不仅是对运输、采购、仓储等活动的分割式管理。在这个阶段，物流活动被挤到两大物流管理职能当中，即物料管理和配送管理。物料管理是对物料流入企业的所有有关活动进行计划、组织和控制，其具体管理范围包括采购、原材料、在制品库存控制、厂内运输、生产计划等。配送管理负责控制产成品从工厂到客户的有效率的输送，管理范围包括运费控制、仓储、包装、客户需求预测、成品库存控制、客户服务等。

1. 企业管理中的相关变革

（1）计算机在企业管理中的广泛应用。计算机管理系统为企业管理人员快速准确地处理物料管理和配送管理中产生的复杂问题提供了强有力的支持。物料需求计划（MRP）就是一个典型的例子。MRP成功地解决了根据最终产品需求生成零部件需求计划的问题，将原材料和零部件物流与产成品物流联结起来，使人们的思路从追求实际意义并不很大的优化方法转到比较现实的轨道上来，利用计算机技术把生产库存管理得更好。同时，计算机系统能够帮助企业更加准确地识别和控制包括物流成本在内的各项成本，为物料管理和配送管理的集成提供了有力的支持。

（2）客户服务理念的流行。企业降低运输和配送成本的努力往往会对客户服务产生负面影响。企业通过减少仓储设施、压缩库存、减少配送系统中存货的铺设等措施来降低成本时，很可能也降低了客户服务水平。如何正确地控制配送成本成为企业面临的一道难题，物流经理们同时也面临着改善客户服务的很大压力。此时，强化配送管理逐渐成为重要的企业战略。多数企业对客户服务的目标和标准缺乏正确的认识和实施的一贯性，导致库存、运输和仓储成本的上升。20世纪70年代中期，较为正确的客户服务理念与服务标准体系才逐步形成。企业开始关注客户服务目标与配送成本之间的权衡关系，成本-效益权衡模型广泛运用于测定合适的客户服务水平，ABC分析工具也广泛地应用于对客户的分类管理，客户服务的研究证明了集成式的配送管理确实能为企业带来更大的收益。

2. 物料与配送经理的职能

物流活动的集成使经理人员的管理权限增大，对物料和配送经理素质的要求也更高。分割式的管理成了成本管理的组织障碍，而物料和配送经理管理权限的扩展可以在一定程度上消除这种障碍。正是由于配送管理在企业管理中的重要性充分显现出来，配送经理在企业组织结构中的地位变得尤为重要和突出，一些企业直接由副总经理来主管配送。

（二）内部一体化阶段

20世纪80年代初，配送管理与物料管理逐步集成起来，并产生了全过程物流管理的概念。这种涵盖从原材料采购与运输到产成品配送的所有物流活动及相关信息与控制系统的物流管理模式称为"一体化的物流管理"。它不仅包含了以往的物料和配送管理的全部内容，还涉足传统的市场营销和生产管理的一些职能，如生产计划、销售预测、原材料和在制品管理、客户服务等。这一阶段物流管理的集成仍然局限于企业内部，故称为"内部一体化"。

1. 影响内部一体化物流管理的主要因素

20世纪80年代，物流管理人员所面临的变革加速了。政府放松了对运输业的管制，使企业在市场中可获取的物流服务更加丰富；第三方物流企业成为各种物流服务的主要提供者；通信与信息处理能力大大增强，众多企业采用了 EDI、条形码和个人电脑；客户服务变得更加重要，企业将物流视为赢得市场竞争的有效途径。

（1）放松管制后物流服务的扩展。一方面，货主将运输业务逐步集中到为数不多的几家运输公司，在加强协作的同时，增强了货主讨价还价的能力，也提高了运输活动的质量。另一方面，运输公司为获得足够的业务，努力改善其运营绩效，提供优良的客户服务和增值服务，设置合理的运输费率。在传统企业逐步减少用于"非核心"能力投资的同时，一些专业运输公司扩展其运营范围，涉足各种运输方式、仓储、包装与流通加工等业务。这些能力使社会物流总成本大大降低。

（2）第三方物流企业。第三方物流企业在 20 世纪 80 年代迅速发展起来。传统企业将一些原本由本企业实施的物流活动交给外部的专业公司来承担。通过与第三方物流企业的合作，企业可以将有限的资源集中到其核心业务与核心能力上，减少物流设施与设备的投资风险，同时也可以实行更高效率的物流运作。

（3）沟通与信息技术。20 世纪 80 年代，企业非常热衷于提升快速沟通、货运跟踪与信息交换的能力。信息成为物流服务的关键因素，也是企业物流活动进一步集成的基本条件。

快速的信息处理与信息交换使供应链实现"以信息换取库存"成为必然，实时获取的库存和销售数据帮助生产商与零售商更加精确地预测未来的需求，从而降低了为应付需求的不确定性而设置的安全库存量。利用信息技术不但能够进一步集成物流管理职能，还能压缩物流活动的时间周期。EDI 的广泛应用，为企业提供实施配送资源计划（DRP）、准时化生产（JIT）、库存控制所需的重要信息搭建了平台。

（4）配送资源计划。DRP 注重对产成品的配送进行管理，帮助管理人员对产成品在复杂的配送系统中的输送与调配做出正确的计划。配置 DRP 系统需要获取第一手的销售数据并输入生产系统的主生产计划中去。将市场需求预测与生产计划集成起来，可以降低库存投入，减少运输成本，加速库存周转，并提高存货可供率。DRP 的实施对企业的物流管理职能具有深远的影响，它使销售预测和生产计划等职能进一步集成并融入配送管理中。

（5）准时化生产。企业管理活动的集成和信息技术的发展使 JIT 得到广泛应用。JIT 强调追求卓越、不断降低库存并提高产品质量。JIT 的采购管理要求供应商依据生产商的生产计划，在需要的时候提供符合质量和数量要求的产品。供求双方的 JIT 关系是一种长期密切合作的战略伙伴关系。JIT 使物流活动的集成跨越了单个企业的界限，实现了业务流程的改善和生产效率的提高。

（6）客户服务。客户服务继续保持着在物流管理模式影响因素中的主要地位。

2. 物流经理的职能

随着物流的发展，物流经理的管理权限跨越了物料管理或配送管理而涵盖了所有的物流活动。物料管理、生产计划、配送管理集成到了物流经理的管理权限之内，以便物流管理人员更好地参与公司的战略决策。

（三）外部一体化阶段

20 世纪 90 年代，经济全球化影响了企业的经营业务，供应链管理将功能集成的概念从单个企业拓展到供应链上的所有企业。单个企业只是价值链的一部分。加上信息和通信技术的迅速发展，信息技术将单个企业的物流管理深刻地融入了供应链管理中。许多企业开始认识到，市场竞争不再是单个企业之间的竞争，而是整个供应链之间的竞争，只有使整个供应链在市场上有竞争力，成员企业才有生存和发展的机会。

三、物流管理组织

组织是指按照一定的宗旨和目标建立起来的集体，如工厂、机关、学校、医院，以及各级政府部门、各个层次的经济实体、各个党派和政治团体等。组织是进行有效管理的手段，建立健全合理的物流管理组织是实现物流合理化的基础和保证，管理是为经营目的服务的，组织是为管理服务的。物流管理组织是指从事物流管理的机构设置和管理权限及范围划分的组织形式。物流管理组织的职能，是通过建立一定的物流管理机构，确定与其相应的职位、职责和职权，合理传递信息等一系列活动，将物流各要素联结成一个有机的、有秩序的总体。

组织机构要体现组织各部分之间的关系，它是由组织的目标和任务以及环境因素决定的。合理的组织机构是实现组织目标、提高组织效率的保证。经过长期的实践和发展，组织机构已经形成了多种形式。结合物流运营的特点，物流运营组织机构的规划主要可以参考以下几种基本形式。

（一）直线职能制组织形式

直线职能制组织形式的主要特点是设置两套系统：一套是直接参与和负责组织物流经营业务的业务执行机构，它包括从事物流活动的各个业务经营机构，担负着整个物流活动过程的作业实现。如直接从事商品物资购销、仓储、运输、整理加工、品质检验、配送等的部门。另一套是按专业管理的职责和权限设置的职能管理机构，它是专门为物流经营业务活动服务的管理工作机构，直接担负着物流活动的计划、指导、信息服务、监督调节及其他配套管理服务的部门，如计划统计、财务会计、人力资源、信息支持、市场开发、行政管理、客户关系维护等部门。

物流运营的业务执行机构是物流组织机构的主体，它的主要任务、职责和权限是直接从事物流的运营作业，其机构的规模和分工程度直接影响着其他部门的设置以及职能的划分。物流运营的职能管理机构可以不直接参与物流作业，而作为物流运营的参谋和保障机构。典型的直线职能制物流组织机构模式如图6-1所示。

图6-1　直线职能制物流组织机构模式

直线职能制组织机构设置既能保证集中统一指挥管理，又能充分发挥专业人员的才能、智慧和积极性，比较适应现代企业生产经营管理的特点和要求，国内外许多企业都采用这种类型的组织结构形式。基于物流运营的特点和物流管理发展的现状，我国大中型物流企业的运营组织机构设置也主要采用这种形式。

直线职能制组织模式的缺点是过于正规化，权力集中于高层，机构不够灵活，横向协调性较差，特别是物流运营的业务执行部门缺乏自主性，很难有效地调动业务执行部门的主观能动性。这种形式在企业规模相对不很大、物流服务业务范围相对稳定，以及市场不确定性相对较小的情况下，更加能够显示出其优点。随着企业规模扩大，市场环境变化日益激烈，市场不确定性增加，这种组织形式有时不能完全适应形势。近年来，有些企业，其中也包括一些物流企业，为了充分发挥职能机构的作用以及业务执行部门的主观能动性，已经适当地进行一定的集权和分权模式的调整，特别是对独立经营权、调度、质量检查等权力进行了一定的分权。直线职能制组织机构仍然是我国企业（包括物流企业）的主要组织机构形式。

（二）事业部制组织形式

事业部制组织形式的特点是"集中政策，分散经营"，一般是按产品类别、地区或者经营部门分别成立若干个事业部。这些事业部具有相对独立的市场、相对独立的利益和相对独立的自主权。各事业部在公司的统一领导下实行独立经营、单独核算、自负盈亏。各事业部具有相对独立的充分自主权，高层管理部门则实行有限的控制，以便摆脱行政管理事务，集中力量研究和制定经营方针，并通过规定的经营方针，控制绩效和统一调度资金，对各事业部进行协调管理。

事业部制组织机构模式是国内外许多大型企业采用的组织模式。国内一些大型的分销和物流企业也采用这种组织形式。其主要特点是：在公司内部按地域或者产品类别（对物流企业来说，就是指物流服务类别）设立相对独立的事业部或者分公司，各事业部或分公司拥有相对较大的自主权，有利于事业部或者分公司及时根据市场变化和业务环境制定出相应的经营策略和调整措施。事业部制物流组织机构模式如图 6－2 所示。

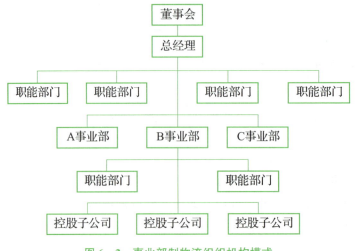

图 6－2　事业部制物流组织机构模式

事业部制组织机构的设置是直线职能式组织机构中分权趋势的一种体现。实际上，随着企业规模的扩大，直线职能制组织机构过分集权的劣势就会体现出来。事业部制组织机构显然可以弥补这种缺陷，同时又有利于提高各个事业部门（分公司）的主观能动性，事业部制组织机构模式正被越来越多的大中型企业所采用。进一步看，事业部制组织机构模式与直线职能制组织机构模式并不是矛盾的。实际上，事业部制物流组织机构模式是对直线职能制组织机构模式的完善和补充。

职能制物流组织机构模式是适当分权要求的具体体现，而这种要求也是随着企业运营规模的扩大必然要产生的。事业部制组织机构的每一个事业部中，往往实施的也是直线职能制的组织管理模式。

事业部制组织形式的主要优点在于：各事业部或分公司职权分明，拥有相当的自主权，能够及时应付市场或内部环境的变化，积极灵活地开展物流经营管理业务。而公司总部也可以摆脱事务性的行政管理，专心致力于公司重大的经营方针和重大决策。但是，这种组织形式也存在一定的缺点，主要体现在当各个事业部或分公司是一个利益中心时，往往会只考虑自己的利益而影响相互协作，同时，由于各事业部或分公司权力的加大，如果经理不适当地运用权力，有可能导致整个公司职能机构的作用削弱，不利于公司的统一决策和领导。在物流企业和分销企业中，结合物流业务和物流一体化运行的特点，在实施事业部制物流运营模式时，更有许多基础工作需要完成，包括内部结算、业务交接、货损货差责任等。也就是说，对需要一体化物流运作的物流企业或者分销企业而言，由于产品的特殊性，事业部的设立也具有一定的自身特点，必须在明确各事业部之间的业务合作、业务结算、业务责任等的前提下，才能很好地贯彻实施事业部制物流组织机构模式。

(三) 其他组织形式

除了直线职能制和事业部制组织形式外,企业的组织机构设置模式还有很多种。这些模式在物流的运营管理中,也可以借鉴和使用。如直线式组织形式和矩阵式组织形式。

1. 直线式组织形式

直线式组织形式又称单线制或军队式结构,这是一种早期的组织结构形式,如图6-3所示。这种组织形式的特点是组织的各级行政单位从上到下进行垂直领导,各级领导者直接行使对下级的统一指挥与管理职能,对所属单位的一切问题负责,一般由一个管理者承担或者配备若干职能管理人员协助工作,不另设单独的职能管理机构。这种组织形式对各级管理者在管理知识、能力及专业技能等方面都有较高的要求。其优点是简单灵活、职权明确、决策迅速、指挥统一。其缺点是领导需要处理的事情太多,精力受牵制,不利于提高企业的经营管理水平。这种组织形式适用于经营规模小、经营对象比较简单、业务复杂程度低的生产或流通企业,也适用于业务相对简单、规模相对较小或者新创建的小型货代企业、货运企业、仓储服务企业和小型物流企业。当前,这种组织形式在许多企业物流管理部门以及许多小型物流企业中普遍存在。但是,这种结构比较脆弱,如果组织规模扩大,管理任务繁重复杂,这种模式便会显示出不适应。

图6-3 直线式组织形式

2. 矩阵式组织形式

矩阵式结构又称规划目标结构,它是在纵向职能系统的基础上,增加一种目标系统,构成管理网络,这种结构一般是为了达到一定的目标或完成一个项目,在已有的直线职能结构中,从各个职能部门中抽调专业人员,组成临时的或者长期的专门机构,这种专门机构领导人有权指挥参与机构的成员,并同有关部门进行横向联系和协调。参与专门机构的成员同自己原来的部门保持隶属关系,即各部门既与垂直的指挥系统保持联系,又与按产品或服务项目划分的小组保持横向联系,形成一个矩阵形式,称为矩阵式组织形式,如图6-4所示。这种结构的优点是:它把不同部门、不同专业的人员汇集在一起，密切协作，互相配合，有利于解决问题，同时也是集权和分权的很好结合，机动性和适用性强，能适应市场竞争所带来的产品或服务市场的不稳定性，以及组织规模庞大、产品或服务复杂、技术要求高的物流服务业务。其缺点是：如果纵横向关系处理不当，就会造成意见分歧，工作扯皮，工作上出现问题也难以分清责任，而且人员的不断流动会带来管理上的困难。

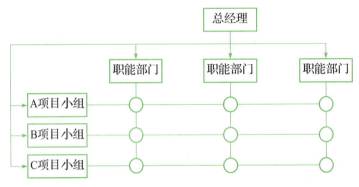

图6-4　矩阵式组织形式

在物流运营中，这种组织形式往往适用于货代企业承接大型货代服务业务，物流企业承接临时性重要物流业务的运营组织，以及工商企业物流部门组织临时性的重大采购供应或销售物流业务。如果物流企业的业务因受市场变化的影响而很不确定，就可以采用这种结构的组织形式。

以上介绍的几种组织形式是在实践中逐步形成发展起来的，也是比较典型的形态。实际应用中它们也常常是相互交叉的。如一个物流系统中，可能同时存在事业部制和职能制，或职能制与矩阵式等。不同的组织形式各有优缺点，不存在适应一切环境条件的最佳组织模式。为了适应复杂多变的内外部环境，企业应根据需要组织自身的物流运营组织体系，也可以在这些基本模式的基础上创造出更好的适合自身需求的组织形式。当然，已确立的物流组织形式也不是一成不变的，随着市场环境的变化以及内部运营的发展，企业要对已有的组织形式进行适时的调整，这对物流的运营管理来说，也是非常重要的。

四、物流成本管理

（一）物流成本的构成

我国国家标准《物流术语》（GB/T 18354—2021）中规定，物流成本是指物流活动中所消耗的物化劳动和活劳动的货币表现。物流成本具体表现为物流各个环节所支出的人力、物力和财力的总和。不同类型企业对物流成本的理解有所不同。对专业物流企业而言，企业全部营运成本都可理解为物流成本；工业企业则指物料采购、储存和产品销售过程中为了实现物品的物理性空间运动而引起的货币支出，但通常不包括原材料、半成品在生产加工过程中运动产生的费用；商品流通企业则指商品采购、储存和销售过程中商品实体运动所发生的费用。一般来说，物流成本由以下几部分构成：

（1）人工费用。为物流作业人员和管理人员支出的费用，如工资、资金、津贴、社会保险、医疗保险、员工培训费等。

（2）作业消耗。物流作业过程中的各种物质消耗，如包装材料、燃料、电力等的消耗及车辆、设备、场站库等固定资产的折旧费。

（3）物品损耗。物品在运输、装卸搬运、储存等物流作业过程中的合理损耗。

（4）利息支出。指物流各环节的银行贷款的利息支出。对工商企业而言，主要指存货占用资金的成本。

（5）管理费用。组织、控制物流活动的各种费用，如通信费、办公费、差旅费、咨询费、技术开发费等。

管理和决策上的成本概念与财务会计上的成本概念并不完全一致，前者包含并不实际支付的机会成本，如自有资金的利息，而会计成本的核算必须遵循实际发生原则，不能计算机会成本。从财务会计部门取得的物流成本资料不能直接用于成本控制和管理，需要适当调整。

（二）物流成本的分类

1. 按物流成本是否具有可控性分类

按是否具有可控性，物流成本可以分为可控成本和不可控成本。

（1）可控成本。可控成本是指考核对象对成本的发生能够控制的成本。例如，生产部门对产量可以控制的，材料的耗用成本（按标准成本计算）是生产部门的可控成本；而材料的价格由供应部门控制，是供应部门的可控成本。

（2）不可控成本。不可控成本是指考核对象对成本的发生不能予以控制，因而也不予以负责的成本。例如，上面所说的材料的采购成本，生产部门是无法控制的，因而对生产部门来说是不可控成本。又如，供应部门的水、电、气成本对生产部门来说也是不可控成本。

可控成本与不可控成本是相对的，而不是绝对的。对一个部门来说是可控的，对另一部门来说可能是不可控的。从整个企业来考察，所发生的一切费用都是可控的，只是可控性需要分解落实到相应的责任部门。

2. 按物流成本的特性分类

按特性的不同，物流成本可以划分为变动成本和固定成本。

（1）变动成本。变动成本是指其发生总额随业务量的增减变化而近似成正比例增减的成本。这里需要强调的是，变动的对象是成本总额，而非单位成本。就单位成本而言，恰恰相反，是固定的。只有单位成本保持固定，变动成本总额才能与业务量之间保持正比例的变化。

（2）固定成本。固定成本是指成本总额保持稳定，与业务量的变化无关的成本。同样应予注意的是，固定成本是指其发生的总额是固定的，而就单位成本而言，却是变动的。在成本总额固定的情况下，业务量小，单位产品所负担的固定成本就高；业务量大，单位产品所负担的固定成本就低。

在生产经营活动中，还存在一些既不与产量的变化成正比例变化也非保持不变，而是随产量的增减变动而适当变动的成本，这种成本被称为半变动成本或半固定成本。如机器设备的日常维修费、辅助生产费用等。其中受变动成本影响较大的称为半变动成本，而受固定成本影响较大的称为半固定成本。这类成本同时具有变动成本和固定成本的特征，也称为混合成本。对于混合成本，可按照一定的方法将其分解成变动与固定两部分，分别划归到变动成本与固定成本中。

3. 按成本计算的方法分类

按计算方法的，物流成本可以划分为实际成本与标准成本两类。

（1）实际成本。实际成本是指企业在物流活动中实际耗用的各种费用的总和。

（2）标准成本。标准成本是指通过精确的调查、分析与技术测定而制定的，用来评价实际成本、衡量工作效率的一种预计成本。在标准成本中基本上排除了不应该发生的"浪费"，因而标准成本被认为是一种"理想成本"。标准成本和估计成本同属于预计成本，但后者不具有衡量工作效率的尺度作用，主要体现可能性，供确定产品销售价格使用。标准成本要体现企业的目标和要求，主要用于衡量工作效率和控制成本，也可用于存货和销货成本的计价。

4. 按物流费用的主要用途分类

按主要用途的不同，物流成本大致可以分为物流作业成本、物流信息成本和物流管理成本。

（1）物流作业成本是指直接用于物品实体运动各环节的费用，包括包装费（运输包装费、集合包装费与解体费等）、运输费（营业性运输费、自备运输费等）、保管费（物品保管费、养护费等）、装卸费（营业性装卸费、自备装卸费等）、加工费（外包加工费、自行加工费）等。

（2）物流信息成本是指用于物流信息收集、处理、传输的费用，包括线路租用费、入网费、网站维护费、计算机系统硬件和软件支出费等。

（3）物流管理成本是指用于对物流作业进行组织、管理的费用，包括物流现场管理费、物流机构管理费等。

这种分类方法可用来比较不同性质费用所占的百分比，从而发现物流成本问题发生在哪个环节。这种方法比较适用于专业物流企业或综合性物流部门的物流成本分析与控制。

5. 按物流活动的逻辑顺序分类

按物流活动逻辑顺序的不同,物流成本可以划分为供应物流成本、生产物流成本、销售物流成本、回收物流成本和废弃物物流成本等。

(1) 供应物流成本是指从供应商处把物料送到本企业过程中发生的手续费、运输费、商品检验费等。

(2) 生产物流成本是指生产过程中发生的包装费、储存费、装卸搬运费等。

(3) 销售物流成本是指商品销售过程中发生的物流费,如运输费、储存费、包装费、流通加工费、配送费等。

(4) 回收物流成本是指在生产和销售过程中因废品、不合格品的退货、换货所引起的物流费用。

(5) 废弃物物流成本是指企业用于处理废弃物的费用,如排污费、污水处理费、垃圾清运费等。

这种分类方法便于分析物流各阶段的成本发生情况,较适用于生产企业及综合性物流部门。

(三) 物流成本管理的概念和方法

1. 物流成本管理的概念

我国国家标准《物流术语》(GB/T 18354—2021)中规定,物流成本管理就是对物流活动发生的相关成本进行计划、组织、协调与控制。加强对物流费用的管理对降低物流成本、提高物流活动的经济效益具有重要意义。物流成本管理不是管理物流成本,而是以降低成本为目标去管理物流,是以成本为手段的物流管理,通过对物流活动的管理降低物流费用。

2. 物流成本管理的方法

物流成本管理是通过成本去管理物流,即管理的对象是物流而不是成本。这是因为:一是成本能真实地反映物流活动的情况;二是成本可以成为评价所有活动的共同尺度。就第一点而言,一旦用成本去掌握物流活动,物流活动方法上的差别就会以成本差别而明显地表现出来。就第二点而言,用成本这个统一的尺度来评价各种活动,可以把性质不同的活动放到同一场合进行比较、分析,评价优劣。把物流活动换成物流成本来管理,是有效管理物流的一种新思路。

物流成本管理的方法由以下三部分组成:

(1) 物流成本横向管理。

物流成本横向管理即对物流成本进行预测和编制计划。物流成本预测是在编制物流计划之前进行的。它是在对本年度物流成本进行分析,充分挖掘降低物流成本的潜力的基础上,寻求降低物流成本的有关技术经济措施,以保证物流成本计划的先进性和可靠性。

（2）物流成本纵向管理。

物流成本纵向管理即对物流过程的优化管理。物流过程是一个创造时间和空间价值的经济活动过程。为使其能提供最佳的价值效能，就必须保证物流各个环节的合理化和物流过程的迅速、通畅。物流系统庞大而复杂，要对它进行优化，需要借助于先进的管理方法和管理手段。

1）用线性规划、非线性规划的手段制订最优运输计划，实现物品运输优化。

物流过程中遇到最多的是运输问题。例如，某产品现由某几个企业生产，又需供应某几个客户，怎样才能使企业生产的产品运到客户所在地时达到总运费最小的目标。假定这种产品在企业中的生产成本为已知，从某企业到消费地的单位运费和运输距离，以及各企业的生产能力和消费量都已确定，则可用线性规划来解决；如企业的生产量发生变化，生产费用函数是非线性的，就应使用非线性规划来解决。属于线性规划类型的运输问题，常用的方法有单纯形法和表上作业法。

2）运用系统分析技术，选择货物最佳的配送线路。

配送线路是指各送货车辆向各个客户送货时所要经过的路线，它的合理与否，对配送速度、车辆的利用效率和配送费用都有直接影响。目前较成熟的优化配送线路的方法是节约法，也称节约里程法。

3）运用存储论确定经济合理的库存量，实现物资存储优化。

存储是物流系统的中心环节。物资从生产到送达客户要经过几个阶段，几乎在每一个阶段都需要存储。那么，究竟在每个阶段库存量保持多少才算合理？为了保证供给，需隔多长时间补充库存？一次进货多少才能达到费用最省的目的？这些都是确定库存量的问题，也都可以在存储论中找到解决的方法。其中应用较广泛的方法是经济订购批量模型（economic order quantity，EOQ）。

4）运用模拟技术对整个物流系统进行研究，实现物流系统的最优化。

如克莱顿·希尔模型，它是一种采用逐次逼近法的模拟模型。这种方法提出了物流系统的三项目标：最佳服务水平、最小的物流费用、最快的信息反馈。在模拟过程中采用逐次逼近的方法来求解下列决策变量：流通中心的数目、对客户的服务水平、流通中心收发货时间的长短、库存分布、系统整体的优化。

（3）计算机综合管理。

计算机综合管理系统将物流成本的横向与纵向连接起来，形成一个不断优化的物流系统的循环。通过一次次循环、计算、评价，使整个物流系统不断地优化，最终找出其总成本最低的最佳方案。

五、物流质量管理

物流质量是一个整体概念。一方面，物流活动过程需要的各种资源和技术是完全可以控制的，很容易确定质量规格和操作标准；另一方面，物流是为客户提供时间、空间效应的服务活动，需要根据客户的不同要求提供不同的服务，物流服务质量是由客户根据期望来评价的。可以说，物流质量就是企业根据物流运动规律所确定的物流工作的量化标准与根据物流经营需要而评估的物流服务的客户期望满足程度的有机结合。

（一）物流质量管理的概念

质量管理一般包括质量保证和质量控制两个方面。质量保证是指企业对客户来说要实行质量保证，就是为了维护客户的利益，使客户满意，并取得客户信誉的一系列有组织、有计划的活动。质量保证是企业质量管理的核心。质量控制是对企业内部来说的，是为保证某一项工作、过程和服务的质量所采取的作业技术标准和有关活动。质量控制是测量实际的质量结果，与标准进行对比，对某些差异采取措施的调节管理过程。质量控制是质量保证的基础。

我国国家标准《物流术语》（GB/T 18354—2021）中规定，物流质量管理是对物流全过程的物品质量及服务质量进行的计划、组织、协调与控制。企业的物流质量管理必须满足两个方面的要求：一方面是满足生产者的要求，必须保护生产者的产品能保质保量地转移给客户；另一方面是满足客户的要求，按客户的要求将其所需商品交给客户。

（二）物流质量的内容

物流质量不仅包含物流对象质量，还包含物流服务质量、物流工作质量和物流工程质量，是一种全面的质量观。

1. 物流对象质量（商品质量）

物流的对象是具有一定质量的实体，具有合乎要求的等级、尺寸、规格、性质、外观。这些质量是在生产过程中形成的，物流过程在于转移和保护这些质量，最后实现对客户的质量保证。对客户的质量保证既依赖于生产，又依赖于流通。现代物流过程不单是消极地保护和转移物流对象，还可以采用流通加工等手段改善和提高货物的质量，物流过程在一定程度上来说就是货物质量的"形成过程"。

2. 物流服务质量

物流活动具有服务的本质特性，可以说，整个物流的质量目标就是企业物流的质量。物流服务质量就是物流企业对客户提供的服务让客户满意的程度。物流服务质量会因客户的不同而要求各异，企业要掌握和了解客户要求，包括：商品狭义质量程度；流通加工对商品质量的提高程度；批量及数量的满足程度；配送额度、按期交货的保证程度；配送、运输方式的满足程度；成本水平及物流费用的满足程度；服务（如信息提供、索赔及纠纷处理）的满足程度。

3. 物流工作质量

物流工作质量是指物流各环节、各工种、各岗位的具体工作质量。工作质量和服务质量是两个有关联但又不大相同的概念，物流服务质量水平取决于各个工作质量的总和。工作质量是物流服务质量的某种保证和基础。重点抓好工作质量，物流质量也就有了一定程度的保证。同时，企业需要强化物流管理，建立科学合理的管理制度，调动员工积极性，不断提高物流工作质量。

由于物流系统的庞杂，工作质量的内容也各有侧重点。以仓库工作质量为例，可以归纳为：商品损坏、变质、挥发等影响商品质量因素的控制及管理；商品丢失、破损等影响商品数量因素的控制及管理；商品维护、保养，商品出库入库检查；商品入库出库计划管理、计划完成的控制；商品标签、标示、货位、账目管理；库存控制；质量成本的管理及控制；工作标准化管理等。

4. 物流工程质量

物流质量不但取决于工作质量，而且取决于工程质量。在物流过程中，对生产发生影响的各因素统称为"工程"，这些因素包括：人的因素、体制因素、设备工艺方法因素、计量与测试因素、环境因素等。很明显，提高工程质量是进行物流管理的基础工作，能提高工程质量，就能做到"预防为主"的质量管理。

（三）物流质量管理的基本特点

物流活动具有内在的客观规律，在质量管理方面同样反映出相应的基本要求。物流质量管理具有以下四个特点。

1. 全员参与

要保证物流质量，就涉及物流活动的相关环节、相关部门和相关人员，需要各环节、各部门和广大员工的共同努力。物流管理的全员性，正是物流的综合性、质量问题的重要性和复杂性所决定的，它反映了企业质量管理的客观要求。

2. 全面管理

影响物流质量的因素具有综合性、复杂性、多变性，要加强物流质量管理，就必须分析各种相关因素，把握内在规律。物流质量管理不仅需要对物流对象本身进行管理，还要对物流工作质量和物流工程质量进行管理，最终实现对物流成本及物流服务水平的控制。

3. 全程控制

现代企业物流质量管理是对商品的包装、储存、运输、配送、流通加工等全过程的质量管理，同时又是对产品在社会再生产全过程中进行全面质量管理的环节。

4. 整体发展

物流是一个完整统一的系统，任何一个环节的问题都会影响到物流服务的质量。要加强物流质量管理，就必须从系统的各个环节、各种资源以及整个物流活动的相互配合和相互协调做起，通过强化整个物流系统的质量素质来促进物流质量的整体发展。只有通过质量管理的整体发展，才能最终实现现代企业物流管理目标。

第二节 供应链管理

2005 年年初，有着 40 多年历史的美国物流管理协会（Council of Logistics Management，CLM）在其召开的会员大会上，与会代表一致同意将协会正式更名为美国供应链管理专业协会（Council of Supply Chain Management Professionals，CSCMP）。美国物流管理协会是国际上知名的物流管理专业组织，其组织名称变化从某种意义上揭示了 21 世纪世界物流发展的主流趋势——供应链管理。在过去的几年间，供应链管理在企业竞争力形成的过程中起着越来越重要的作用。美国物流管理协会的更名，正是顺应了供应链管理领域正在发生的变革。

一、供应链概述

（一）供应链的定义

关于供应链的定义，目前尚未形成统一的意见，许多学者从不同的角度给出了不同的解释。早期的观点认为，供应链是制造企业中的一个内部过程，即从企业外部采购原材料、零部件，然后通过生产转换和销售等活动，再传递到零售商和客户的一个过程。显然，传统的供应链概念局限于企业的内部操作层次上，注重制造企业的资源利用。

有些学者则把供应链的概念与采购、供应管理相联系，用来表示与供应商的关系。但这种关系也仅仅考虑企业与供应商之间的关系，而且各个供应商的运作还是独立的，忽略了与供应链外部成员的联系，因而往往造成相互之间的目标冲突。

后来对供应链的研究注意到了企业与其他企业以及外部环境的联系，认为供应链应该是一个更大范围、更为系统的概念。如美国的史蒂文斯认为："通过增值过程和分销渠道控制从供应商的供应商到客户的客户的物流就是供应链，它开始于供应的起点，结束于消费的终点。"

最近的研究表明，供应链的概念更加注意围绕核心企业的网链关系，如制造企业与供应商、供应商的供应商乃至一切前向的关系，与客户、客户的客户乃至一切后向的关系。此时对供应链的认识已经形成了一个网链的概念，像丰田、耐克、尼桑、麦当劳和苹果等公司的供应链管理都是从网链的角度来实施的。

我国国家标准《物流术语》（GB/T 18354—2021）中规定，供应链是指生产及流通过程中，围绕核心企业的核心产品或服务，由所涉及的原材料供应商、制造商、分销商、零售商直到最终用户等形成的网链结构。

（二）供应链的特征

从供应链的结构模型可以看出，供应链是一个网链结构，由围绕核心企业的供应商、供应商的供应商和客户、客户的客户组成。一个企业是一个节点，节点企业和节点企业之间是一种需求与供应关系。供应链主要具有以下特征：

（1）复杂性。供应链节点企业组成的跨度（层次）不同，供应链往往由多个、多类型，甚至多国企业构成，供应链结构模式比一般单个企业的结构模式更为复杂。

（2）动态性。供应链管理因为企业战略和适应市场变化的需要，其中的节点企业需要动态地更新，这就使得供应链具有明显的动态性。

（3）面向客户需求。供应链的形成、存在、重构，都是基于一定的市场需求而发生的，并且在供应链的运作过程中，客户的需求拉动是供应链中信息流、产品流、服务流、资金流运作的驱动源。

（4）交叉性。节点企业可以是这个供应链的成员，同时又是另一个供应链的成员，众多的供应链形成交叉结构，增加了协调管理的难度。

二、供应链管理的内容和目标

（一）供应链管理的内容

我国国家标准《物流术语》（GB/T 18354—2021）中规定，供应链管理是从供应链整体目标出发，对供应链中采购、生产、销售各环节的商流、物流、信息流及资金流进行统一计划、组织、协调、控制的活动和过程。供应链管理关心的不仅是物料实体在供应链中的流动，企业与企业之间的运输问题和实物分销，还包括以下主要内容：

（1）战略性供应商和客户合作伙伴关系管理。

（2）供应链产品需求预测和计划。

（3）供应链的设计（全球节点企业、资源、设备等的评价、选择和定位）。

（4）企业内部与企业之间物料供应与需求管理。

（5）基于供应链管理的产品设计与制造管理，生产集成化计划、跟踪和控制。

（6）基于供应链的客户服务和物流（运输、库存、包装等）管理。

（7）企业间资金流管理（汇率、成本等问题）。

（8）基于 Internet/Intranet 的供应链交互信息管理等。

供应链管理注重总的物流成本（从原材料到最终产成品的费用）与客户服务水平之间的关系，为此要把供应链各个职能部门有机地结合在一起，从而最大限度地发挥供应链整体的力量，达到供应链企业群体获益的目的。

供应链管理涉及四个主要领域：供应（supply）、生产计划（schedule plan）、物流

(logistics)、需求（demand）。供应链管理是以同步化、集成化生产计划为指导，以各种技术为支持，尤其以 Internet/Intranet 为依托，围绕以上四个领域来实施的。供应链管理主要包括计划、合作、控制从供应商到客户的物料（零部件和成品等）和信息。

（二）供应链管理的目标

供应链管理的目标在于提高客户服务水平和降低总的交易成本，并且寻求两个目标之间的平衡（这两个目标之间往往有冲突）。具体目标如下：

（1）根据市场需求的扩大，提供完整的产品组合。

（2）根据市场需求的多样化，缩短从生产到消费的周期。

（3）根据市场需求的不确定性，缩短供给市场及需求市场的距离。

（4）降低整体供应链的物流成本和费用，提高整体供应链的运作效率，增强整体供应链的竞争力。

三、供应链管理与物流管理的关系

（一）供应链管理与物流管理的联系

人们最初提出"供应链管理"一词，是用来强调物流管理过程中，在减少企业内部库存的同时也应考虑减少企业之间的库存。随着供应链管理思想越来越受到欢迎和重视，其视角早已拓宽，不仅着眼于降低库存，其管理触角还伸展到企业内外的各个环节、各个角落。从某些场合下人们对供应链管理的描述来看，它类似于穿越不同组织界限的、一体化的物流管理。实质上，供应链管理战略的成功实施必然以成功的企业物流管理为基础。能够真正认识并提出"供应链管理概念"的正是一些具有丰富物流经验和先进物流管理水平的世界顶尖企业。这些企业在研究企业发展战略的过程中发现，面临日益激烈的市场竞争，仅靠一个企业和一种产品的力量，已不足以占据优势，企业必须与其原料供应商、产品分销商、第三方物流服务商等结成持久、紧密的联盟，共同建设高效率、低成本的供应链，才可以从容应对市场竞争，并取得最终胜利。

（二）供应链管理与物流管理的区别

越来越多的企业和组织已认识到并承认供应链管理和物流管理的区别，主要体现在以下几个方面：

（1）从范围来看，物流作为供应链管理的子集，两者并非同义词。物流在恰当实施时，总是以点到点为目的。而供应链管理则将许多物流以外的功能通过穿越企业间的界限整合起来，它的功能超越了企业物流的范围。供应链涉及从新产品的研发、工程设计、原料采购、生产制造、储存管理、配送运输和订单履行直到客户服务及市场需求预测的全过程。单从一个企业的物流管理的角度来考虑，很难想象将这么多的业务关系联系在一起。

（2）供应链管理思想的形成与发展，是建立在多个学科体系基础上的，其理论根基远远超出了传统物流管理的范围。

（3）供应链管理把对成本有影响的和在产品满足客户需求过程中起作用的每一个方面考虑在内：从供应商的供应商、制造工厂、仓库和配送中心，到零售商和商店及客户；而物流管理则侧重于考虑自己路径范围的业务。

（4）供应链管理是围绕着把供应商、制造商、仓库和商店有效地结合成一体这一问题展开的，它包括公司许多层次上的活动，从战略层次到战术层次，一直到作业层次。战略层次的活动指的是对公司有着长远影响的决策。这包括仓库和制造工厂数量、布局、生产能力，以及材料在物流网络中的流动等方面的决策。物流管理在层次上没有供应链管理这么广和深，在范围上是局部的。

第三节　供应链管理的方法

在世界经济全球化大趋势下，企业生存环境发生了巨大变化，市场的复杂性和不确定性增加，客户需求层次升级和需求结构多样化，产品生命周期越来越短，竞争日趋激烈。同时，现代信息技术有了迅速发展。在这种背景下，快速反应（QR）、有效的客户反应（ECR）、客户关系管理（CRM）等供应链管理方法被提出和应用于实践。

一、快速反应

（一）快速反应产生的背景和含义

快速反应（quick response，QR）是在美国纺织与服装行业中发展起来的一项供应链管理策略。20世纪80年代早期，美国国产的鞋、玩具以及家用电器在市场的占有率下降到20%，而国外进口的服装占据了美国市场的40%。面对与国外商品的激烈竞争，纺织与服装业在20世纪70年代和80年代采取的主要对策是在寻找法律保护的同时，加大现代化设备的投资。

1984年，美国服装、纺织以及化纤行业成立了一个委员会，该委员会的任务是为购买美国生产的纺织品和服装的消费者提供更大的利益。1985年，该委员会开始做广告，提高了美国消费者对本国生产服装的信赖度。该委员会也拿出一部分经费，研究如何长期保持美国的纺织与服装行业的竞争力。1985年，美国著名流通咨询公司科特沙蒙（Kurt Salmon）进行了供应链分析，结果发现，尽管系统的各个部分具有很高的运作效率，但整个系统的运作效率却十分低下。于是化纤、纺织服装以及零售业开始寻找那些在供应链上导致高成本的活动。结果发现，供应链的长度是影响其高效运作的主要因素。

快速反应的重点是对消费者需求作出快速反应。快速反应的具体策略有待上架商品准备服务、自动物料搬运等。

实施快速反应的三个阶段：

（1）对所有商品单元条码化，即对商品消费单元用 EAN、UPC 条码标志，对商品储运单元用 EAN-14（SCC-14）条码标志，对贸易单元用 EAN-128 条码标志，利用 EDI 传输定购单报文和发票报文。

（2）在第一阶段的基础上增加与内部业务处理有关的策略，并采用 EDI 传输更多的报文、收货通知等。

（3）与贸易伙伴密切合作，采用更高级的快速反应策略，以对客户的需求作出快速反应。

目前在欧美，快速反应的发展已跨入第三个阶段，即联合计划、预测与补货（collaborative planning forecasting and replenishment，CPFR）阶段。CPFR 是一种建立在贸易伙伴之间密切合作和标准业务流程基础上的经营理念。它应用一系列技术模型，这些模型具有如下特点：第一，开放但安全的通信系统；第二，适用于各个行业；第三，在整个供应链上是可扩展的；第四，能支持多种需求（如新数据类型、各种数据库系统之间的链接等）。

快速反应是美国零售商、服装制造商以及纺织品供应商开发的整体业务概念，是指在供应链中，为了实现共同的目标，至少在两个环节之间进行的紧密合作，目的是减少原材料到销售点的时间和整个供应链上的库存，最大限度地提高供应链的运作效率。

我国国家标准《物流术语》（GB/T 18354—2021）中规定，快速反应是指供应链成员企业之间建立战略合作伙伴关系，利用电子数据交换（EDI）等信息技术进行信息交换与信息共享，用高频率小批量配送方式补货，以实现缩短交货周期，减少库存，提高顾客服务水平和企业竞争力为目的的一种供应链管理策略。

（二）快速反应成功的五个条件

美国学者布莱克在对美国纺织服装行业研究的基础上，认为快速反应成功的五个条件如下所述。

1. 改变传统的经营方式、企业经营意识和组织结构

（1）企业不能局限于依靠本企业独自的力量来提高经营效率，要树立通过与供应链各方建立合作伙伴关系，努力利用各方资源来提高经营效率的现代化经营意识。

（2）零售商在垂直型快速反应系统中起主导作用，零售店铺是垂直型快速反应系统的起始点。

（3）在垂直型快速反应系统内部，通过 POS 系统数据等销售信息和成本信息的相互公开与交换，来提高各个企业的经营效率。

（4）明确垂直型快速反应系统内各个企业之间的分工协作范围和形式，消除重复作业，建立有效的分工协作框架。

（5）改变传统的事务性作业的方式，通过利用信息技术实现事务性作业的无纸化和自动化。

2. 开发和应用现代信息处理技术

这些信息技术有商品条形码技术、物流条码技术、电子订货系统、POS 数据读取系统、EDI 系统、预先发货清单技术、电子资金支付系统、生产厂家管理的库存方式等。

3. 与供应链相关方建立战略伙伴关系

这包括以下两个方面的具体内容：一是积极寻找和发现战略合作伙伴；二是在合作伙伴之间建立分工和协作关系。合作的目标是：既要削减库存，又要避免缺货现象的发生，降低商品的风险，避免大幅度降价现象发生，减少作业人员和简化事务性作业等。

4. 改变传统的对企业商业信息保密的做法

将销售信息、库存信息、生产信息、成本信息等与合作伙伴交流分享，并在此基础上，要求各方在一起发现问题、分析问题和解决问题。

5. 供应方必须缩短生产周期和商品库存

缩短商品的生产周期，进行多品种少批量生产和多频度小数量配送，降低零售商的库存水平，提高客户服务水平，在商品实际需要将要发生时采用 JIT 生产方式组织生产，降低供应商的库存水平。

（三）快速反应的优点

1. 快速反应对厂商的优点

（1）更好的客户服务。快速反应可为店铺提供更好的服务，最终为客户提供良好的店内服务。由于厂商送来的货物与承诺的货物是相符的，厂商能够很好地协调与零售商之间的关系。长期良好的客户服务会增加市场份额。

（2）降低了流通费用。快速反应集成了对客户消费水平的预测和生产规划，可以加快库存周转速度，需要处理和盘点的库存量减少，从而降低流通费用。

（3）降低了管理费用。快速反应不需要手工输入订单，采购订单的准确率提高。额外发货的减少也降低了管理费用。货物发出之前，仓库对运输标签进行扫描并向零售商发出运输通知，这些措施都降低了管理费用。

（4）更好的生产计划。快速反应可以对销售进行预测并能够得到准确的销售信息，厂商可以准确地安排生产计划。

2. 快速反应对零售商的优点

（1）提高了销售额。条形码和 POS 扫描使零售商能够跟踪各种商品的销售和库存情况，从而准确地跟踪存货情况；在库存真正降低时才订货；降低订货周期；采用自动补货系统，使用库存模型来确定什么情况下需要采购，以保证在客户需要商品时可以得到现货。

（2）减少了削价的损失。具有更准确的客户需求信息，店铺可以更多地储存客户需要的商品，减少客户不需要的商品的存货，这样就减少了削价的损失。

（3）降低了采购成本。商品成本是企业完成采购职能时发生的费用，这些职能包括订单准备、订单创建、订单发送及订单跟踪等。实施快速反应后，上述业务流程大大简化，采购成本降低。

（4）降低了流通费用。厂商使用物流条码标签后，零售商可以扫描这个标签，减少了手工检查到货所发生的成本。SCM 支持商品的直接出货，即配送中心收到货物后不需要检查，可立即将货物送到零售商的店铺。厂商发来的预先发货清单可使配送中心在货物到达前有效地调度人员和库存空间，不需进行异常情况的处理。

（5）加快了库存周转。零售商能够根据客户的需要频繁地小批量订货，降低了库存投资和相应的运输成本。

（6）降低了管理成本。管理成本包括接收发票、发票输入和发票例外处理时所发生的费用。采用了电子发票后，管理费用大幅降低。

总之，采用了快速反应后，虽然单位商品采购成本会增加，但通过频繁地小批量采购商品，客户服务水平就会提高，零售商更能适应市场的变化，同时其他成本也会降低，如库存成本和清仓削价成本等，最终提高利润。

二、有效的客户反应

我国国家标准《物流术语》（GB/T 18354—2021）中规定，有效的客户反应（efficient customer response，ECR）是以满足顾客要求和最大限度降低物流过程费用为原则，能及时作出准确反应，使提供的物品供应或服务流程最佳化的一种供应链管理策略。

（一）ECR 产生的背景

ECR 的产生可归结于 20 世纪商业竞争的加剧和信息技术的发展。20 世纪 80 年代，特别是到了 90 年代以后，美国日杂百货业零售商和生产厂家的交易关系由生产厂家占据支配地位转换为零售商占主导地位，在供应链内部，零售商和生产厂家为取得供应链主导权，为商家品牌（PB）和厂家品牌（NB）占据零售店铺货架空间的份额展开激烈的竞争，使供应链各个环节间的成本不断转移，供应链整体成本上升。

（二）ECR 的目标和特征

1. ECR 的目标

ECR 的优点在于供应链各方为了提高消费者满意这个共同的目标进行合作，分享信息和诀窍。

ECR 的最终目标是要建立一个具有高效反应能力的、以客户需求为基础的系统，使零售商及供应商以业务伙伴合作方式，提高整个食品杂货供应链的效率，而不是单个环节的效率，从而大大降低整个系统的成本、库存和物资储备，为客户提供更好的服务。

2. ECR 的特征

有效的客户反应具有以下特征：

（1）管理意识的创新。传统的产销双方的交易关系是一种此消彼长的对立型关系，即交易各方以对自己有利的买卖条件进行交易。简单地说，这是一种输赢关系。ECR 要求产销关系是一种合作伙伴关系，即交易各方通过相互协调合作，实现以低成本向消费者提供更高价值的服务的目标，在此基础上追求双方的利益。

（2）供应链整体协调。传统的流通活动缺乏效率的主要原因，在于厂家、批发商和零售商之间存在企业间联系的非效率性和企业内采购、生产、销售和物流等部门或职能之间联系的非效率性。ECR 要求消除各部门、各职能以及各企业之间的隔阂，进行跨部门、跨职能和跨企业的管理和协调，使商品流和信息流在企业内和供应链内顺畅地流动。

（3）涉及范围广。既然 ECR 要求对供应链整体进行管理和协调，ECR 所涉及的范围必然包括零售业、批发业和制造业等相关的多个行业。为了最大限度地发挥 ECR 所具有的作用，必须对关联的行业进行分析研究，对组成供应链的各类企业进行管理和协调。

（三）ECR 的要素和战略

高效产品引进、高效商品存储、高效促销以及高效补货被称为 ECR 的四大要素。

事实表明，ECR 可以大幅降低成本。食品行业的厂商、批发商和零售商采用以下几种战略来实现这一目标：一是有效的店内布局；二是有效的补货；三是有效的促销；四是有效的新产品导入。

（四）ECR 实施的原则

（1）以较少的成本，不断致力于向供应链客户提供更优的产品、更高的质量、更好的品类、更好的库存服务以及更多的便利服务。

（2）ECR 必须由相关的商业带头人启动。

（3）必须利用准确、适时的信息支持有效的市场、生产及物流决策。

（4）产品必须随其不断增值的过程，从生产至包装，直至流动至最终客户的购物篮，以确保客户能随时获得所需产品。

（5）必须建立共同的成果评价体系。

（五）ECR 的效益

（1）节约直接成本。

（2）节约财务成本，即间接的成本节约。

（3）商品成本的节约。

（4）营销费用的节约。

（5）销售和采购费用的节约。

（6）后勤费用的节约。

（7）管理费用的节约。

（8）店铺经营费用的节约。

（六）QR 和 ECR 的比较

1. QR 与 ECR 的差异

QR 的最初目的是提高零售业中的一般商品和纺织品的设计、制造和流通效率。QR 早期的成功使它得到广泛的应用。当前，许多大的零售商和供应商都在其经营业务中采用了 QR 的思想和技术。

ECR 是由食品和超市行业的零售商提出的战略，很多供应商既为普通饭店服务又为超市服务，所以 ECR 的采用比 QR 要快。但 QR（主要用于纺织品）与 ECR（主要用于干货商品）最重要的差别，不是商品表面的物理差异，而是商品的特征，即商品的价值、周转率和品种上的本质差异。纺织品的单品数量非常多，产品生命周期短，季节性强，库存周转慢，存货削价幅度大，毛利高，而食品的单价低，周转快，所以超市可以低毛利有效地经营。在这两种不同的零售业中，如果某种商品缺货，带来的成本也不一样。对纺织品来说，如果消费者不能发现所期望的颜色和规格，就可能换一家店铺，店铺就会损失这件商品的销售额，同时会损失潜在的其他购买者和未购买者。对食品来说，如果消费者不能发现一种特定的商品，会买另一种规格的或一种替代品，采购也可能延期到下一次。除非这种情况频繁地发生，否则消费者不会换店铺。

由于所处的环境不同，改革的重点也会有所不同。对食品行业来说，重点是效率和成本，对纺织品店铺来说，重点在补货和订货的速度，目的是最大限度地消除缺货，并且只在商品需求时才会采购。

2. QR 与 ECR 的共性

（1）QR 和 ECR 的主要行业受到两种重要的外部变化的影响：一是经济增长速度的放慢加速了竞争，零售商必须生存并保持客户的忠诚度；二是零售商和供应商之间发生变化。在引入 QR、ECR 之前，供应商和零售商两者往往缺乏信任感，而忘记了经营的真正原因——满足客户需求。

（2）共同的目标。尽管按照各环节两者的业绩测量标准，这两种供应链都认为它们是有效率的，但是从整个供应链来说，其效率并不令人乐观。在这两种供应链中，它们都混淆了两个基本的概念：效率和效果。效率是正确地做事，效果是做正确的事。提升 QR 和 ECR 效率的途径在于，只有集中一个共同的目标，以最低的总成本向消费者提供他们真正想要的商品，整个系统的高效率才能实现。

（3）共同的策略。它们都重视供应链的核心业务，对业务进行重新设计，以消除资源的浪费。但 QR 解决的是出货问题，而 ECR 注重的是过量库存问题。

（4）共同的误区。供应商与零售商常常认为 QR 与 ECR 是技术层面的，虽然技术在战略的实施中所扮演的角色是非常重要的，但是它本身并不能保证战略的实现。只有信息在整个系统快速、准确和及时地流动，再加上营销、商品购销、店内经营和后勤等方面的有效运作，零售商和制造商才能获得成功。

三、客户关系管理

（一）客户关系管理的概念及内涵

客户关系管理（customer relationship management，CRM）是指通过管理客户信息资源，提供客户满意的产品和服务，与客户建立起长期、稳定、相互信任、互惠互利的密切关系的动态过程和经营策略。

客户关系管理作为一种新的经营管理哲学，对其内涵可以从不同角度、不同层次来理解。

1. 客户关系管理是一种"以客户为中心"的管理理念

客户关系管理的核心思想是将企业的客户（包括最终客户、供应商、分销商以及其他合作伙伴）作为最重要的企业资源，通过完善的客户服务和深入的客户分析来满足客户的需求，保证实现客户的价值。在这个变革和创新的时代，企业比竞争对手仅仅领先一步，就可能意味着成功。业务流程再造为企业的管理创新提供了一个工具。在引入客户关系管理的理念和技术时，不可避免地要对企业原来的管理方式进行改变，创新的思想将有利于企业员工接受变革，而业务流程再造则提供了具体的思路和方法。在网络经济时代，仅凭传统的管理思想已经不够。互联网带来的不仅是一种手段，它还触发了企业组织架构、工作流程的重组以及整个社会管理思想的变革。所以，客户关系管理是对传统管理理念的一种革新。

2. 客户关系管理是一种旨在改善企业与客户之间关系的新型管理机制

客户关系管理实施于企业的市场营销、销售、服务与技术支持等与客户相关的领域。一方面，通过向企业的销售、市场和客户服务的专业人员提供全面、个性化的客户资料，并强化跟踪服务、信息分析的能力，使他们能够协同建立和维护一系列与客户和商业伙伴之间卓有成效的"一对一"关系，从而使企业得以提供更快捷和周到的优质服务，提高客户满意度，吸引和保持更多的客户，增加营业额；另一方面，企业通过信息共享和优化商业流程来有效地降低企业经营成本。

3. 客户关系管理是一种管理技术

客户关系管理将最佳的商业实践与数据挖掘、数据仓库、"一对一"营销、销售自动化以及其他信息技术紧密结合在一起，为企业的销售、客户服务和决策支持等领域提供了一个业务自动化的解决方案，从而顺利实现由传统企业经营模式到以电子商务为基础的现代企业经营模式的转化。

4. 客户关系管理是一种企业经营战略

客户关系管理的目的是企业通过强化使客户满意的行为并连接客户与供应商，从而优化企业的可赢利性，提高利润并改善客户满意度。具体操作时，它将看待客户的视角从独立分散的各个部门提升到了企业，各个部门负责与客户的具体交互，但向客户负责的却是整个企业，这是成功实施客户关系管理的根本。为了实现客户关系管理，企业与客户连接的每一环节都应实现自动化管理。

CRM 的精髓在于以客户为导向，通过办公协同（如客户关怀、客户挖掘、销售自动化、营销自动化、服务自动化等），借助先进的通信工具，提高工作效率，提升管理水平。

CRM 绝对不是简单的管理销售部门，也不是仅仅管理好客户，而应该是一个企业"以客户为导向的"、涉及企业多方位的、重点在于提升企业运作能力的管理平台，至于销售管理、客户管理、服务管理等，这些只是管理中的环节。CRM 强调的是内部协同，内部工作流程自动化，管理量化和透明化。

（二）客户关系管理系统的实施方法

互联网大大减少了客户关系管理运作的成本，任何组织或个人都能以低廉的费用从网上获取所需的信息，建立了人们积极收集信息、主动进行沟通的物理基础。客户关系管理系统不仅是企业的必然选择，同时也是广大在线客户的一种必然要求。在充分沟通的基础上，相互了解对方的价值追求和利益所在，以寻求双方最佳的合作方式，无论是对企业还是在线客户，都有着极大的吸引力。现代企业实施客户关系管理系统的方法如下。

1. 明确项目实施目标

客户关系管理系统的实施必须要有明确的远景规划和近期实现目标。在制定规划与目标时，既要考虑企业内部的现状和实际管理水平，也要看到外部市场对企业的要求与挑战。企业必须清楚建立客户关系管理系统的初衷是什么。

2. 高层管理者的大力支持

高层管理者对客户关系管理项目实施的支持、理解与承诺是项目成功的关键因素之一，否则会对项目实施带来很大的负面影响，甚至可能使项目在启动时就举步维艰。

要得到高层管理者的支持与承诺，应要求高层管理者必须对项目有相当的参与程度，进而能够对项目实施有一定的理解。

3. 采取业务驱动方法

客户关系管理系统是为了建立一套以客户为中心的销售服务体系，它的实施应当以业务过程来驱动。现代信息技术为客户关系管理系统的实现提供了技术可能性，客户关系管理项目的实施必须把握软件提供的先进技术与企业目前的运作流程之间的平衡点，以项目实施的目标来考虑当前阶段的实施方向。

4. 有效地进行变更管理

项目实施不可避免地会使业务流程发生变化，同时也会影响到人员岗位和职责的变化，甚至会引起部分组织结构的调整。如何将这些变化带来的消极影响降到最低，如何使企业内所有相关部门和人员认同并接受这一变化，是项目负责人将面临的严峻挑战。新系统的实施还需要考虑对业务客户的各种培训，以及为配合新流程的相应的外部管理规定的制定等，这些内容都可以列入变更管理的范围之中。

5. 项目实施组织机构的建立

项目组由企业内部成员和外部的实施伙伴共同组成。内部人员主要是企业高层领导、相关实施部门的业务骨干和项目技术人员。业务骨干应当真正熟悉企业目前的运作，并对流程具备一定的发言权和权威性，必须全职、全程地参与项目工作。保证项目组成员的稳定性也是项目成功的关键因素之一。在项目实施的初期，人员的调整带来的影响较小，随着项目的推进，人员的变动对项目带来的不利影响会越发突出。新加入项目组的成员不但要花很长的时间熟悉系统，同时对新系统流程定义的前因后果也缺乏深入理解，由此可能带来项目实施的拖延和企业内其他人员对项目实现结果和目标的怀疑。

6. 明确项目人员的奖惩制度

客户关系管理项目在实施过程中会发生人员流动，也会出现工作人员效率不高、态度不积极等情况。针对上述情况，项目组在建立项目小组和进行人员定位时，一定要在企业内部达成共识，防止在项目实施期间对人员的随意抽调。同时，还必须对项目组成员的职责分工有明确定义，将每项任务落实到人，明确对个人的考核目标，对优秀人员予以奖励，不能完成任务的予以处罚，即采用岗位负责制，要赏罚分明。

7. 选择合适的产品供应商和实施伙伴

客户关系管理的软件系统有不少，各自存在着不同程度的差异。很多企业在选择的过程中难以抉择。对软件的选择要依据企业对客户关系管理系统的远景规划和近期实施目标来进行，要选择最贴近企业需求的产品。客户关系管理系统的最终拥有者是业务部门，选择工作必须有业务部门的紧密配合。

本章小结

物流管理是指应用管理的基本原理和科学方法，对物流活动进行计划、组织、指挥、协调、控制和监督，使各项物流活动实现最佳的协调与配合，以降低物流成本，提高物流效率和经济效益。

物流管理的内容很多，包括对物流活动要素、物流系统要素以及具体职能的管理。物流管理的发展历程经历了职能管理阶段、内部一体化阶段和外部一体化阶段。

物流管理的组织形式主要是直线职能制组织形式、事业部制组织形式和矩阵式组织形式等。物流管理的主要内容包括物流质量管理和物流成本管理。

供应链管理是物流管理的高级形式，供应链管理是一种集成的管理思想和方法，它执行供应链中从供应商到最终客户的物流的计划和控制等职能。供应链管理不仅关心物流实体在供应链中的流动、企业与企业之间的运输问题和实物分销，还关心与客户的合作伙伴关系、与供应商的关系处理、供应链上企业之间的信息沟通等问题。

供应链管理的方法有很多，本章主要介绍了几种具有代表性的方法。如快速反应（QR）、有效的客户反应（ECR）、客户关系管理（CRM）等。

关键概念

物流管理　物流质量　物流成本　供应链管理

讨论及思考题

1. 简述物流管理的内容及步骤。
2. 物流管理组织结构的基本形态有哪几种？
3. 物流质量管理的内容有哪些？物流质量管理的特点是什么？
4. 什么是供应链？供应链具有什么特征？
5. 简述供应链管理与物流管理的关系。
6. 什么是快速反应（QR）？实施 QR 有什么效益？
7. 试比较 QR 和 ECR 的异同。
8. 什么是客户关系管理？
9. 试述供应链管理的基本方法。

练习题

一、单项选择题

1. 我国国家标准《物流术语》中物流管理的定义为：为达到既定的目标，从物流全过程出发，对相关（　　）进行的计划、组织、协调与控制。

A. 物流费用   B. 物流活动   C. 物流支出   D. 物流开支

2. （　　）是对物料流入企业有关的所有活动进行计划、组织和控制，其具体管理范围包括采购、原材料和在制品库存控制、厂内运输、生产计划等。

    A. 采购管理   B. 物流管理   C. 物料管理   D. 供应管理

3. （　　）是指其发生总额随业务量的增减变化而近似成正比例增减的成本。

    A. 固定成本   B. 不可控成本   C. 可控成本   D. 变动成本

4. （　　）的核心思想是将企业的客户（包括最终客户、供应商、分销商以及其他合作伙伴）作为最重要的企业资源，通过完善的客户服务和深入的客户分析来满足客户的需求，保证实现客户的价值。

    A. 客户关系管理   B. 供应商管理   C. 终端客户管理   D. 分销商管理

5. （　　）就是依据物流系统运动的客观规律，为了满足物流客户的服务需要，通过制定科学合理的基本标准，运用经济办法实施计划、组织、协调、控制的活动过程。

    A. 物流管理   B. 物流质量管理   C. 物流成本管理   D. 物流计划管理

二、多项选择题

1. 物流管理的目标包括（　　）。

    A. 物流质量   B. 最小变异   C. 最低库存

    D. 快速反应   E. 经济效益

2. 供应链管理涉及的领域有（　　）。

    A. 采购   B. 供应   C. 生产计划

    D. 物流   E. 需求

3. 物流管理组织机构的基本形式有（　　）。

    A. 直线职能制   B. 事业部制   C. 直线式

    D. 矩阵式   E. 职能制

4. 一般来说，物流成本由（　　）构成。

    A. 人工费用   B. 作业消耗   C. 管理费用

    D. 利息支出   E. 物品损耗

5. 供应链管理的主要方法有（　　）。

    A. 快速反应   B. 看板管理   C. JIT 配送

    D. 有效的客户反应   E. 客户关系管理

三、判断题

1. 物料需求计划成功地解决了根据最终产品需求生成零部件需求计划的问题。（　　）

2. 基于物流运营的特点和物流管理发展的现状，我国大中型物流企业的运营组织机构设置主要采用事业部制形式。（　　）

3. 供应链产品需求预测和计划是供应链管理的主要内容之一。（　　）

4. 供应链管理思想的形成与发展，是建立在多个学科体系基础上的，其理论根基远远超出了传统物流管理的范围。（　　）

5. 物流成本管理是通过成本去管理物流，即管理的对象是物流而不是成本，物流成本管理可以说是以成本为手段的物流管理。（　　）

四、案例分析题

京东商城的供应链管理

国内连锁零售巨头苏宁和国美通过自身强大的信息系统将现金周转率控制到 40 天左右，而京东商城目前可做到 10 天，这主要得益于京东商城的供应链管理。

1. 采购环节

京东商城依靠其包含 RFID、EPC、GIS、云计算等多种物联网技术的先进系统对一个区域进行发散分析，从而了解客户的区域构成、客户密度、订单密度等，根据这些数据提前对各区域产品销售情况进行预测，根据预测销售量备库，同时决定采购商品分配到哪些区域的仓库，及各仓库分配数量。

物联网技术的应用使京东由产品销售总量的预测细化到各个区域，采购人员可以根据销售前端传来的详细信息做出更合理的采购决策。例如，在京东成熟的 3C 数码市场领域，其产品平均库存周转率约为 11.6 天，京东采购人员会对相关产品进行频繁采购，同时开放平台的供应商可以在其后台即时查看产品销售情况以及时补货。在这个环节上，物联网技术减少了出现缺货现象的可能性，有利于顾客更快做出购物决策，增加购物的流畅感，提高了顾客的消费体验。从成本管理角度分析，物联网技术可以帮助采购人员更合理地做出采购决策，加速了产品库存周转率，提高了产品合理分配仓库程度，节约了属于作业成本范畴的采购成本、库存成本、物流成本；允许供应商自行补货，也降低了谈判成本、协调成本、信息成本。

2. 仓储环节

京东商城应用的主要是 RFID 技术、EPC 库存取货技术、库存盘点技术以及智能货架技术，以此实现仓库自动化管理。京东商城将自身库房划分为三大区域，分别为收货区、仓储区、出库区。在收货区，京东商城首先对供应商送来的商品进行质量抽检，然后利用 EPC 和电子标签技术给每一件商品贴上条形码标签，作为该件商品的独一无二的身份识别证据，随后全部商品在仓储区域上架入库，每个货架均有唯一编号。上架时，京东仓库商品管理人员会利用 PDA（手持终端）设备扫描商品条形码和商品进行关联后传入信息系统。这样，用户订单下达后，仓库商品管理人员可以依据系统记录直接到相应的货架取货，无需核对商品名称。

此外，京东商城根据历史数据计算结果，会及时将相关度高的商品摆放在一起，以提高库房完成订单效率。在促销季节，为配合网站商品促销，库存位置也会同步改变，以节约取货时间，提高商品出库效率。仓储系统管理包含三大模块，分别是入库管理模块、库存位置管理模块、出库管理模块。该系统负责出入库管理扫描、更新EPC标签信息以及确定商品储存库区和货架位置等。物联网仓储管理技术的运用使京东能更高效地摆放商品，更加及时地更新库存信息，实现了仓库内商品的可视化管理，提高了仓储环节的敏捷性和精确度，促进了京东商城服务水平的提高，为正确发/退货和及时补货提供了保障，提高了客户满意度。从成本管理角度来看，这些技术使仓储空间效用最大化，减少了商品库存，降低了存储成本，实现了储存、出入库、盘点等环节的自动化管理，节约了劳动力和库存空间，大幅度减小了供应链中由于商品位置错误等造成的损耗。

3. 分拣环节

在分拣环节，京东商城通过 ERP 系统确定订单所需商品发货库房，然后自动查询到商品在仓库中的位置，信息将自动发送到库房管理人员随身携带的 PDA 上，在工作人员分拣货物完毕后，货物将放在对应的周转箱上传送到扫描台，确认无误后，打印发票清单送到发货区域准备进行运输。物联网技术的运用实现了商品的快速分拣，有助于提高分拣效率，商品的快速分拣有助于快速发货，减少顾客的等待时间，有助于顾客更早享受商品的价值。从成本管理角度分析，这些技术的应用提高了商品分拣的自动化程度，较少量的分拣人员即可高效完成工作，在效率大幅度提高的同时，节约了大量的人工成本。

4. 运输配送环节

在运输配送环节，京东商城主要应用的是 GIS 技术，这种技术是物联网技术应用的典型实例。京东商城通过和一家地图服务商合作，将后台系统和该公司 GPS 进行关联，实现了可视化物流。京东商城在运送的包裹上和运货车辆上均装有 EPC 标签，包裹出库时将通过 RFID 技术进行扫描并和运送车辆关联起来，当货车在路上行驶时，其位置信息将通过 GPS 即时反馈到后台系统，并在网站地图上显示出来。京东商城的GIS 可以使物流管理人员在系统后台即时查看物流运行状况，同时，车辆位置信息、停驻时间、包裹分配时间、配送员和客户交接时间都会形成海量原始数据。京东商城物流管理者通过分析这些数据，可以合理地做出人员安排，优化服务区域配送人员分配，缩短配送时间，优化配送流程。另外，该系统还可以使用户即时查询商品运输信息，提高了用户对商品的实体感知程度。从成本管理角度分析，该技术的使用优化了京东商城自身的配送计划，降低了运输成本。

分析讨论：

1. 京东商城是怎样进行供应链管理的？

2. 从这个案例中，我们可以获得哪些启发？

第七章

CHAPTER 7

国际物流

📋 **学习目标**

▶ 重点掌握：国际物流的基本活动和特点；国际物流管理的内容。

▶ 掌握：国际物流业务的内容。

▶ 了解：国际货物运输的分类。

🌐 **引导案例**

新时代国际贸易新格局、新趋势与中国的应对

　　三四十年前，在全球贸易中，服务贸易总量与货物贸易总量的比例大约是 5∶95，现在，两者总量的比例大概是 30∶70（也有研究认为，服务贸易的统计被低估，已经占到了全球贸易的一半左右）。也就是说，在过去的三四十年中，全球贸易格局出现了两个巨大变化：一是货物贸易中中间品的比重上升到 70％ 以上；二是总贸易量中服务贸易的比重上升至 30％ 以上。这既是全球制造业水平分工和垂直分工演变发展的结果，也是全球服务贸易加速发展的结果。整个生产力体系的变化正在影响和产生新的世界贸易规则。例如，苹果手机一共涉及 500 多个各种各样的大大小小的零部件。全世界有几百个企业在为苹果加工零部件，涉及几十个国家和地区。在生产的过程中，并不是由苹果发明了手机的全部专利，然后把专利交给配套企业、零部件厂、中间厂，让它们为苹果进行制造，而是这个产业链上的中小零部件供应企业各有各的专利，各有各的专长。这些专利、专长，都是苹果不掌握的。但是，苹果制定了标准，产生了纽

带。从这个意义上来看，当今世界产业链中的竞争不仅仅是核心技术和资本的竞争，更是产业链的控制能力的竞争。能够控制产业链、提供行业标准的企业，就是行业龙头。产业链的行业标准十分重要。各种各样零部件的专利发明都离不开标准，只有符合标准的专利才会被使用。提升标准的基础在于产品的整体设计，即对产品的性能、结构、形体外观、生产工艺的整体设计。因此，能提出行业标准、产品标准的企业往往是产品技术最大的发明者。能够控制供应链的企业其实就是供应链的纽带。这种企业在组织整个供应链体系，成百上千家企业都跟着这种企业指挥棒运作，什么时间、什么地点、到哪儿，一天的间隙都不差，在几乎没有零部件库存的背景下，供应链上的所有企业非常有组织地、非常高效地在世界各地形成一个组合。从这个意义上讲，供应链的纽带十分重要。我国的制造业规模目前居世界第一。据WTO统计，我国货物贸易进口的中间品部分占进口关税的60%以上。若对进口中间品实行零关税，将降低企业成本，提高我国产品的国际竞争力。

思考： 国际贸易对我国经济有哪些影响？

第一节　国际物流概述

国际物流是国内物流的延伸和进一步扩展。由于自然环境、社会经济环境、政策法律环境等的差异，国际物流不能简单地理解为物流空间的扩大，从其活动的内容看有其特殊性。在国际物流活动中，为实现物流合理化，必须按照国际商务交易活动的要求来开展国际物流活动。

组织国际物流，必须正确选择运输方式和管理组织形式。国际物流的运输方式除了一般的海洋运输、铁路运输、公路运输、航空运输、管道运输及邮政传递以外，还有多式联运、大陆桥运输等。为便于组织运输和管理，国际货运代理业务逐步发展起来。

一、国际物流的含义及特点

我国国家标准《物流术语》（GB/T 18354—2021）中规定国际物流是指跨越不同国家（地区）之间的物流活动。国际物流的实质是按国际分工协作的原则，依照国际惯例，利用国际化的物流网络、物流设施和物流技术，实现商品在国际的流动与交换，以促进区域经济的发展和世界资源优化配置。国际物流的总目标是为国际贸易和跨国经营服务，即选择最佳的方式与路径，以最低的费用和最小的风险，保质、保量、适时地将商品从某国的供方运到另一国的需方。

国际物流是为跨国经营和对外贸易服务的，它要求各国之间的物流系统相互接轨。

与国内物流系统相比，国际物流具有以下特点。

（一）物流渠道长、物流环节多

国际物流系统往往需要跨越多个国家和地区，系统的地理范围大，需要跨越海洋和大陆，物流渠道长，还需要经过报关、商检等业务环节。这就需要在物流运营过程中合理选择运输路线和运输方式，尽量缩短运输距离，缩短商品在途时间，合理组织物流过程中的各个业务环节，加速商品的周转并降低物流成本。

（二）物流环境的复杂性

各国社会制度、自然环境、经营管理方法、生产习惯等的不同，特别是不同国家间物流环境上的差异，使得国际物流的组织工作较为复杂。一个国际物流系统需要在几个不同的法律、人文、习俗、语言、科技、设施下运行，这无疑会大大增加物流的难度和系统的复杂性。

（三）国际物流中的标准化要求较高

统一标准对国际物流是非常重要的，可以说，如果没有统一的标准，国际物流水平就无法提高。目前，美国、欧洲基本实现了物流工具、设施的统一标准，如托盘和集装箱的统一规格、条码技术等，这样可以降低物流运作复杂度，降低物流费用。而不向这一标准靠拢的国家，必然在转运等许多方面耗费更多时间和费用，导致其国际竞争能力降低。

（四）国际物流中的风险性

国际物流的复杂性将带来国际物流的风险性。国际物流的风险性主要包括政治风险、经济风险和自然风险。政治风险主要是指由于所经过国家的政局动荡，如罢工等原因，造成商品可能受到损害或灭失的风险；经济风险又可分为汇率风险和利率风险，主要是指从事国际物流必然要发生的资金流动；自然风险是指物流过程中，可能因自然因素（如海风、暴雨等）而引起的商品延迟、商品破损等风险。

（五）国际物流的多种运输方式组合

国际物流活动运输距离长，运输方式多样。运输方式有海洋运输、铁路运输、航空运输、公路运输以及由这些运输手段组合而成的国际综合运输方式等。运输方式选择的多样性是国际物流的一个显著特征。近年来，在国际物流活动中，"门到门"的组织方式越来越受到货主的欢迎，这使能满足这种需求的国际综合运输方式得到迅速发展，逐渐成为国际物流中运输的主流。

二、国际物流的种类

根据不同的标准，国际物流可以区分为不同的类型。

（一）根据商品在国与国之间的流向划分

根据商品在国与国之间流向的不同，国际物流可以分为进口物流和出口物流。当国际物流服务于一国的商品进口时，即可称之为进口物流；反之，当国际物流服务于一国的商品出口时，即可称之为出口物流。各国在物流进出口政策，尤其是海关管理制度上的差异，使进口物流与出口物流之间既存在交叉的业务环节，也存在不同的业务环节，需要物流经营管理人员区别对待。

（二）根据商品流动的关税区域划分

根据商品流动的关税区域的不同，国际物流可以分为不同国家之间的物流和不同经济区域之间的物流。区域经济的发展是当今国际经济发展的一大特征，如欧洲经济共同体国家之间属于同一关税区，其成员之间物流的运作与欧洲经济共同体成员与其他国家或者经济区域之间的物流运作在方式和环节上存在着较大的差异。

（三）根据跨国运送的商品特性划分

根据跨国运送的商品特性的不同，国际物流可以分为国际军火物流、国际商品物流、国际邮品物流、国际捐助或救助物资物流、国际展品物流、废弃物物流等。这里所论述的国际物流主要是指国际商品物流。

根据国际物流服务提供商的不同，国际物流的运营企业有国际货运代理、国际船务代理、无船承运人、报关行、国际物流公司、仓储和配送公司等。

第二节　国际物流业务

一、国际贸易术语

国际物流是伴随着国际贸易发展起来的，国际商品交换最终要通过国际物流来实现。国际贸易术语又称贸易条件、价格条件或交货条件，它是一个简短的概念或三个英文字母，用来确定买卖双方之间在货物交付和接收过程中的风险、费用承担和责任的划分。国际贸易术语来源于国际贸易实践，随着国际贸易、运输技术、信息技术的发展而发展。

（一）《国际贸易术语解释通则 2020》

为了协调各国法律制度、习惯做法或贸易习惯对国际贸易术语的解释，减少纠纷和争议，促进国际贸易的发展，一些国际商业团体先后制定了一些有关国际贸易术语的解释和规则，国际商会自 20 世纪 20 年代开始对国际贸易术语统一解释进行研究，于 1936 年提出了一套解释国际贸易术语的国际性统一规则。此后，为适应国际贸易实践的发展，国际商会又多次对此规则进行了修订和补充。

最新版的《国际贸易术语解释通则》于 2020 年 1 月 1 日起正式生效，其中明确阐述了买卖双方在货物交付过程中的责任、成本和风险的承担。

（二）分类

1. 适用于任何运输模式

（1）EXW：工厂交货。

（2）FCA：货交承运人。

（3）CPT：运费付至（指定目的地）。

（4）CIP：运费和保险费付至（指定目的地）。

（5）DAP：目的地交货。

（6）DPU：卸货地交货（新）。

（7）DDP：完税后交货。

2. 适用于海运和内河运输模式

（1）FAS：装运港船边交货。

（2）FOB：装运港船上交货。

（3）CFR：成本加运费。

（4）CIF：成本、保险费加运费。

（三）最新版通则主要的变化

（1）DAT（运输终端交货）变更为 DPU（卸货地交货）。

（2）DAT（运输终端交货）由新的贸易术语 DPU（卸货地交货）替代。DPU 是唯一在目的地卸货后完成交货的国际贸易术语条款。国际商会之所以会重命名此术语，是因为买方和/或卖方希望在《国际贸易术语解释通则》中涵盖货物在其他地点交货的情形，而不一定是在某个"终点站"。这是通则中唯一要求卖方卸货的术语。

（3）一个与术语 FCA（货交承运人）有关的重要变化是：根据 FCA，卖方现有责任在其地点或指定地点将货物准备好；其他情况下，如果交易双方同意卖方按照 FCA 要求将货物直接交付买方安排的运输工具时，买方可以指示承运人向卖方签发提单。

（4）CIF（成本、保险费加运费）是指卖方将货物交付承运人，并支付运费和保险费至最终目的地。2020 年通则中，增加了 CIP（运费和保险费付至）的保险范围。

（5）DAP（目的地交货）、DPU（卸货地交货）和 DDP（完税后交货）拓展至买卖双方可以使用自有运输工具，而非使用第三方承运公司进行运输。

（四）国际贸易术语表

《国际贸易术语解释通则 2020》中的每个国际贸易术语项下的"用户解释说明"都取代了 2010 年版本，更便于用户使用。国际贸易术语表如表 7-1 所示。

表 7-1 国际贸易术语表

组别	术语	英文	中文名	交货地点	风险转移界限	签订运输合同及支付运费	保险责任及费用	出口报关责任及费用	进口报关责任及费用	适用运输方式	术语解释
E组	EXW	Ex Works	工厂交货	车间、仓库、工厂所在地	买方处置货物后	买方	买方	买方	买方	任何运输方式或多式联运	指当卖方在其所在地或其他指定地点将货物交由买方处置时，即完成交货。代表卖方最低义务
	FCA	Free Carrier	货交承运人	出口国的地点或港口	承运人或代理人处置货物后	买方	买方	卖方	买方	任何运输方式或多式联运	指卖方将货物交给买方指定的承运人或其他人
F组	FOB	Free on Board	船上交货	指定的装运港口	货物交到船上时	买方	买方	卖方	买方	海运或内河水运	指卖方以指定装运港将货物装上买方指定的船舶或通过取得已交付至船上货物的方式交货
	FAS	Free Alongside Ship	船边交货	指定的装运港口	卖方将货物交到船边时	买方	买方	卖方	买方	海运或内河水运	指当卖方在指定的装运港买方指定的船边（例如，置于码头或驳船上）时，即为交货
	CFR	Cost and Freight	成本加运费	指定的装运港口	货物交到船上时	卖方	买方	卖方	买方	海运或内河水运	指卖方在船上交货或以取得已经这样交付的货物方式交货。CFR=FOB+运费
C组	CIF	Cost Insurance and Freight	成本、保险费加运费	指定的装运港口	货物交到船上时	卖方	卖方	卖方	买方	海运或内河水运	指在装运港当货物越过船舷时卖方即完成交货。CIF=FOB+保险费+运费，俗称"到岸价"

续表

组别	术语	英文	中文名	交货地点	风险转移界限	签订运输合同及支付运费	保险责任及费用	出口报关责任及费用	进口报关责任及费用	适用运输方式	术语解释
C组	CPT	Carriage Paid to	运费付至	国内陆路口岸或港口	在交货地点，买方指定的承运人控制货物后	卖方	买方	卖方	买方	任何运输方式或多式联运	指卖方将货物在双方约定地点交给买方指定的承运人或其他人。CPT＝FCA＋运费
	CIP	Carriage and Insurance Paid to	运费、保险费付至	国内陆路口岸或港口	在交货地点，买方指定的承运人控制货物后	卖方	卖方	卖方	买方	任何运输方式或多式联运	指卖方将货物在双方约定地点交给买方指定的承运人或其他人。CIP＝FCA＋运费＋保险费
D组	DAP	Delivered At Place	目的地交货	指定目的地	买方处置货物后	卖方	买方	卖方	买方	任何运输方式或多式联运	指卖方在指定的目的地将需做好卸货准备无需卸货即货物交货，卖方应承担将货物运至指定的目的地的一切风险和费用（除进口费用外）
	DAT	Delivered At Terminal	运输终端交货	指定港口或目的地的运输终端	买方处置货物后	卖方	买方	卖方	买方	任何运输方式或多式联运	指当卖方在指定港港口或目的地运输终端将货物从抵达的载货运输工具上卸下，即为交货。卖方应承担的将货物运至指定的目的地或港口的集散站的一切风险和费用（除进口费用外）
	DDP	Delivered Duty Paid	完税后交货	进口国国内目的地	买方处置货物后	卖方	买方	卖方	卖方	任何运输方式或多式联运	指当卖方在指定目的地将货物仍处于抵达的运输工具上，但已完成进口清关，且已做好卸货的准备的货物交由买方处置时，即为交货，代表卖方最大责任

二、进出口业务

（一）交易磋商

所谓交易磋商，是指买卖双方就交易条件进行协商，以求达成一致的具体过程。交易磋商可以采取口头磋商或书面磋商两种形式，以书面磋商为主。交易磋商的整个过程可分为四个环节，即询盘、发盘、还盘和接受。

（二）签订合同

交易双方经过磋商，一方发盘，另一方对该项发盘表示接受，合同即告成立。根据国际贸易习惯，买卖双方通常还需照例签订书面的正式合同或确认书。

国际贸易的买卖合同一般包括以下三个部分：第一部分是合同的首部，包括合同名称、合同号数、缔约日期、缔约地点、缔约双方名称和地址等。第二部分是合同的主体，包括合同的主要条款，如商品名称、品质、规格、数量、包装、单价和总值、装运、保险、支付以及特殊条款（如索赔、仲裁、不可抗力等）。第三部分是合同的尾部，包括合同文字和数量，以及缔约双方的签字。

（三）合同的履行

1. 出口合同的履行

（1）备货。备货是指出口方根据出口合同的规定按时、按质、按量准备好应交的货物以便及时装运。

（2）报验。凡按约定条件和国家规定必须法定检验的出口货物，在备妥货物后，应向进出口商品检验机关申请检验，只有经检验得到商检机构签发的检验合格证书后，海关才放行。

（3）催证。催促买方按合同规定及时办理开立信用证或付款手续。

（4）审证。信用证开到后，应对信用证内容逐项认真审核，信用证条款必须与合同内容一致，不得随意改变，以保证及时转船，安全结汇。

（5）租船、订舱装运。按照 CIF 或 CFR 价格条件成交的出口合同，租船订舱工作应由卖方负责。出口货物在装船前，还要办理报关和投保手续。

（6）制单结汇。在出口货物装船后，应按照信用证的规定，正确制备各种单据，并在信用证有效期内送交银行议付、结汇。银行收到单据审核无误后，一方面向国外银行收款，另一方面按照约定的结汇办法，与进出口公司结汇。

2. 进口合同的履行

（1）开立信用证。进口合同签订后，需按照合同规定填写开立信用证申请书向银行办理开证手续。信用证内容应与合同条款一致。

（2）派船接运货物与投保。在 FOB 交货条件下，应由买方负责派船到对方口岸接运货物。FOB 或 CFR 交货条件下的进口合同，保险由买方办理。

（3）审单和付汇。银行收到国外寄来的汇票及单据后，对照信用证的规定，核对单据的份数和内容。如内容无误，即由银行对国外付款。

（4）报关。进口货物到货后，由进出口公司委托外贸运输公司根据进口单据，填写"进口货物报关单"向海关申报。

（5）验收货物。进口货物到达港口卸货时，港务局要进行卸货核对，检验货物是否有短缺或残损。发现有残损短缺，凭商检机构出具的证书对外索赔。

（6）办理拨交手续。委托货运代理将货物运交订货单位。

（7）进口索赔。进口商品因品质、数量、包装等不符合合同的规定，需要向有关方面提出索赔。根据造成损失原因的不同，进口索赔的对象主要有以下几个方面：

1）向卖方索赔。原装数量不足；货物的品质、规格与合同规定不符；包装不良致使货物受损；未按时交货或拒不交货。

2）向轮船公司索赔。货物数量少于提单所写数量；提单是清洁提单，而货物有残损情况，并且属于船方过失所致；货物所受的损失，根据租船合约有关条款应由船方负责。

3）向保险公司索赔。自然灾害、意外事故或运输中其他事故的发生致使货物受损，并且在承保险别范围内的；凡轮船公司不予赔偿或赔偿金额不足抵补损失的部分，并且属于承保险别范围内的。

三、商检

进出口商品的检验，就是对卖方交付商品的品质和数量进行鉴定，以确定交货的品质、数量和包装与合同的规定一致。商品检验是国际贸易中的一个重要环节。

（一）商品检验的作用

商品检验是进出口商品检验机构为了鉴定商品的品质、数量和包装是否符合合同规定的要求，以检查卖方是否已按合同履行了交货义务，并在发现卖方所交货物与合同不符时，买方有权拒绝接收货物或提出索赔。商品检验对保护买方的利益十分重要。

在进口工作中，订好检验条款，做好进口商品的检验工作，对维护国家和人民的正当权益具有重要意义。根据《中华人民共和国进出口商品检验法》（以下简称《商检法》）的规定，我国商检机构的主要任务是：对重要进出口商品进行法定检验，对一般进出口商品实施监督管理和鉴定。

（二）实施商品检验的范围

我国对外贸易中的商品检验，主要是对进出口商品的品质、规格、数量以及包装等实施检验，对某些商品进行检验以确定其是否符合安全、卫生的要求；对动植物及其产品实施病虫害检疫；对进出口商品的残损状况和装运某些商品的运输工具等亦需进行检验。

我国进出口商品检验的范围如下：

（1）现行《商检机构实施检验的进出口商品种类表》（以下简称《种类表》）所规定的商品。《种类表》是由国家根据对外经济贸易发展的需要和进出口商品的实际情况制定的，不定期地加以调整和公布。

（2）《中华人民共和国食品安全法》和《中华人民共和国进出境动植物检疫法》所规定的商品。

（3）船舶和集装箱。

（4）海运出口危险品的包装。

（5）对外贸易合同规定由商检机构实施检验的进出口商品。

我国进出口商品实施检验的范围除以上所列之外，根据《商检法》的规定，还包括其他法律、行政法规规定需经商检机构或由其他检验机构实施检验的进出口商品或检验项目。

（三）商品检验的时间和地点

在对外贸易合同中，有关检验的时间和地点有三种不同的规定：

第一种规定是以离岸品质、重量为准。即出口国装运港的商品检验机构在货物装运前对货物品质、数量及包装进行检验，并出具检验合格证书作为交货的最后依据。换句话说，货物到目的港后，买方无权复验，也无权向卖方提出异议。这种规定显然对卖方单方面有利。

第二种规定是以到岸品质、重量为准。即货物到达目的港后，目的港的商品检验机构检验货物的数量、品质和包装等，并出具检验证书作为货物的交接依据。这种规定对买方十分有利。

第三种规定是两次检验、两个证明、两份依据。即以装运港的检验证书作为交付货款的依据。在货物到达目的港之后，允许买方公证机构对货物进行复验并出具检验证书作为货物交接的最后依据。这种做法兼顾了买卖双方的利益，在国际上较多采用。

检验的时间与地点不仅与贸易术语、商品及包装性质、检验手段有关，而且还与国家的立法、规章制度等有密切关系。为使检验顺利进行，预防产生争议，买卖双方应在合同的检验条款中明确检验时间与地点。

（四）检验机构

国际贸易中，从事商品检验的机构大致有如下几类：

（1）官方机构：由国家设立的检验机构。

（2）非官方机构：由私人或同业协会等开设的检验机构，如公证人、公证机构。

（3）工厂企业、用货单位设立的化验室、检验室。

在实际交易中选用哪类检验机构检验商品，取决于各国的规章制度、商品性质以及交易条件等。检验机构的选定一般是与检验的时间和地点联系在一起的。在出口国工厂或装运港检验时，一般由出口国的检验机构检验；在目的港或买方营业处所检验时，一般由进口国的检验机构检验。

在我国，从事进出口商品检验的机构，根据《商检法》的规定，是国务院设立的进出口商品检验部门和国家商检部门设在各地的进出口商品检验机构。中国进出口商品检验总公司及其设在各地的分公司根据国家商检部门的规定，也以第三者身份办理进出口商品的检验和鉴定工作。

（五）检验证书

进出口商品经过商检机构检验后，都要由检验机构发给一定的证明书，以证明商品的品质和数量符合合同的规定，这种证件称为商检证书。国际贸易中常见的检验证书有：检验证明书（inspection certificate）、品质证明书（quality certificate）、重量证明书（weight certificate）、卫生证明书（sanitary certificate）、兽医证明书（veterinary certificate）、植物检疫证明书（plant quarantine certificate）、价值证明书（value certificate）、产地证明书（origin certificate）。除上述各种检验证书之外，还有证明其他检验、鉴定工作的检验证书，如验舱证书、货载衡量等证书。

在国际商品买卖业务中，卖方究竟提供何种证书，要根据成交商品的种类、性质、有关法律和贸易习惯以及政府的涉外经济政策而定。

（六）检验方法和检验标准

检验方法和检验标准涉及检验工作中许多复杂的技术问题。同一商品，如用不同的检验方法和检验标准检验，其结果也会不同。在对外签订合同时，应注意确定适当的检验标准和检验方法。

四、报关

所谓报关，是指货物在进出境时，由进出口货物的收、发货人或其代理人，按照海关规定格式填报《进出口货物报关单》，随附海关规定应交验的单证，请求海关办理货物进出口手续。

（一）海关

海关是国家设在进出境口岸的监督机关，在国家对外经济贸易活动交往中，海关代表国家行使监督管理的权力。通过海关的监督管理职能，保证国家政策、法律、法令的有效实施，维护国家的利益。

《中华人民共和国海关法》（以下简称《海关法》）是现阶段海关的基本法规，也是海关工作的基本准则。海关贯彻《海关法》，在维护国家主权利益的同时，也需要促进对外经济贸易和科技文化交流的发展。

中华人民共和国海关总署为国务院的直属机构，统一管理全国海关，负责拟订海关方针、政策、法令、规章。国家在对外开放口岸和海关监管业务集中的地点设立海关。海关的隶属关系不受行政区划的限制，各地海关依法行使职权，直接受海关总署的领导，向海关总署负责，同时受所在省、市、自治区人民政府的监督和指导。

中国海关按照《海关法》和其他法律、法规的规定，履行下列职责：

（1）对进出境的运输工具、货物、行李物品、邮递物品和其他物品进行实际监管。

《海关法》规定：进口货物自进境起到办结海关手续止，应当接受海关监管。海关监管货物，未经海关许可，不得开拆、提取、交付、发运、调换、改装、抵押、质押、留置、转让、更换标记。进出口货物的收、发货人或其代理人，应当向海关如实申报，交验有关单证，接受海关对货物的查验。

进出境运输工具到达或者驶离设立海关地点时，运输工具负责人应当向海关如实申报，交验单证，并接受海关监督和检查。运输工具装卸进出境货物、物品或者上下进出境旅客应当接受海关监管。

个人携带进出境的行李物品、邮寄进出境的物品，应当以自用、合理数量为限，并接受海关监管。

（2）征收关税和其他费税。

《海关法》规定，准许进出口的货物、进出境的物品，除《海关法》另有规定外，由海关依照进出口税则征收关税。进口货物以海关审定的正常成交价格为基础的到岸价格作为完税价格。出口货物以海关审定的正常离岸价格扣除出口税作为完税价格。

（3）查缉走私。

中国海关是主管查缉走私的国家行政执法部门。走私是破坏国家主权、扰乱社会经济秩序、损害国家利益的违法行为，情节严重的走私则构成走私犯罪。海关对走私案件的处理依据情节轻重处以罚款或没收走私物品，对构成走私罪的当事人，移交司法机关追究刑事责任。

（4）编制海关统计和办理其他海关业务。

中国海关统计是货物实际进出口的统计资料。海关统计的原始资料，是进出口货物收、发货人或其代理人向海关递交的进出口货物报关单和按规定附送的有关合同、发票、装箱单等。海关统计是研究中国对外经济贸易发展和国际经济关系的重要资料。

（二）报关单证和报关期限

经海关审查批准予以注册，可直接或接受委托向海关办理运输工具、货物、物品进出境手续的单位称报关单位。报关单位的报关员须经海关培训和考核认可，发给报关员证件，才能办理报关事宜。报关员须在规定的报关时间内，备有必需的报关单证，办理报关手续。

海关规定，对一般的进出口货物须交验下列单证：

（1）进出口货物报关单（一式两份）。它是海关验货、征税和结关放行的法定单据，也是海关对进出口货物汇总统计的原始资料。为了及时提取货物和加速货物的运送，报关单位应按海关规定的要求准确填写，并要加盖经海关备案的报关单位的报关专用章和报关员的印章签字。

（2）进出口货物许可证或国家规定的其他批准文件。凡国家规定应申领进出口许可证的货物，报关时都必须交验外贸管理部门签发的进出口货物许可证。凡根据国家有关规定需要有关主管部门批准文件的，还应交验有关的批准文件。

（3）提货单、装货单或运单。这是海关加盖放行章后发还给报关人凭此提取或发运货物的凭证。

（4）发票。它是海关审定完税价格的重要依据，报关时应递交载明货物真实价格、保险费和其他费用的发票。

（5）装箱单。这是一种用来标明出口货物的具体情况的单据，其具体内容主要包括货物形式、规格、数量、毛重、净重、体积等。在结汇过程中，除了一些散装货物外，一般都会要求提供具体的装箱单。

（6）减免税或免检证明。

（7）商品检验证明。

（8）海关认为必要时应交验的贸易合同及其他有关单证。

《海关法》规定，进口货物的收货人应当自运输工具申报进境之日起十四日内，出口货物的发货人除海关特准的外应当在货物运抵海关监管区后、装货的二十四小时以前，向海关申报。进口货物的收货人超过前款规定期限向海关申报的，由海关征收滞报金。进口货物的收货人自运输工具申报进境之日起超过三个月未向海关申报的，其进口货物由海关提取依法变卖处理，所得价款在扣除运输、装卸、储存等费用和税款后，尚有余款的，自货物依法变卖之日起一年内，经收货人申请，予以发还；其中属于国家对进口有限制性规定，应当提交许可证件而不能提供的，不予发还。逾期无人申请或者不予发还的，上缴国库。

（三）进出口货物报关程序

《海关法》规定，进出口货物必须经设有海关的地点进境或者出境，进口货物的收货人、出口货物的发货人或其代理人应当向海关如实申报，接受海关监管。对一般进出口货物，海关的监管程序是：接受申报、查验货物、征收税费、结关放行，相对应的收、发货人或其代理人的报关程序是：申请报关、交验货物、缴纳税费、凭单取货，具体如图7-1所示。

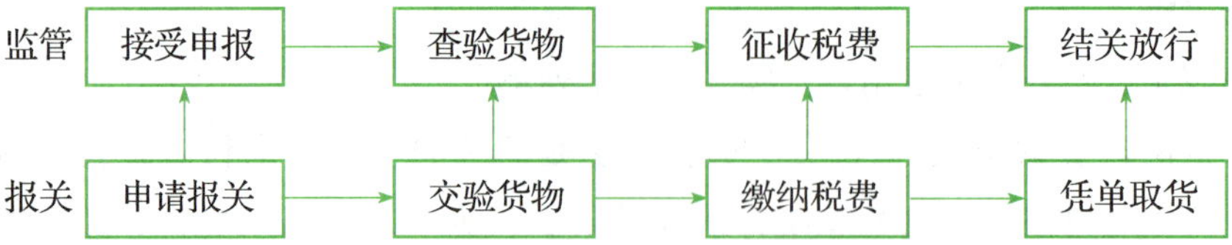

图 7-1　一般货物进出口监管报关程序

海关在规定时间内接受报关单位的申报后，审核单证是否齐全、填写是否正确、报关单内容与所附各项单证的内容是否相符，然后查验进出口货物与单证内容是否一致，必要时海关将开箱检验或者提取样品。货物经查验通过后，如属应纳税货物，由海关计算税费，开具税款缴纳证，待报关单位缴清税款或担保付税后，海关在报关单、提单、装货单或运单上盖放行章后结关放行。

进出口货物收、发货人或其代理人（上述所指报关单位），在报关前应备妥交审的单证，正确填写报关单，在规定的报关期限内向海关申请报关，协助海关查验货物，负责搬移货物，开拆和重封货物的包装，并负责缴纳需缴纳货物的税费，然后凭海关盖有放行章的报关单、提单、装货单或运单提取货物。

（四）关税计算

关税额度的确定与调整直接影响一个国家进出口货物的种类和数量，并反映国家的外贸政策。关税政策和税法是根据国家的社会制度、经济政策和社会生产发展水平、外贸结构以及财政收入等综合因素制定的。依法对进出口货物征税是海关行使国家外贸管理职权的重要内容。

进出口货物应纳税款是在确定单货相符的基础上，对相关货物进行正确分类，确定税率和完税价格后，据以计算得到的，其基本公式如下：

关税税额＝完税价格×关税税率

（1）完税价格。

进口货物完税价格。进口货物必须以海关审定的正常成交价为基础的到岸价格为完税价格。到岸价格包括货价、运费、保险费及其他劳务费用。

以 CIF 成交时，完税价格等于 CIF 价格。

以 FOB 或 CFR 价成交时，在此价格基础上分别计入运抵进口国口岸前的相应运费和杂费，使其符合到岸价格税金的要求。

（2）关税税率。

我国海关根据《中华人民共和国进出口关税条例》的规定，把进口关税税率定为普通税率和最低税率，前者适用于产自还未与我国订立关税互惠条约的国家的进口货物，后者适用于产自与我国订立了关税互惠条约的国家的货物。目前已有 100 多个国家和地区与我国签订了有关关税互惠条款的贸易条约或协定。另外，对购买复进口的国货、产自我国台湾的货物（直接对台贸易除外）及产自香港、澳门特别行政区的货物均按最低税率征税。

（3）进出口货物关税减免。

准许进出口的货物和物品，除《海关法》另有规定外，应由海关征收关税，但国家可以因政治或外交需要对某些国家或某些人员的进口货物或物品给予关税减免，或者由于经济发展需要，在一定时间内对某些进出口商品实行减征或免征关税。关税的减免权属于中央。根据现行规定，关税减免的项目有：海关法规规定的减免、经国务院特准的特定减免、海关总署批准的临时减免。

另外，当出口货物、进出境物品放行后，海关发现有少征或漏征税款时，可在自物品放行之日起1年内，向纳税义务人补征，因纳税义务人违反规定造成的，可延至3年内追征；当海关发现多征税款后，应立即退还，纳税义务人也可在自缴纳税款之日起1年内要求海关退还。

（4）其他由海关代征的税费。

当货物由海关征税进口后，其在国内流通，与国内产品享有同等待遇，也需缴纳国内应缴纳的各种税费。为简化手续，可以把一部分国内税费的征收在货物进口时就交由海关代征。目前我国由海关代征的国内税费有产品税、增值税、盐税、调节税和车辆购置附加费等。

五、保险

在国际贸易中，成交后的货物从卖方交至买方手中，一般都要经过长途运输。在此过程中，货物可能遇到自然灾害或意外事故，从而使货物遭受损失。货主为了转嫁货物在运输途中的风险，通常都要投保货物运输险。货物一旦发生承保范围内的风险损失，货主即可以从保险公司取得经济上的补偿。

国际货物运输保险，是以运输过程中的各种货物作为保险标的，被保险人（卖方或买方）向保险人（保险公司）按一定的金额投保一定的险别，并缴纳保险费。保险人承保以后，如果保险标的在运输过程中发生约定范围内的损失，应按照规定给予被保险人经济上的补偿。

国际货物运输保险的种类很多，包括海上货物运输保险、陆上货物运输保险、航空货物运输保险和邮政包裹运输保险，其中以海上货物运输保险起源最早，历史最悠久。

（一）海上货物运输保险

1. 海上货物运输保险承保的范围

海上货物运输保险承保的范围包括海上风险、海上损失与费用以及海上风险以外的其他外来原因所造成的风险与损失。

（1）海上风险。

海上风险是保险业的专门用语，包括海上发生的自然灾害和意外事故，但并不包括海上的一切危险。

1）自然灾害是指不以人们的意志为转移的自然力量所引起的灾害。海上保险业务并不是泛指一切自然力量所造成的灾害，而是仅指恶劣气候、雷电、海啸、地震或火山爆发等人力不可抗拒的灾害。

2）意外事故一般是指偶然的非意料中的原因所造成的事故。在海上保险业务中，所谓意外事故，并不是泛指海上意外事故，而是仅指运输工具遭受搁浅、触礁、沉没、船舶与流冰或其他物体碰撞以及失踪、失火、爆炸等。

（2）海上损失与费用。

海上损失与费用是指被保险货物在海洋运输中，因遭受海上风险而引起的损失与费用。按照海运保险业务的一般习惯，海上损失还包括与海运相连接的陆上或内河运输中所发生的损失与费用。

1）海上损失。

按照损失程度的不同，海上损失可分为全部损失（total loss）和部分损失（partial loss）。

全部损失简称全损，是指被保险货物遭受全部损失。按其损失情况的不同，全部损失又可分为实际全损（actual total loss）和推定全损（constructive total loss）两种。实际全损是指被保险货物完全灭失或完全变质，或指货物实际上已不可能归还保险人。货物发生保险事故后，认为实际全损已经不可避免，或者为避免发生实际全损所需支付的费用与继续将货物运抵目的地的费用之和超过保险价值的，称为推定全损。

部分损失即被保险货物的损失没有达到全部损失的程度。在部分损失中，包括共同海损和单独海损两种。共同海损是指载货的船舶在海上遇到灾难、事故，威胁到船、货等各方的共同安全，为了解除这种威胁，维护船货安全，或者使船程得以继续完成，由船方有意识地、合理地采取措施所做出的某些特殊牺牲或支出某些额外费用，这些损失和费用称共同海损。单独海损是指除共同海损以外的意外损失，即由于承保范围内的风险所直接导致的船舶或货物的部分损失。

2）海上费用。

海上费用是指保险人即保险公司承保的费用。保险货物遭遇保险责任范围内的事故，除了使货物本身受到损毁导致经济损失外，还会产生费用方面的损失。这种费用，保险人也给予赔偿，主要有施救费用和救助费用。

施救费用（sue and labor expenses）是指当保险标的遭遇保险责任范围内的灾害事故时，被保险人或者其代理人、雇佣人员和受让人员等为防止损失的扩大而采取抢救措施所支出的费用。

救助费用（salvage charge）是指当保险标的遭遇保险责任范围内的灾害事故时，由保险人和被保险人以外的第三者采取救助行动，而向其支付的费用。

（3）外来风险。

外来风险一般是指海上风险以外的其他外来原因所造成的风险。外来风险可分为一般外来风险和特殊外来风险。一般外来风险是指被保险货物在运输途中由于偷窃、短量、雨淋、沾污、渗漏、破碎、受热受潮、串味等外来原因所造成的风险。特殊外来风险是指由于军事、政治、国家政策法令以及行政措施等特殊外来原因造成的风险与损失。如战争、罢工等。

2. 海上货物运输保险险别

保险险别是保险人对风险损失的承保范围，它是保险人与被保险人履行权利与义务的基础，也是保险人承保责任大小和被保险人缴付保险费多少的依据。海洋货物运输保险的险别很多，概括起来分为基本险别和附加险别两大类。

（1）基本险别。

根据我国现行的《海洋货物运输保险条款》的规定，基本险别包括平安险（free from particular average，FPA）、水渍险（with particular average，WPA/WA）和一切险（all risks）三种。

1）平安险。

平安险的责任范围包括以下方面：

a. 在运输过程中，自然灾害和运输工具发生意外事故，造成被保险货物的实际全损或推定全损。

b. 运输工具遭遇搁浅、触礁、沉没、互撞、与流冰或其他物体碰撞，以及失火、爆炸等意外事故造成被保险货物的全部或部分损失。

c. 只要运输工具曾经发生搁浅、触礁、沉没、焚毁等意外事故，不论在意外事故发生之前或者之后，曾在海上遭遇恶劣气候、雷电、海啸等自然灾害造成的被保险货物的部分损失。

d. 在装卸转船过程中，被保险货物一件或数件落海所造成的全部损失或部分损失。

e. 被保险人对遭受承保责任范围内危险的货物采取抢救、防止或减少货损措施而支付的合理费用，但以不超过该批被救货物的保险金额为限。

f. 运输工具遭遇自然灾害或者意外事故，需要在中途的港口或者避难港口停靠而引起的卸货、装货、存舱以及运送货物所产生的特别费用。

g. 运输契约订有"船舶互撞条款"，按该条款规定应由货主偿还船方的损失。

2）水渍险。

水渍险的责任范围除包括上述平安险的各项责任外，还负责被保险货物由于恶劣气候、雷电、海啸、地震、洪水等自然灾害所造成的部分损失。

3）一切险。

一切险的责任范围除包括平安险和水渍险的所有责任外，还包括货物在运输过程中，因一般外来原因所造成的被保险货物的全部或部分损失。

上述三种基本险别中均明确规定了除外责任。所谓除外责任，是指保险公司明确规定不予承保的损失或费用。

（2）附加险别。

海洋运输货物保险的附加险种类繁多，归纳起来可分为一般附加险和特别附加险。

一般附加险包括：偷窃、提货不着险（theft，pilferage and non-delivery）、淡水雨淋险（fresh water rain damage）、短量险（risk of shortage）、混杂、沾污险（risk of intermixture & contamination）、渗漏险（risk of leakage）、碰撞、破碎险（risk of clash & breakage）、串味险（risk of odour）、受热、受潮险（damage caused by heating & sweating）、钩损险（hook damage）、包装破裂险（loss or damage caused by breakage）、锈损险（risk of rust）。上述 11 种附加险不能独立投保，只能在投平安险或水渍险的基础上加保。

特别附加险包括战争险、战争险的附加费用和罢工险等。

（二）陆上货物运输保险

陆上货物运输保险可分为陆运险和陆运一切险两种。

1. 陆运险的责任范围

被保险货物在运输途中遭受暴风、雷电、地震、洪水等自然灾害，或陆上运输工具（主要指火车、汽车）遭受碰撞、倾覆或出轨，如在驳运过程中，驳运工具搁浅、触礁、沉没或遭受隧道坍塌、压歪或火灾、爆炸等意外事故所造成的全部损失或部分损失。保险公司对陆运险的承保范围大致相当于海运货物保险中的水渍险。

2. 陆运一切险的责任范围

除包括上述陆运险的责任外，保险公司对被保险货物或在运输途中一般外来原因造成的短少、偷窃、渗透、碰损、破碎、钩损、雨淋、生锈、受潮、受热、发霉、串味、沾污等全部或部分损失，也负赔偿责任。

（三）航空货物运输保险

航空货物运输保险分为航空运输险和航空运输一切险两种。

航空运输险的承保责任范围与海运水渍险大体相同。

航空运输一切险除包括上述航空运输险的责任外，对被保险货物在运输途中一般外来原因所造成的全部或部分损失也负赔偿的责任。

（四）邮政包裹运输保险

邮政包裹运输保险是承保邮包在运输途中因自然灾害等所造成的损失。邮政包裹运输保险包括邮包险和邮包一切险两种。

（五）货物投保的做法

1. 出口货物保险的做法

凡按 CIF 和 CIP 条件成交的出口货物，由出口企业向当地保险公司办理投保手续。在办理时应根据出口合同或信用证规定，在备妥货物并确定装运日期和运输工具后，按规定格式逐笔填写保险单，具体列明被保险人名称，保险货物项目、数量、包装及标志，保险金额，起止地点，运输工具名称，起止日期和投保险别，送保险公司投保，缴纳保险费，领取保险单证。

2. 进口货物保险的做法

按 FOB、CFR 和 CPT 条件成交的进口货物，均由买方办理保险。为了简化保险手续和防止出现漏保或来不及办理保险等情况，我国进口货物一般采取预约保险的做法。各外贸公司同中国人民保险公司签订有海运、空运、邮运、陆运等不同运输方式的进口预约保险合同。按照预约保险合同的规定，各外贸公司对每批进口货物，无须填制投保单，而仅以国外的装运通知代替投保单，保险公司对该批货物负自动承保责任。

（六）保险单证

保险单证是保险公司和投保人之间订立的保险合同，也是保险公司出具的承保证明，是被保险人凭以向保险公司索赔和保险公司进行理赔的依据。在国际贸易中，保险单证是可以转让的。常用保险单证有以下两种。

1. 保险单（insurance policy）

保险单又称大保单，它是一种正规的保险合同，除载明上述投保单上所列各项内容外，还列有保险公司的责任范围以及保险公司和被保险人双方各自的权利、义务等方面的详细条款。

2. 保险凭证（insurance certificate）

保险凭证又称小保单，它是一种简化的保险合同，除其背面没有列入详细保险条款外，其余内容与保险单相同，保险凭证具有同保险单一样的法律效力。

六、国际货运代理

（一）国际货运代理的定义

国际货运代理（简称国际货代）是一种代办国际运输、仓储、通关等业务的形式。国际货代企业从委托人那里取得货物代理业务，并将一部分或者全部业务再外包给承运人，从中收取佣金。这是目前广泛采用的一种物流服务方式。

（二）国际货运代理的作用

1. 组织进出口货物运输

国际货运代理能够安全、迅速、准确、节省、方便地组织进出口货物运输，根据委托人托运货物的具体情况，选择合适的运输方式、运输工具、最佳的运输路线和最优的运输方案。

2. 提供信息咨询功能

国际货运代理能够就运费、包装、单证、清关、检查检验、金融、领事要求等提供咨询，并对国外市场的价格、销售情况提供信息和建议。

3. 能够提供优质服务

国际货运代理能够为委托人办理国际货物运输中的某项业务或全程各个环节的业务，手续方便简单。

4. 集货功能

国际货运代理能够把小批量的货物集中成为成组货物进行运输，既方便了货主，也方便了承运人，货主得到优惠的运价而节省了运输费用，承运人接收货物时省时、省力，便于货物的装载。

5. 货物的在途监控

国际货运代理能够使用现代化的通信设备随时向委托人报告货物在途的运输情况，让委托人掌握货物全程的运输信息。

6. 货运代理业务的开拓

国际货运代理不仅能组织协调运输，而且影响到新运输方式的创造、新运输路线的开发以及新费率的制定。

总之，国际货运代理是整个国际货物运输的组织者和设计师，特别是在国际贸易竞争激烈、社会分工越来越细的情况下，它的地位越来越重要，作用越来越明显。

（三）国际货运代理应具备的条件

《中华人民共和国国际货物运输代理业管理规定》中明确规定：国务院对外贸易经济合作主管部门负责对全国的国际货物运输代理业实施监督管理。在我国，设立国际货物运输代理企业必须具备以下条件：

（1）必须依法取得中华人民共和国企业法人资格。

（2）有与其从事的国际货物运输代理业务相适应的专业人员。

（3）有固定的营业场所和必要的营业设施。

（4）有稳定的进出口货源市场。

（5）注册资本最低限额应符合下列要求：经营海上国际货物运输代理业务的，注册资本最低限额为500万元人民币；经营航空国际货物运输代理业务的，注册资本最低限额为 300 万元人民币；经营陆路国际货物运输代理业务或国际快递业务的，注册资本最低限额为 200 万元人民币；经营前述两项以上业务的，注册资本最高限额为其中最高一项的限额；国际货物运输代理企业每设立一个从事国际货物运输代理业务的分支机构，应当增加注册资本 50 万元。

第三节　国际货物运输

国际货物运输是指在国家与国家、国家与地区之间的货物运输。国际货物运输包括国际贸易物资运输和国际非贸易物资（如展览品、援外物资、个人行李、办公用品等）运输。国际货物运输主要是国际贸易物资运输，国际非贸易物资运输往往只是贸易物资运输部门的附带业务。国际货物运输通常又被称为国际贸易运输，对国家来说就是对外贸易运输，简称外贸运输。

一、国际货物运输的分类

（一）按货物形态的角度分类

1. 包装货物

为了保证货物在装卸运输中的安全和便利，必须使用一些材料对它们进行适当的包装，这种货物就称作包装货物。按货物包装的形式和材料通常可分为：箱装货物，桶装货物，袋装货物，捆装货物和其他坛、罐、瓶状、卷筒状、编筐状等多种形态的包装货物。

2. 裸装货物

不加包装而成件的货物称为裸装货物。如钢材、生铁、有色金属和车辆及一些设备等。它们在运输过程中需要采取防止水湿锈损的安全措施。

3. 散装货物

散装货物是指某些大批量的低值货物，不加任何包装，采取散装方式，以利于使用机械装卸作业进行大规模运输，把运费降到最低的限度，这种货物称作散装货物，包括干质散装货物和液体散装货物。

（二）按货物性质的角度分类

1. 普通货物

（1）清洁货物：指清洁、干燥货物，如茶叶、纺织品、粮食等。

（2）液体货物：指盛装于桶、瓶、坛内的流质或半流质货物，如油类、酒类、普通饮料等。

（3）粗劣货物：指具有油污、水湿、扬尘和散发异味等特性的货物。

2. 特殊货物

（1）危险货物：指具有易燃、爆炸、毒害、腐蚀和放射性危害的货物。

（2）易腐、冷藏货物。

（3）贵重货物。

（4）活的动植物。

（三）按货物重量的角度分类

按照货物的重量和体积比例的大小来划分，货物可分为重量货物和体积货物两种。如海运货物根据国际上统一的划分标准，凡 1 吨重量的货物，体积小于 40 立方英尺或 1 立方米则称重量货物；凡 1 吨重量的货物，体积大于 40 立方英尺或 1 立方米的货物就是体积货物，也称轻泡货物。

（四）按货物运量大小的角度分类

（1）大宗货物：该批（票）货物的运量很大者。如化肥、粮食、煤炭等。

（2）件杂货物：大宗货物之外的货物。

（3）超重货物：指运输中单件重量超过限定数量的货物，如火车头、钢轨、石油钻台等。

此外，按货物价值的角度来分，货物可分为高值货、低值货和贵重货物。按货物运输工具与载量关系来分，货物可分为整箱货物、拼箱货物和零担货物。

二、国际货物运输方式

（一）国际海上货物运输

1. 海上货物运输的特点

在国际货物运输中，运用最广泛的是海洋运输。目前，其运量在国际货物运输总量中占 80% 以上。海洋运输之所以被如此广泛地运用，是因为它与其他货物运输方式相比，主要有下列明显的优点：

（1）通过能力强。海洋运输不像火车、汽车受轨道、道路的限制，可以利用四通八达的天然航道，通过能力很强。

（2）运量大。海洋运输船舶的运载能力远远大于铁路和公路运输车辆。如一艘万吨船舶的载重量一般相当于 250～300 个车皮的载重量。

（3）运费低。海洋运输运量大、行程远，有规模经济效应，分摊于每货运吨的运输成本就相对低廉。

海洋运输虽有上述优点，但也存在不足之处，如海洋运输受气候和自然条件的影响较大，行期不易准确，而且风险较高，速度也较慢。

2. 海洋运输船舶的经营方式

按照船舶经营方式的不同，海洋运输可分为班轮运输（liner transport）和租船运输（shipping by chartering）。

（1）班轮运输。

班轮运输是在不定期船运输的基础上逐渐发展起来的，它是当今国际海洋运输中不可缺少的运输方式之一。其特点如下：

1）船舶按照固定的船期表（sailing schedule），沿着固定的航线和港口，按相对固定的运费率来计算、收取运费，即"四固定"。

2）由船方负责配载装卸，装卸费包括在运费中，货方不再另付装卸费，船货双方也不再算滞期费和速遣费。

3）船、货双方的权利、义务与责任豁免，以船方签发的提单条款为依据。

4）班轮承运货物的品种、数量比较灵活，货运质量较有保证，且一般采取在码头仓库交接货物，从而为货主提供了更便利的条件。

班轮运费包括基本运费和附加费两部分。前者是指货物从装运港到卸货港所应收取的基本运费，它是构成全程运费的主要部分；后者是指对一些需要特殊处理的货物或者突然事件发生或客观情况变化等原因而需另外加收的费用。

（2）租船运输。

租船运输又称不定期船（tramp）运输。它与班轮运输的方式不同，没有预定的船期表，船舶经由的航线和停靠的港口也不固定，需按船租双方签订的租船合同来安排，有关船舶的航线和停靠的港口、运输货物的种类以及航行时间等，都按承租人的要求，由船舶所有人确认而定，运费或租金也由双方根据租船市场行市在租船合同中加以约定。租船运输的方式包括以下几种：

1）定程租船（voyage charter）。又称航次租船，它是由船舶所有人负责提供船舶，在指定港口之间一个航次或数个航次，承运指定货物的租船运输方式。

2）定期租船（time charter）。它是船舶所有人将船舶出租给承租人，供其使用一定时期的租船运输方式，承租人也可将此期租船充作班轮或定程租船使用。

3）光船租船（bareboat charter）。它是船舶所有人将船舶出租给承租人使用一个时期，但船舶所有人所提供的船舶是一艘空船的租船运输方式。光船租船的承租人自己要任命船长、船员，负责船员的给养和船舶营运管理所需的一切费用。

4）航次期租（time charter on trip basis，TCT）。这是以完成一个航次运输为目的，按完成航次所花的时间，按约定的租金率计算租金的租船运输方式。

目前，我国的外贸企业使用较多的租船方式是定程租船。定程租船的运费包括基本运费和装卸费。

3. 提单

提单（bill of lading，B/L）是在托运人向承运人交付货物后，由承运人签发给托运人的用以证明货物运输合同的存在和货物已由承运人接管并装上船的凭证，也是承运人保证交货的凭证。

提单是托运人向承运人签订运输合同的证明。提单制成后，承运人与托运人的权利与义务均按提单上记载的事项确定。各国法律和有关国际公约都认为提单是货物所有权的凭证，谁拥有提单，谁就有权要求承运人交付货物，享有占有和处分货物的权利。

各国国内法和有关国际公约一般都认为，提单作为正式证件，必须能够说明货物的托运人、承运人、收货人各自的职责，以及货物的外表、性质、数量、重量等具体事项。1924 年《海牙规则》规定提单要载明唛头、数量和货物的表面状况三项内容。1978 年《汉堡规则》规定，提单除其他事项外，必须包括下列 15 项内容：

（1）货物的一般性质，识别货物所需的唛头。

（2）货物的外表状况。

（3）承运人的名称和主要营业场所。

（4）托运人名称。

（5）托运人制定的收货人的名称。

（6）海上运输合同制定的装运港及承运人在装运港接管货物的日期。

（7）海上运输合同规定的卸货日期。

（8）提单正本的份数。

（9）提单的签发地点。

（10）承运人或其代表的签字。

（11）收货人应付运费的金额和有关的说明。

（12）关于受何种公约约束的声明。

（13）关于舱面货的声明。

（14）双方协定的货物在卸货港交付的日期。

（15）双方对赔偿责任限额的协定。

（二）国际陆上货物运输

1. 国际铁路货物联运

在国际货物运输中，铁路运输（rail transport）是一种仅次于海洋运输的货运方式，海洋运输的进出口货物，也大多是靠铁路运输进行货物集中和分散的。铁路运输有许多优点，一般不受气候条件的影响，可保障全年的货物运输，而且运量较大，速度较快，有高度的连续性，运转过程中可能遭受的风险也较小。办理铁路货运手续比海洋运输简单，而且发运人和收货人可以在就近的始发站（装运站）和目的站办理托运和提货手续。

国际铁路货物联运是指在两个或两个以上国家铁路运输中，使用一份运输单据，并以连带责任办理货物的全程运输，在由一国铁路向另一国铁路移交货物时，无须发运人、收货人参加。国际铁路货物联运是通过几个国家不间断运输或不同的运输方式运到目的地，其特点是涉及面广，运输条件即车、票、证都必须符合有关国际联运的规章和规定，办理手续也较复杂。

2. 大陆桥运输

大陆桥运输（land bridge transport）是指利用横贯大陆上的铁路或公路运输系统，把大陆两端的海洋连接起来的国际货物运输方式。大陆桥运输一般是以集装箱为运输单位，也可以称作大陆集装箱运输。这种运输方式以集装箱为核心，采用水运、铁路运输、公路运输相结合的联合运输方式。

世界上有许多条大陆桥，最主要的有三条，即西伯利亚大陆桥、北美大陆桥和新亚欧大陆桥。

（1）西伯利亚大陆桥，即远东-欧洲大陆桥，是当今世界上最长的一条大陆桥运输线，由俄罗斯方面担任总经营人，签发货物过境许可证，签发统一全程联运提单，承担全部联运责任，以客户委托、承运的接力方式实行联运。

（2）北美大陆桥，包括美国大陆桥和加拿大大陆桥。美国大陆桥运输始于1967年，它包括两条路线：连接太平洋与大西洋的路线和连接太平洋与墨西哥湾的路线。加拿大大陆桥运输于1979年开通使用，与美国大陆桥平行，是连接太平洋与大西洋的大陆通道。

（3）新亚欧大陆桥，是亚欧大陆上的第二条大陆桥，该大陆桥的中国和哈萨克斯坦区段于1992年12月1日正式开通。新亚欧大陆桥连接大西洋和太平洋两大经济中心带，给中亚地区的振兴与发展创造了新的契机，已逐步成为我国中西部地区与中亚、中东和欧洲地区之间的新的经济带。新亚欧大陆桥东起我国连云港，经陇海铁路到新疆，出阿拉山口至鹿特丹，横贯西亚各国、波兰、俄罗斯、德国、荷兰等30多个国家和地区，全线10 800千米，比西伯利亚大陆桥缩短了2 000千米，节省运费30%，与海运比较，可节省运输时间60%左右。

3. 国际公路货物运输

国际公路货物运输（international road freight transport）是指国际货物借助一定的运载工具，沿着公路作跨及两个或两个以上国家或地区的运输。目前世界各国的国际公路货物运输一般以汽车作为运输工具，它实际上就是国际汽车货物运输，既是一个独立的运输体系，也是车站、港口和机场集散物资的重要手段。

4. "浮动公路"运输

所谓"浮动公路"运输，就是利用一段水运衔接两端陆运，衔接方式采用将车辆开上船舶，以整车货载完成这一段水运，到达另一港口后，车辆开下船舶继续利用陆运的联合运输方式。"浮动公路"运输又称车辆渡船方式，这种联合运输的特点是在陆运水运之间，不需要将货物从一种运输工具上卸下，再转换到另一种运输工具上，而仍利用原来的车辆作为货物的载体。其优点是陆运和水运之间有效衔接，运输方式转换速度快，而且在转换时，不触碰货物，有利于减少和防止货损，是一种现代运输方式。

（三）国际航空货物运输

飞机最初被用来运送邮件和急需用品，后来逐步发展为运送旅客和货物。随着全球性航空网的建立和国际贸易的发展，航空运输（air transport）在世界范围内蓬勃发展。航空运输与海洋运输、铁路运输相比，有运输速度快、运输路程短的特点，适合鲜活易腐和季节性商品的运输；运输条件好，货物很少产生损伤、变质，适合贵重物品的运输；可简化包装，节省包装费用；迅速准时，在商品买卖中，有利于巩固现有市场和提高信誉。但航空运输运量小，运输费用高。由于新技术的发展和深化，产品生命周期日益缩短，产品由厚、重、长、大向薄、轻、短、小方向发展，今后适用航空运输的商品将会越来越多，航空运输的作用也会日益重要。

1. 国际航空货物运输的经营方式

（1）班机运输方式。

班机（scheduled airline）是指在固定的航线上定期航行的航班，这种飞机固定始发站、目的站和途经站。一般航空公司的班机都是客货混合型的飞机，只有一些较大的航空公司在某些航空公司线上辟有使用全货机的货运航班。

班机有固定的航线及始发和停靠站，并定期开航，收发货人可以准确掌握起运和到达时间，保证货物安全迅速地运送到世界各地投入市场，颇受贸易界欢迎。

（2）包机运输方式。

当货物批量较大，而班机不能满足需要时，一般就采用包机运输（chartered carrier）。包机运输分为整机包机和部分包机。

整机包机是指航空公司和包机代理公司，按与租机人双方事先约定的条件和运价，将整架飞机租给租机人，从一个或几个航空站装运货物至指定目的地的运输方式。它适合于运输大批量货物。

部分包机可能是几十家航空货运代理人（或发货人）联合包租一架飞机，或者由包机公司把一架飞机的舱位分别卖给几家航空货运代理公司。这种包机方式适合于1吨以上但不足整机的货物。

2. 航空运单

航空运单是一种运输合同，是由承运人或其代理人签发的一份重要的货运单据。它有别于海运提单，它不是代表货物所有权的物权证明，是不可预付的单据。其性质和作用主要有：承运合同；货物收据；运费账单；报关单据；保险证书；承运人内部业务的依据。在发货人或其代理和承运人或其代理履行签署手续并标明日期后，运单即开始生效。当货物交给运单上所记载的收货人之后，运单效力即告终止，亦即承运人完成了全程运输责任。

（四）国际集装箱货物运输

1. 集装箱

集装箱是一种容器，是具有一定规格强度的专为周转使用的货箱，也称货柜。这种容器和货物的外包装不同，它是进行货物运输，便于机械装卸的一种成组工具。

目前，国际标准化组织共规定了 5 个系列、13 种规格的集装箱。我们现在海运和陆运普遍使用的 20 英尺（1 英尺＝0.304 8 米）和 40 英尺集装箱，是第一系列中的 IC 和 IA 型。关于集装箱船舶的集装箱装载能力，通常以能装多少个 TEU（即 20 英尺标准集装箱）为衡量标准。

2. 集装箱货物运输

集装箱货物运输（container transport）是以集装箱作为运输单位进行货物运输的一种现代化的运输方式，它适用于海洋运输、铁路运输及国际多式联运等。目前，集装箱海运已经成为国际主要班轮航线上占有支配地位的运输方式。

集装箱运输之所以如此迅速发展，是因为同传统海运相比，它具有以下优点：

（1）提高了装卸效率，提高了港口的吞吐能力，加速了船舶的周转和港口的疏港。

（2）减少了货物装卸次数，有利于提高运输质量，减少货损货差。

（3）节省包装费、作业费等各项费用，降低了货运成本。

（4）简化了货运手续，便利了货物运输。

（5）把传统单一运输串联成为连贯的成组运输，促进了国际多式联运的发展。

集装箱运输的管理方法和工作体系与传统运输方式不同，其主要的关系方有集装箱运输经营人、无船承运人、实际承运人、集装箱租赁公司、集装箱专用码头（堆场）或货运站。

集装箱运输的产生和发展，不仅使运输方式和货运比例发生了巨大的变化，也使与集装箱业务有关的部门发生了深刻的变化，被称为"20 世纪运输领域的一次革命"。

3. 集装箱运输方式

根据货物装箱数量和方式，集装箱运输方式分为整箱和拼箱两种。

（1）整箱（full container load，FCL）。即货方自行将货物装满整箱以后，以箱为单位托运的集装箱。这种情况在货主有足够货源装载一个或数个整箱时采用。除有些大的货主自己置备有集装箱外，一般都是向承运人或集装箱租赁公司租用一定的集装箱。空箱运到工厂或仓库后，在海关人员的监管下，货主把货装入箱内，加锁、铅封后交承运人并取得站场收据，最后凭收据换取提单或运单。

（2）拼箱（less than container load，LCL）。即承运人或其代理人接受货主托运的数量不足整箱的小票货运后，根据货物性质和目的地进行分类整理，把去同一目的地的货物集中到一定数量拼装入箱。这种情况在货主托运数量不足装满整箱时采用。拼箱货的分类、整理、集中、装箱、交货等工作均在承运人码头集装箱货运站或内陆集装箱转运站进行。

（五）国际多式联运

国际多式联运（international multimodal transport 或 international combined transport）是在集装箱运输的基础上产生和发展起来的一种综合性的连贯运输方式，一般是以集装箱为媒介，把海、陆、空各种单一运输方式有机地结合起来，组成一种国际的连贯运输。《联合国国际货物多式联运公约》对国际多式联运所下的定义为：按照多式联运合同，以至少两种不同的运输方式，由多式联运经营人把货物从一国境内接管货物的地点运至另一国境内指定交付货物的地点。

1. 构成国际多式联运应具备的条件

构成国际多式联运应具备以下几个条件：

（1）要有一个多式联运合同，明确规定多式联运经营人（承运人）和托运人之间的权利、义务、责任、豁免的合同关系和多式联运的性质。

（2）必须使用一份全程多式联运单据，即证明多式联运合同以及证明多式联运经营人已接管货物并负责按照合同条款交付货物所签发的单据。

（3）必须是至少两种不同运输方式的连贯运输。这是确定一票货运是否属于多式联运的重要特征。为了履行单一方式运输合同而进行的该合同所规定的货物运输业务不应视为多式联运，如航空运输中从仓库到机场的这种陆空组合就不属于多式联运。

（4）必须是国际的货物运输，这是区别于国内运输和是否符合国际法规的限制条件。

（5）必须由一个多式联运经营人对全程的运输负总的责任。这是多式联运的一个重要特征。由多式联运经营人去寻找分段承运人，实现分段的运输。

（6）必须是全程单一运费费率。多式联运经营人在对货主负全程责任的基础上，制定一个货物发运地至目的地的全程单一费率，并以包干形式一次性向货主收取。

2. 经营国际多式联运业务的基本条件

国际多式联运是综合运用多种运输方式以完成国际货物运输的一种运输组织形式。多式联运经营人、通达国内外的各种运输方式和进出口货物是构成国际多式联运的三大要素，也是开展国际多式联运必备的条件。作为经营国际多式联运业务的国际多式联运经营人，在经营该项业务中，除了应具备多式联运所需要的技术能力、对自己所签发的多式联运单据确保其流通性并作为有价证券在经济上有令人信服的担保信誉外，还必须具备以下基本条件：

(1) 具有开展多式联运的集装箱货运站。

(2) 拥有国内外联运网点。

(3) 实行单一的多式联运费率。

(4) 具有较完善的多式联运组织制度。

● 本章小结 ●

国际物流是超越国界的物流活动，是国际贸易的重要组成部分。国际物流具有渠道长、环节多、复杂性、风险性、标准化要求高、多种运输方式组合等典型特征。报关和相关文书单据制成是国际物流区别于国内物流的一项基本物流活动。在国际物流过程中必须考虑各国地理环境、社会文化以及政治法规等诸多方面的差异。

国际物流在遵循国际贸易术语规则的前提下，已经形成了一套相对完善的进出口业务模式。在开展国际物流业务过程中，相应地需涉及国际物流中有特色的商检、报关、保险、货运代理等具体业务。

国际货物运输的货物种类繁多，数量巨大，国际物流的运输方式除了一般的海运、铁路运输、公路运输、空运、管道运输外，还有一些有特点的方式，如国际多式联运、大陆桥运输等。在选择适宜的国际货运方法时，主要应考虑运输成本、运行速度、物流的特点及性质、货物数量以及物流基础设施条件等。

● 关键概念 ●

国际物流 报关 国际多式联运 大陆桥运输 海上损失 海上风险

● 讨论及思考题 ●

1. 国际物流有哪些典型特征？国际物流与国内物流相比，最显著的区别是什么？

2. 国际物流的进出口业务流程包括哪些步骤？

3. 商检在国际物流中有什么作用？报关是国际物流特有的业务吗？如何做出口货物的保险？从事国际货运代理的企业需要具备什么条件？

4. 大陆桥运输有什么优点？目前世界上有哪几条主要的大陆桥？国际多式联运应该具备哪几个条件？

5. 选择适宜的国际物流运输方式时，主要应考虑哪些因素？

● 练习题 ●

一、单项选择题

1. 根据商品在国与国之间的流向，当国际物流服务于一国的商品进口时，即可称为（　　）。

A. 国际物流　　　　B. 国内物流　　　　C. 进口物流　　　　D. 出口物流

2. 下列贸易术语中，适用于任何运输方式的贸易术语是（　　　）。

A. FCA　　　　B. FOB　　　　C. CFR　　　　D. CIF

3. 海洋货物运输保险的基本险别中，保障范围最全的险种为（　　　）。

A. 平安险　　　　B. 水渍险　　　　C. 一切险　　　　D. 附加险

4. 商品检验是进出口商品检验机构为了鉴定商品的品质、数量和包装是否符合合同规定的要求，对（　　　）进行检验。

A. 进口商品　　　　B. 出口商品　　　　C. 进出口商品　　　　D. 以上都不是

5.《海关法》规定，出口货物的发货人或其代理人应当在装货的（　　　）前向海关申报。

A. 48 小时　　　　B. 24 小时　　　　C. 72 小时　　　　D. 3 天

二、多项选择题

1. 与国内物流系统相比，国际物流的特点为（　　　）。

A. 物流渠道长、物流环节多　　　　B. 物流环境的复杂性

C. 国际物流的多种运输方式组合　　　　D. 国际物流中的风险性

E. 国际物流中的标准化要求较高

2. 根据商品在国与国之间的流向划分，国际物流的类型有（　　　）。

A. 进口物流　　　　B. 出口物流　　　　C. 国际商品物流

D. 国家之间的物流　　　　E. 经济区域之间的物流

3. 从货物形态的角度分类，国际货物运输对象有（　　　）。

A. 普通货物　　　　B. 特殊货物　　　　C. 包装货物

D. 裸装货物　　　　E. 散装货物

4. 国际货物运输方式有（　　　）。

A. 国际海上货物运输　　　　B. 国际陆上货物运输

C. 国际航空货物运输　　　　D. 国际集装箱货物运输

E. 国际多式联运

5. 根据我国现行的《海洋货物运输保险条款》的规定，在基本险别中包括（　　　）。

A. 平安险　　　　B. 海上风险　　　　C. 外来风险

D. 水渍险　　　　E. 一切险

三、判断题

1. 凡按约定条件和国家规定必须法定检验的出口货物，在备妥货物后，应向进出口商品检验机关申请检验，只有经检验得到商检机构签发的检验合格证书，海关才放行。（　　　）

2. 自然灾害是指不以人们意志为转移的自然力量所引起的灾害，海上保险业务中是指

一切由于自然力量所造成的灾害。（ ）

3. 集装箱货物运输是以托盘作为运输单位进行货物运输的一种现代化的运输方式，它适用于海洋运输、铁路运输及国际多式联运等。（ ）

4. 海运货物根据国际上统一的划分标准，凡 1 吨重量的货物，体积小于 40 立方英尺或 1 立方米则称轻泡货物。（ ）

5. 提单是在托运人向承运人交付货物后，由承运人签发给托运人的用以证明货物运输合同的存在和货物已由承运人接管并装上船的凭证，也是承运人保证交货的凭证。（ ）

四、简答题

2020 年版的《国际贸易术语解释通则》中的 FOB 术语是否应当进行大幅修改？是否应当适用于集装箱运输？部分专家认为，FOB 是中国进出口企业使用最广泛的贸易术语，应当保持其稳定性，大幅修改会给实务操作带来混乱。也有部分专家指出，根据目前的实际使用情况，FOB 已被广泛适用于集装箱运输，应当修改 FOB 的适用范围以符合贸易实务发展趋势。请谈谈你的看法。

五、案例分析题

1. 我国某公司于 11 月 2 日向美商发电，以每打 84.5 美元 CIF 纽约的价格提供全棉男衬衫 500 打，限 11 月 15 日复到有效。11 月 10 日收到美商回电，称价格太高，若每打 80 美元可接受。11 月 13 日又收到美商来电："接受你 11 月 2 日发盘，信用证已开出。"但我方由于市价上涨未作答复，也没有发货，后美商认为我方违约，要求赔偿损失。

分析讨论：

我方是否应对美商进行赔偿？为什么？

2. 我国某公司于 4 月 15 日向美国某公司发盘："现有纯棉男式半袖衬衫 10 000 件，每件 FOB 大连 9.8 美元，不可撤销信用证支付，当年 10 月前可供货。"4 月 20 日，美商来电："接受你方报盘，交货期提前到 8 月底。"

分析讨论：

双方的合同是否成立？为什么？

参考文献

1. 文振华，段圣贤 . 现代物流概论 ［M］. 长沙：湖南人民出版社，2015.

2. 王自勤，孙玺慧，周晓敏，等 . 现代物流管理 ［M］. 3 版 . 北京：电子工业出版社，2018.

3. 郑承志，刘宝 . 物流管理概论 ［M］. 北京：电子工业出版社，2007.

4. 曹翠珍 . 现代物流管理 ［M］. 北京：经济科学出版社，2008.

5. 祁晓霞，郭建名 . 现代物流管理概论 ［M］. 北京：航空工业出版社，2008.

6. 曾剑，邹敏，曾玉霞，等 . 物流管理基础 ［M］. 4 版 . 北京：机械工业出版社，2018.

7. 邹静，陈百建 . 现代物流基础 ［M］. 北京：化学工业出版社，2007.

8. 刘华 . 物流管理基础 ［M］. 2 版 . 北京：清华大学出版社，2016.

9. 初良勇 . 现代物流学 ［M］. 上海：上海交通大学出版社，2018.

10. 高本河，唐玉兰 . 物流学概论 ［M］. 2 版 . 北京：中央广播电视大学出版社，2007.

11. 唐玉兰 . 物流学概论导学 ［M］. 2 版 . 北京：中央广播电视大学出版社，2007.

12. 杨紫元，陈勇 . 物流基础 ［M］. 北京：中国石油大学出版社，2016.

13. 孙玥 . 物流信息管理运作实务 ［M］. 北京：北京交通大学出版社，2011.

14. 王同科 . 现代物流基础 ［M］. 北京：科学出版社，2019.

15. 郑彬，章华锋 . 物流基础 ［M］. 2 版 . 北京：中国财政经济出版社，2021.

16. 甘卫华，傅维新，徐静 . 现代物流基础 ［M］. 4 版 . 北京：电子工业出版社，2020.

17. 杨蓉，燕珍 . 物流学基础 ［M］. 北京：清华大学出版社，2017.

18. 中国物流与采购联合会，中国物流学会 . 中国物流发展报告 2020－2021 ［R］. 北京：中国财富出版社，2021.